高等学校教师岗前培训教材

高等教育学

GAODENG JIAOYUXUE

主　编：艾　兴
编　委：张　玉　古周芸　曹雨柔
李　苇　张立影

西南大学出版社
SWUP 国家一级出版社 全国百佳图书出版单位

图书在版编目(CIP)数据

高等教育学 / 艾兴主编. — 重庆 ：西南师范大学出版社，2020.6

ISBN 978-7-5697-0295-8

Ⅰ. ①高… Ⅱ. ①艾… Ⅲ. ①高等教育学 Ⅳ. ①G640

中国版本图书馆 CIP 数据核字(2020)第 096786 号

高等教育学

主　编:艾　兴

责任编辑:熊家艳
责任校对:周明琼
装帧设计:汤　立
排　　版:吴秀琴
出版发行:西南大学出版社(原西南师范大学出版社)
　　　　地址:重庆市北碚区天生路 2 号
　　　　邮编:400715
　　　　市场营销部电话:023-68868624
印　　刷:重庆长虹印务有限公司
幅面尺寸:185 mm×260 mm
印　　张:13.5
字　　数:311 千字
版　　次:2020 年 6 月　第 1 版
印　　次:2024 年 10 月　第 11 次
书　　号:ISBN 978-7-5697-0295-8

定　　价:32.00 元

编委会

前言

党的二十大擘画了以中国式现代化全面推进中华民族伟大复兴的宏伟蓝图，强调高质量发展是首要任务。高等教育是教育体系的重要组成部分，在培养高级专门人才，促进科学研究，引领社会文化和科技发展，开展文化交流与合作等方面起到关键作用。高等教育以立德树人为根本任务，以为党育人、为国育才为根本目标，在建设教育强国的过程中起到"龙头"引领作用。

高校教师是发展高等教育的根本力量，是全面贯彻党的教育方针、落实立德树人根本任务、培养高素质人才的直接依靠。新时代背景下，"教师要成为大先生，做学生为学、为事、为人的示范，促进学生成长为全面发展的人"，"教师要成为被社会尊重的楷模，成为世人效法的榜样"。这些都要求在促进高等教育的内涵式发展，建设高质量的高等教育体系的过程中，必须建设一支高素质、专业化、创新型的高校教师队伍。国家明确提出要完善并严格实施教师准入制度，严把教师入口关，制定教师资格标准，从事高校教师工作要有良好的师德师风，要符合学科、专业在知识、技能等方面的要求，同时还需要掌握必要的教育专业知识和技能，这其中就包括高校教师在岗前要学习必要的高等教育学知识和理论。

本书正是从高等教育的教育专业性出发，基于高等教育学的基本原理和分析框架，充分借鉴已出版的高等教育学相关教材，结合编者多年作为高校岗前培训课程高等教育学主讲教师的实践经验，系统建构了高等教育的发展历程、核心理念、主要制度、课程教学和德育工作等较为完整的课程内容体系。

本书的编写是集体智慧的结晶，全书由艾兴进行整体设计，具体分工是：第一章（艾兴、古周芸）；第二章（古周芸、张立影），第三章（古周芸、张立影、李苇）；第四章（艾兴、张玉）；第五章（张玉）；第六章（艾兴、曹雨柔）；第七章（艾兴、李苇），第八章（艾兴、李苇、曹雨柔），由艾兴进行全书的校对和统稿。

本书适合将要或正在从事高等教育工作的同仁，对于他们了解高等教育的基本概念，掌握高等教育的理论知识，形成高等教育的专业思维有一定的帮助作用。在编写过程中，受到文献资料掌握程度、编者专业水平有限等方面的影响，本书难免有错漏之处，希望得到同行、师友们的批评和指正。

作者

2023 年 5 月

目录

第一章
高等教育的发展历程

所谓大学者，非谓有大楼之谓也，有大师之谓也。

——梅贻琦

要论提示

- 高等教育最早可以追溯到中世纪大学的创立与发展。
- 西方高等教育的近代化主要体现在高等教育新旧思想和制度的大转换。
- 20 世纪以来,西方高等教育步入现代化的改革大发展阶段,呈现出新特点。
- 我国的高等教育在学习西方近代模式的基础上逐渐发展起来。
- 中华人民共和国成立 70 多年来,我国的高等教育事业取得了巨大的成就。
- 高等教育与社会的经济、文化和政治相互影响、相互促进。

高等教育是中等教育以上程度的各种专业教育及少量高等教育机构设置的一般教育课程计划所提供的教育。① 本章中的高等教育指其广义,即凡是实施高深研究或教学的场所,都可称为实施高等教育的机构,包括寺院、学校、博物馆和图书馆等。② 因此,从四大文明古国开始追溯,人类高等教育发展已有数千年的历史。"以史为鉴,可知兴替。"了解高等教育史是学习高等教育学的基础,有利于拓宽教育视野,提高理论素养和科研水平,不仅可以"论从史出",还可以"古为今用"。

第一节　外国高等教育的发展

一、外国古代高等教育的发展

外国的高等教育究竟起源于何时,众说纷纭。从狭义上说,高等教育是近代的产物,其制度化发展始于中世纪大学;但从广义上说,高等教育作为一种特殊的社会活动形式,其产生可以追溯到更早的古代东方时期。古代东方是人类文明的发源地,也是人类教育的发源地。③

1. 外国高等教育的萌芽

早在四大文明古国时期,就出现了高等教育的萌芽状态,已经产生了早期的高等教育机构。这些机构很难称为严格意义上的高等教育学校。但是,从现有的史料来

①顾明远:《教育大辞典(增订合编本·上)》,上海教育出版社,1998 年,第 401 页。
②贺国庆、王保星、朱文富等:《外国高等教育史》,人民教育出版社,2006 年,导言第 1 页。
③贺国庆、王保星、朱文富等:《外国高等教育史》,人民教育出版社,2006 年,第 2 页。

看，这些古代的学术机构或学术中心大多传授着当时最高水平的知识与学问，培养当时最高层次的人才，有些机构甚至属于当时最高层次的学术研究中心。① 例如，在古巴比伦和古埃及，有培养官吏与专业人才的宫廷学校和传授高深知识的祭司学校；在古代印度，有讲授婆罗门教典籍的"古儒学校"和讲授佛经的寺院。②

西方高等教育的源头最早可以追溯至古希腊时期，古希腊是西方文化和教育的发源地。古希腊时期的高等教育机构，一类是国家主办的体育馆、青年军事训练团，另一类是哲学家所办的哲学学校、修辞学校。

古希腊从古风时期开始，出现了高等教育的专门机构。在斯巴达和雅典，公民子弟从7岁开始进入学校学习，18岁进入青年军事训练团进行正规的军事训练。古典时期，古希腊出现了"智者"(又称诡辩家)，他们云游讲学，传授、辩论与演讲有关的内容，由此形成了西方教育内容"七艺"中的"前三艺"(文法、修辞和辩证法)。③ 与此同时，一些著名的高等教育机构陆续产生，如苏格拉底创办的修辞学校、柏拉图创办的学园和亚里士多德创办的吕克昂学园等。④ 在希腊化时期，高等教育继续发展，除上述高等教育机构之外，又陆续出现了一些哲学学校。在公元前200年前后，这些学校合并为雅典大学。

古罗马时期的高等教育在传播古希腊文明的基础之上也有显著发展。雄辩和演说成为当时从事政治活动的必要工具，修辞学校和雄辩术在教育中受到重视。共和时期，高等教育的主要目标是培养演说家或雄辩家；帝国时期，高等教育的目标逐步变为培养官吏，并出现了法律学校、医护学校等专业性学校。随着基督教的兴起，早期基督教会开始创办高级教育学校，成为学者们学习和深入研究基督教理论的场所。

2. 西欧中世纪的高等教育

5世纪末西罗马帝国灭亡至14世纪文艺复兴运动以前，西欧处于中世纪阶段，此时期古希腊、古罗马的文化和教育随着西罗马帝国的灭亡而衰败。在整个中世纪，基督教势力和世俗封建主之间的斗争一直影影绰绰，因此，该时期出现了教会教育和世俗教育两种文化教育并存"共荣"的局面。教会教育机构包括修道院学校、主教学校和堂区学校。⑤ 6世纪，教会创建了最高级的主教学校——君士坦丁堡大主教学校。世俗教育包括培养官吏的宫廷学校教育和骑士教育。⑥ 除骑士教育外，教会教育和其他世俗教育的高等教育都以"七艺"(文法、修辞、辩证法、算术、几何、天文和音乐)为主要的教育内容，但教会教育还重视神学。

---

①黄福涛:《外国高等教育史(第2版)》，上海教育出版社，2008年，第1页。

②王天一、夏之莲、朱美玉:《外国教育史(上册)》，北京师范大学出版社，1993年，第19，22—23页。

③吴式颖、李明德:《外国教育史教程(第3版)》，人民教育出版社，2015年，第37—38页。

④黄福涛:《外国高等教育史(第2版)》，上海教育出版社，2008年，第17页。

⑤吴式颖、李明德:《外国教育史教程(第3版)》，人民教育出版社，2015年，第78—80页。

⑥吴式颖、李明德:《外国教育史教程(第3版)》，人民教育出版社，2015年，第83—85页。

3. 现代西方大学的渊源——中世纪大学

西欧中世纪既是基督教教育的繁荣时期，也是作为现代西方大学前身的中世纪大学产生和发展的时期。史学家们常常称西欧中世纪为“黑暗时代”，尽管如此，在中世纪后期，随着欧洲工商业和城市的发展，作为现代西方大学雏形的中世纪大学应运而生。

最初的中世纪大学起源于13世纪欧洲南部和西部各国，通常是由在某一领域有声望的学者及其追随者仿照手工业行会的形式建立起来的一种自治的学习或教授组织，具有浓厚的宗教性特征，之后逐步发展为进行职业训练、培养社会所需的专业人才的机构。著名的中世纪大学包括意大利的波隆那大学和萨莱诺大学，英国的牛津大学和剑桥大学，法国的巴黎大学等。

欧洲中世纪大学按管理方式和运行机制主要分成两种：一种是以波隆那大学为代表的“学生的大学”(universitas of students)，另一种是以巴黎大学为代表的“先生的大学”(universitas of masters)。[①] 在“学生的大学”中，学生行会有学生自行制订的规章制度，用以管理校务，规范自身的学习生活，每个学生都有权利参与决定教授的选聘、学费的数额、学期的时限和授课的时数等。在“先生的大学”中，教师获得管理大学的权利，学校诸事由教师决定，如他们按照一定的学术标准确定教育目标、制订教学大纲、对学生进行入学考核和学业评价等。随着时代的改变和社会的发展，16世纪以后，“学生的大学”模式几乎消失，“先生的大学”模式得以保留下来。[②] 现代大学的学位制度产生于中世纪大学。[③] 学生修完大学课程并通过考试后，获得“第一级学位”(学士学位)；在此基础之上，经考试合格，可获得更高级别的硕士或博士学位。

中世纪大学的产生是西方高等教育发展历程中的里程碑，在西方教育史上具有举足轻重的地位，对现代西方高等教育的发展有着重要的意义：第一，中世纪大学虽然没有完全脱离教会的控制，但它们打破了教会对高等教育的垄断；第二，它们形成了与普通教育相区别的、具有高等教育基本属性的独立的教育层次；第三，它们的许多传统特征，如学科分类、课程设置、教学方式、学位和考试制度等都被现代西方大学所继承。

二、外国近代高等教育

由中世纪大学发展而来的古典大学在经文艺复兴运动、宗教改革运动和资产阶级革命的洗礼之后，开始步入崭新的近代化发展时代。一方面，传统的古典大学进行内部重塑和改造，以适应社会变化的需要；另一方面，新兴的学院和大学不断出现，从而使西方高等教育逐渐制度化、世俗化。近代是新旧思想、文化和制度大转换时期，也是

---

①黄福涛：《外国高等教育史(第2版)》，上海教育出版社，2008年，第51页。

②黄福涛：《外国高等教育史(第2版)》，上海教育出版社，2008年，第72页。

③黄福涛：《外国高等教育史(第2版)》，上海教育出版社，2008年，第49—50页。

高等教育新旧思想和制度大转换时期。教育逐渐由注重书本转向注重经验，由注重思辨转向注重研究和实践。德、英、法、美和俄等国高等教育展现出各自的新面貌，而日本的高等教育在向欧美学习的过程中也开始了近代化发展。

1.德国近代高等教育概况

西方近现代的高等教育大多能在德国找到源头，虽然德国高等教育在古代、中世纪都很落后，其中世纪大学的产生晚于意、法、英等国，但是在16世纪宗教改革运动后，教育开始被重点关注。17世纪末期和18世纪中期分别建立的哈勒大学和哥廷根大学，为19世纪德国大学的发展奠定了思想基础，积累了实践经验。① 1694年建立的哈勒大学是欧洲第一所新式大学。它提倡学术自由，排除宗教教条，成为德国大学的榜样。

德国为世界高等教育发展所做出的贡献主要集中在19世纪。在洪堡等人倡导实施一系列改革的基础上掀起的德国历史上第二次教育改革运动，使德国的高等教育取得了举世瞩目的成就。洪堡之前的中世纪大学的主要任务是培养官吏、神职人员、医生和律师等，宗教对大学具有极大的影响，不能适应社会变化、科学发展提出的新要求。洪堡的大学思想，一方面针对宗教控制大学提出了“大学自治”和“学术自由”；另一方面针对当时大学只培养专业人才，提出了“教学与科学研究相统一”。洪堡按照其思想于1809年建立了柏林洪堡大学。柏林洪堡大学的主要特点有：第一，以“大学自治”为宗旨，将学术与国家政治分离。第二，逐渐摆脱宗教的控制。大学设神学、哲学、法学和医学四科，哲学学部是其中规模最大、地位最高的学部；在教学内容上减少了神学课程内容，重视哲学和自然科学。② 第三，提倡学术自由和科研至上，在各学部设立了研讨班和研究所③，强调教师和学生对学术的探索和研究。第四，重视学生个性化发展，提出教学过程应是使学生“客观的学问和主观的教养相结合”的过程。第五，建立“讲座制”，把教授、演讲和教师、学生的共同研讨结合起来。第六，教师聘任严格，确保教师的学术水平。柏林洪堡大学在办学理念、课程设置、课程结构、教学方法等方面完全不同于传统古典大学，形成了新型大学的理念和模式，成为欧洲各国发展大学的典范，被公认为“现代大学之母”。

2.英国近代高等教育概况

欧洲资产阶级革命发端于英国，社会制度的变化使得英国的近代高等教育在中世纪后期牛津大学的基础上继续发展和改革。由于其贵族性，牛津大学和剑桥大学一直受到王室、贵族和政府的重视，17—18世纪，在英国的高等教育中依旧是这两所大学占据主导地位。

---

①黄福涛：《外国高等教育史（第2版）》，上海教育出版社，2008年，第82页。

②黄福涛：《外国高等教育史（第2版）》，上海教育出版社，2008年，第125页。

③同上。

19 世纪，英国从自由资本主义向垄断资本主义过渡。教会势力一直排挤非国教派学院，而牛津、剑桥两所大学由于陷入政治宗教斗争而处于停滞不前的状态，高等教育不能适应在产业革命的推动下产生的社会大众对大学的新要求，从而引发了 19 世纪的新大学运动和大学推广运动。

新大学运动的开始是以 19 世纪 20 年代坎贝尔、布洛姆和边泌等在伦敦成立伦敦大学为标志。具有民主主义、自由主义精神的伦敦大学开辟了英国大学教育的新纪元，是一场辉煌的教育革命。它摆脱了宗教的束缚，针对社会、经济发展的需要设置课程，注重自然科学教育，主张理论联系实际。同时期也出现了一批热心办学的工业家，他们投入资金创办新型大学，因此，19 世纪下半叶，英国城市学院纷纷成立，如曼彻斯特大学学院、约克郡理工学院、伯明翰大学等。

大学推广运动是英国各个大学在 19 世纪中叶为推动大学开放而兴起的一场高等教育革命。1870 年，剑桥大学发起该运动，为普通市民提供校外扩展课程。此后，牛津大学和其他大学相继仿效。大学推广运动将高等教育通过讲座的形式推广至非全日制学生，使得社会中下阶级的学生获得了更多接受高等教育的机会，成为英国高等教育大众化的开端。

3. 法国近代高等教育概况

18 世纪，欧洲第一次工业革命开始，各国越来越重视科学和工业技术，进一步促进了对工业技术人才的需求。此时，除了法国已存在的大学，出现了一种专门培养工程技术人员专业性的高等教育机构——“大学校”，最初它的学科设置和课程内容主要是工程类，之后逐渐建立了师范教育、行政管理等专业。由于这类学校既较少受宗教的影响，又以培养社会生产所需的人才为目标，并且它们一般由政府部门主办，因此得以不断发展。例如，被誉为“欧洲工业大学最早的模范”的巴黎工业专科学校以培养工程师和发展数理科学而闻名；巴黎高等师范学校成为法国政治家、文学家和科学家等的摇篮。到 1793 年，法国已有高等专科学校 11 所。由此，该时期的法国高等教育出现了公立大学（综合大学）和“大学校”（高等专科学校）并存的局面，打破了大学一统天下的现状。

1804 年拿破仑执政后，政府根据“大学校”的办学经验，在 1808 年颁布法律，规定建立中央、学区和省三级教育管理体制。全国分为 29 个大学区，每学区 1 所大学，设数理、法学、医学、文学和神学 5 个学院。拿破仑执政后建立的这种中央集权的教育领导体制一直保持到 20 世纪，成为法国教育制度的重要特征。

4. 美国近代高等教育概况

美国作为独立国家发展的历史虽短，却是一个高等教育高度发达的国家。自 17 世纪起，欧洲移民大量进入后，美国有组织的高等教育开始发展。美国最早的高等学校是私立高等学校。第一所高校是在英国移民的清教徒的倡导和影响下，马萨诸塞海湾总法院和该殖民地总督于1636年批准和拨款创建的一所学院，后更名为哈佛学院。① 继此之后，在殖民时期，各教派势力相继创办了威廉·玛丽学院（1693年）、耶鲁学院（1701年）、普林斯顿大学（1746年）等9所高校。这些学校均属私立，仿照英国牛津大学、剑桥大学模式，以培养传教士及政府官吏为目标，以古典和宗教为主要教学内容，充满经院气息。

1783年独立战争后，美国高等教育发展速度更快，各地方政府创办的州立大学纷纷崛起。美国建国后的大学开始增加新学科的内容，并且开始逐渐减少教派对大学的影响。

19世纪，美国高等教育继续发展，表现出一些新的特点：一是在办学形式上，以私立为主，但公私并重；二是开始招收女生进入大学；三是学校类型更加多样化，产生了工农学院、研究型大学这两类新型的学校。

1862年，林肯总统签署发布《莫里尔法》（又称《赠地法案》），规定联邦政府根据各州在国会的议员人数，按照每位国会议员3万英亩②的标准向各州拨赠土地，各州将出售或出租土地所得作为基金，开办或资助农业和机械工艺学院，③又叫赠地学院或农工学院。政府的支持使得赠地学院欣欣向荣，20世纪初，美国赠地学院已增设到69所，其中多数变成州立综合大学和学院，进而成为世界著名大学，如麻省理工学院、加利福尼亚大学和威斯康星大学等。其中，威斯康星大学确定了以"社会服务作为任务和职能"的办学宗旨，④建立起大学的第三职能——社会服务职能。赠地学院的兴起，确立了美国高等教育为工农业发展服务的原则，在一定程度上加深了高等教育发展与社会需要的联系。

1876年，美国私立高等学校霍普金斯大学建立了美国高等学校中的第一个独立的研究生院，并效仿德国教学与科研相结合的培养方法培养研究生，确立了研究生教育在美国高等教育的重要地位。之后，不少美国大学开始仿效，也相继建立起研究生院，美国研究型大学的新办学模式开始流行。1892年，由于中学毕业升学人数的增多，美国高校开始创办"初级学院"，在大学前两年进行普通教育或职业教育。学生在初级学院毕业后，既可直接就业，也可进入高级学院继续学习。由此，美国高等教育学校内部开始形成初级学院、本科学院和研究生院三级高等教育体系。

5.俄罗斯近代高等教育概况

俄罗斯近代文化教育的发展起步较晚，发展缓慢，直至16世纪文艺复兴之后教育才开始发展，17—18世纪是俄罗斯教育近代化的起步时期。俄罗斯没有出现过中世纪大学，其第一所大学是著名科学家罗蒙诺索夫在1755年创建的莫斯科大学。它的

---

①黄福涛：《外国高等教育史（第2版）》，上海教育出版社，2008年，第137页。
②1英亩=4046.86平方米。
③吴式颖、李明德：《外国教育史教程（第3版）》，人民教育出版社，2015年，第261页。
④黄福涛：《外国高等教育史（第2版）》，上海教育出版社，2008年，第141页。

创建是18世纪俄罗斯教育史上的重要事件。莫斯科大学具有明显世俗性和民主化特点。首先,这所大学设三个系:法律、哲学、医学,但没有设神学系,这是与西欧国家明显的不同之处;其次,大学开始招收农奴以外的非贵族子弟入学。经过多位学者的努力,莫斯科大学得以发展,成为俄罗斯当时的最高学府,为俄罗斯的近现代化发展提供了大量人才。

在18世纪西欧工业革命的影响下,俄罗斯的工业也有缓慢的发展。工业的发展推动了高等工业学校的发展,在俄罗斯出现了一些与经济发展相关的专业性学校。

19世纪初,俄罗斯仍然是一个落后的封建农奴制国家,落后的制度束缚着社会生产力的发展,也束缚着教育制度和教育内容的更新。沙皇政府为维护自身统治,分别于19世纪初期和19世纪60年代进行了两次自上而下的教育改革。19世纪初期的教育改革对俄罗斯的高等教育发展方向产生了重要的影响。1802年,政府成立教育部,规定除教会学校之外,所有学校归教育部领导。1804年开始实施《大学附属学校章程》,规定全国分为六大学区,每一学区设立一所大学以培养国家官吏,并赋予了大学一定的自治权利。但是,沙皇为了维护统治,在19世纪20—30年代相继颁布一系列强化教育等级性和加强思想控制的教育章程,如1828年颁布的《大学所属各级学校规程》和1835年颁布的俄国皇家大学章程等。因此,俄罗斯的大学不像西欧各国的大学那样很早就享有学术上的自治权。

6. 日本近代高等教育概况

日本近代高等教育的发展始于明治维新时代的教育改革,明治政府于1871年建立了文部省,管理全国文化和教育事业。文部省在1872年颁布了《学制令》,对各类教育制度都做了规定。由此,日本在1877年成立第一所现代化大学——东京大学,之后改东京大学为帝国大学。① 帝国大学由负责学术研究的大学院和传授专门知识的分科大学两大机构组成。1886年制定《师范学校令》,规定建立高等师范学校来培养普通师范学校的教师和校长。19世纪末起,日本政府先后创建京都大学、东北大学、九州大学和北海道大学四所帝国大学,从而构成了日本大学的主干。1903年颁布《专科学校令》,建立高等专科学校制度,对中学毕业生实施三至四年的专业教育。

综上,纵观国外近代高等教育的发展,虽然其发展历程和具体特点各有不同,但从整体来看,起步较早、发展较快的西方近代高等教育呈现出一些共同特征:第一,学校管理的自治,高等教育逐步摆脱了宗教的影响和控制,逐渐将学术发展和学校治理与国家政治相分离。第二,注重科学技术课程的设置,高等教育在继续注重人文学科的同时,也强调科学和技术教育的重要性。第三,高等教育与社会联系日益紧密,越来越重视为促进社会变革和经济发展培养专门人才。第四,高等教育逐步建立起完善、系统和成熟的高等教育制度。第五,高等学校教学与科研相结合,扩大了高等教育的职能。

---

①黄福涛:《外国高等教育史(第2版)》,上海教育出版社,2008年,第152页。

三、外国现代高等教育

进入20世纪以来，特别是"二战"后，伴随着社会政治、经济和文化的发展以及世界格局的变化，德国、英国、法国、美国、俄罗斯和日本的高等教育都陆续进入了改革大发展时期，取得了飞速发展，高等教育在现代化发展的进程中呈现出新的特点。

1.高等教育的数量、规模和结构持续发展

"二战"后，各国高等教育学校数量和规模急剧增大，西方国家高等教育的发展进入一个新的阶段。具体来说，20世纪60年代，美国高等教育学校已有2483所，高校平均拥有学生数为2790人。20世纪90年代中期，英国大学已有90所左右，90年代末期学生已达180万人左右，教授数量已达9905人。德国已有各类高等学校330所左右，其中大学90所左右。20世纪80年代，日本高等教育各类学校发展到400多所，本科人数为178万人左右，研究生人数为5万人左右。

这一时期，西方国家的高等教育层次结构也发生了显著变化。1960年，美国颁布《加利福尼亚州高等教育总体规划》，首次把高等教育划分为两年制的社区学院系统、四年制的州立学院系统和授予博士学位的大学系统三个层次，四年制的学院教育由此成为高等教育系统中被正式承认的重要组成部分。德国高等教育学校主要包括综合大学、教育大学、艺术大学、专门大学及其他高等教育学校。俄罗斯1996年颁布的《俄罗斯联邦高等和大学后职业教育法》规定高等学校分为综合大学、学术学院和专业学院三个类别。

2.高等教育的职能多样化

教学和科研作为高等教育的主要职能，在近代大学就已经得到确定。高等教育的另外一个重要职能——社会服务职能，是由20世纪早期美国威斯康星大学提出的"威斯康星思想"发展而成。

高等教育的社会服务概念是指高等教育以满足社会需要为出发点，以解决社会政治、经济和文化等各方面的问题为责任。美国威斯康星大学校长查尔斯·范海斯在1905年的一个演讲中宣称："只有大学的有利影响力到达国家的每一个家庭，我才会满意。""威斯康星思想"即威斯康星大学的办校理念，其实质就是把大学的人力资源直接为当地社会发展服务，发展了高等学校的第三个职能。[①] 威斯康星大学政治科学与公共事务学科教授J. F. Witte在《威斯康星理念：大学在州及更大范围内的持续作用》一文中指出：虽然"威斯康星理念"一词没有严格界定，但是对于这所大学而言，它还是有一个明确的含义：第一，为尽可能多的民众提供更高层级的教育；第二，发明、创造、

---

①潘懋元：《潘懋元高等教育文集》，新华出版社，1991年，第171页。

培育和落实那些能使全州受益的新的科学发现和理念；第三，使大学里的专家学者为州的民众和组织带来直接的帮助和益处。美国“威斯康星思想”的形成，正式确定了大学为社会服务的第三职能，高等教育与社会发展之间初步建立起良性互动。

美国高等学校的发展，为其社会发展尤其是社会经济发展提供了强劲动力，做出了显著贡献，因此，世界各国高校纷纷开始效仿。20 世纪 50 年代，美国高等教育从注重学生的道德训练或注重培养专业人才，逐渐转向注重培养学生对迅速变化着的社会的适应能力。并且，高等教育不仅更加依赖、服务于各级政府和周围社会，而且与企业界的联系更加紧密。到 20 世纪 60 年代，各个地区逐渐形成了一批以大学为中心、多所高技术公司组成的大学－工业中心。第一个大学－工业中心是以斯坦福大学为中心、数十家高技术公司组成的电子工业基地——硅谷，后逐渐发展为旧金山—帕洛阿尔托科学工业中心。此外，还有波士顿－剑桥工业中心、纽约－新泽西工业中心、芝加哥科学工业中心等等。目前，美国高校普遍建立起产学研合作制度，校企合作教育、合作科研迅速开展。各国以美国高校职能为典范，在 20 世纪 50 年代至 90 年代纷纷明确了高校社会服务职能的作用，高等教育最终确立了教学、科研和社会服务三位一体的职能建设。

3. 高等教育日益国际化

随着世界经济全球化、多元文化融合、信息社会进程的加快，高等教育也逐渐具有国际性。全球化是指随着社会和经济联系延伸到世界各地，世界上不同的人群、地区和国家之间的联系越来越紧密的过程，全球化促进了教育的国际交流与合作。高等教育国际化是指“一国高等教育面向国际发展的趋势和过程，是把国际的、跨文化的、全球化的理念融合到高等学校教学、科研和社会服务等诸项功能中的过程”，包括教育目标的国际化、教育内容的国际化、学生和教师的国际化、教育系统的国际化等等。20 世纪 80 年代后，国际化已经成为高等教育发展的基本趋势，各国高等教育学校采取交换生、留学生等制度和国外学者访问等一系列方式和措施，加强学生之间、学者之间、学生和学者之间的国际交流；学校课程也开始体现国际性，不仅在原有课程中增添了国际方面的内容，而且新增了如外国语、世界历史等关注其他国家的课程；借鉴国际上先进的教育教学模式和方法，推进教学改革；向其他国家输出本土课程，促进本国语言文化的传播；开展跨国界、跨文化的研究，建立了跨国界的教学、科研团队；组成跨国界高等教育联合体，如“欧洲高等教育共同圈”等。

4. 高等教育管理的现代化

这一时期，各国相继出台一系列提案、文件、报告和法规以发展和规范高等教育。如美国的《复员军人法》《国防教育法》《高等学校设备法》《高等教育法》和《美国 2000 年和教育战略》等；英国的《贾勒特报告》《高等教育：迎接挑战》《高等教育：一个新的框架》《1992 年继续和高等教育法》和《1992 年苏格兰继续和高等教育法》等；法国颁布的

《高等教育方向法》《非集中化法》《高等教育法》(又称《萨瓦里法》)《教育方向法》《德瓦盖法案》和《学校教育制度现代化报告》等;德国的《关于新型高等教育机构类型的建议》《高等教育总纲法》《面向90年代的高等教育政策》《关于德国高等教育机构发展的构想》《关于高等教育政策的10条提议》和《教育、政策研究的各项原则》等一系列的文件和纲领;日本的《新日本建设的教育方针》《教育基本法》《大学设置基准》《关于改善大学教育》《研究生院设置基准》《私立学校法》《学校教育法》《短期大学设置基准》《大学函授教育设置基准》和《学位规则》等;俄罗斯的《俄罗斯联邦教育法》《高等职业教育和大学后职业教育法》《俄罗斯联邦教育发展纲要》《俄罗斯联邦国家教育论纲》《高等专业教育机构条例》和《俄罗斯联邦高等职业教育机关(高等学校)的典型条例》等。可见,在20世纪,政府除提供资金建设高校之外,还通过立法对高等教育进行管理,为高等学校发展提供法律支持和制度保障。随着各国政府和社会的监督和管理,高等教育制度化发展的特点愈来愈明显。

5.高等教育被纳入终身教育体系

随着"二战"后教育规模的扩张,各国的高等教育开始走向大众化,进而逐步向终身教育延伸。法国教育家保罗·朗格朗是终身教育的提出者,他主张调整教育过程,强调教育和训练的过程不应随着学校学习的结束而终结,需要贯穿生命的全过程。[①]因此,终身教育的提出将人接受教育的时限从青少年阶段延伸到终身,这意味着人在一生的各个阶段都需要接受各种形式的有利于个人持续发展的教育。

由于高等教育是处于青少年到成人过渡阶段的教育,高等教育具有在终身教育体系构建中成为重要力量的客观基础,高等教育成为终身教育体系重要的组成部分。美国和日本等国纷纷出台相应政策,如《社会教育法》(美国)、《成人教育法》(日本),为终身教育的实施提供支持。各国高等学校也积极参与推进终身教育改革,通过自身教育理念、教育目标、课程设置、教学方式等的革新推动高等教育终身化发展。例如,斯坦福大学在"2025计划"中提出的"开环大学""自定节奏教育""轴翻转"和"目的性学习"教育教学模式,体现了高等教育中终身教育与终身学习理念的完美结合。"开环大学"(open-loop university)对接受高等教育的学生、学制和学习方式等进行了改革,包括:第一,打破了高等教育的年龄限制。从学生必须在18~22岁的四年时间完成学业,扩展为一生中任意六年。第二,倡导个性发展。"自定节奏教育"(paced education)的核心是使学生根据自己的条件和意愿设计自己的节奏,从而完成大学各阶段的学习。该计划用CEA("calibrate"即调整、"elevate"即提升和"activate"即启动)三阶段的自定节奏教育来代替传统的按四年学制执行的年级学分制培养模式。第三,强调能力培养。"轴翻转"(axis flip)改变了传统大学教育"先知识后能力"的人才培养

①持田荣一、森隆夫、诸冈和房:《终身教育大全》,龚同、林瀛、邢齐一等译,中国妇女出版社,1987年,编译者序第2页。

逻辑，反转为“先能力后知识”。在“轴翻转”中，技能成为学习主题，学校根据学生能力重新划分院系。第四，强调学习使命感。大学提出“目的性学习”(purpose learning)，关注学生的长远愿景和使命，注重学习的现实意义。斯坦福大学具体采取如下措施：一是邀请成功校友返校指导学生的职业发展；二是与各行各业的企业保持紧密联系，为学生实践提供平台。

第二节　我国高等教育的发展

一、高等教育在我国的萌芽

我国古代，随着生产力的发展、文化和科学知识的不断积累，我国的高等教育开始发展。在奴隶社会时期便开始了高等教育的萌芽。萌芽时期的高等教育主要以具备基础文化知识的贵族子弟作为教学对象，以儒学经典作为主要教学内容，教学方法和手段相对比较简单。

1. 奴隶社会时期的高等教育

根据古籍和卜辞记载，我国社会发展到夏商奴隶社会时期，由于社会的物质生产力提高，高等教育已经开始萌芽。夏商时期就有了学校，当时分别称为“东序”和“右学”。殷商时代的“右学”是我国最早的大学①，但当时的学校并不是纯粹的教育机关，教育与政治、宗教活动紧密结合。到了西周，大学被称为“学宫”“辟雍”“射庐”或“大池”，由周王室中央政府设立的称为“辟雍”，由诸侯设立的称为“泮宫”，以“礼、乐、射、御、书、数”六艺为主要教学内容。

总的来说，奴隶社会时期的高等教育的主要特点有：第一，高等教育的目的是为奴隶制国家培养统治人才，以天子和贵族的子弟为主要教育对象，少数贵族才有享受学校教育的权利。第二，官吏兼有教师职责，官师合一。《尚书》中记载：“天佑下民，作之君，作之师”。第三，学在官府，该时期并没有形成独立的、专门的高等教育机构。《礼记·王制》中有记载：“有虞氏养国老于上庠，养庶老于下庠。夏后氏养国老于东序，养庶老于西序”。《诗经·鲁颂·泮水》中又有：“思乐泮水，薄采其茆。鲁侯戾止，在泮饮酒。”可见，夏商西周时期的大学，都是教育与行政合一的机构。

2. 春秋战国时期的高等教育

春秋战国时期，阶级之间的斗争和政治制度的变革，使得西周时期确立的礼乐制

---

①熊明安：《中国高等教育史》，重庆出版社，1983年，第10页。

度日渐崩溃，造成了“天子失官，学在四夷”①的局面，“官学”即贵族官立大学逐渐衰落。春秋中期，我国古代与官学脱离的高等教育的形式——私学得以发展。

齐国由官家举办而私家主持的“稷下学宫”，由于其自由的学术氛围，成为当时非常有名的学术圣地。“稷下”是指齐国都城临淄的稷门附近。刘向《别录》记载：“齐有稷门，城门也，谈说之士期会于稷下也。”齐国君主在稷门附近地区设立的学宫便得名为“稷下学宫”。稷下学宫创立于齐桓公时期，徐干的《中论·亡国》中对“稷下学宫”有这样一段描述：“昔齐桓公立稷下之宫，设大夫之号，招致贤人而尊宠之，自孟轲之徒皆游于齐。”稷下学宫因其独有的办学特点，对后世产生了深远的影响。有学者认为稷下学宫创造了一个独特的教育典范，作为一所高等学府，它是名副其实的。它所独创的官方兴办、私家主持的办学形式，集讲学、著述、育才与咨政为一体的职能模式，自由游学和自由听讲的教学模式，学术自由和鼓励争鸣的办学方针，尊重优待知识分子的政策，都显示了它的成功之处，对后代官学与私学（如书院）的发展具有启迪作用。②

与此同时，由孔子、老子、孟子、庄子、墨子、荀子等所办的私学，培养了大批杰出人才，并且各家在教育实践中总结并提出了经久不衰的教育教学理论。尤其是孔子和老子，都是世界公认的早期高等教育思想家和教育家，对后世高等教育的发展产生了巨大的影响。孔子提出的“有教无类”“启发诱导”“因材施教”等教学主张，至今仍具有借鉴意义。

此外，春秋战国时期已经产生了一些教育教学的经典著作，如《大学》和《学记》，都是对西周官学和春秋私学教育教学实践的系统总结。《大学》是《礼记》中的一篇，是儒家讨论大学教育中的政治教育和道德教育的名篇，提出了大学教育的目的和进行教育的程序，即大学教育的三个纲领（“明明德”“亲民”“止于至善”）和八个条目（“格物、致知、诚意、正心、修身、齐家、治国、平天下”）。《学记》也是《礼记》中的一篇，是世界教育史上最早的比较系统地论述教学理论的著作。它对教育作用与教育目的、教育制度与学校管理以及教育教学原则与方法都有详细的阐述，其中总结的教育教学原则包括：预防性原则、及时施教原则、循序渐进原则、学习观摩原则、长善救失原则、启发诱导原则、藏息相辅原则，③对后世影响最为深远。

3.封建社会时期的高等教育

到了汉朝，高等教育进一步发展，产生了以太学、鸿都门学等官学为主，私学为辅的局面。公元前124年，汉武帝采纳董仲舒、公孙弘等人的建议，设立中央官学的最高学府——太学，开创了中国有史以来第一个正式的大学制度。太学以培养“明经行修”的官吏为目标，以《诗经》《尚书》《礼记》《周易》和《春秋》“五经”为教学内容，采用分组

①《左传·昭公十七年》，转引自孙培青《中国教育史(第3版)》，华东师范大学出版社，2009年，第26页。

②孙培青：《中国教育史(第3版)》，华东师范大学出版社，2009年，第59页。

③孙培青：《中国教育史(第3版)》，华东师范大学出版社，2009年，第97—98页。

或个别教学、“大都授”以及“久次相传”的教学方法，采用“设科射策”的考试方式。在东汉末年太学极盛时，学生多达三万人。太学的建立标志着中国开始产生高等教育的雏形。除太学外，东汉时期设立的鸿都门学是世界上第一所专门教授文艺的专科学校，开创了专科学校的先河。

唐代的经济繁荣推动着文化、教育事业的发展。唐代的教育体系已经具有系统性，从中央到地方都建立了比较完整的官办教育体系，也形成了更为庞大和复杂的高等教育体系。唐代的高等教育主要表现为：一是等级森严，代表贵胄大学的“二馆”（弘文馆、崇文馆）和普通高等院校的“六学”（国子学、太学、四门学、律学、书学和算学）有严格的入学等级规定和限制，各大学等级之间有明显区别。其中，“二馆”地位最高，只招收皇室近亲，其后依次是国子学、太学和四门学。二是专业性强，设立了如算学、天文学、医学等自然科学专业学院。唐代首次创立的自然科学专科教育是对我国古代高等教育的一大贡献。唐代的专业教育，特别是科技教育，受到政府重视，为各类专业人才的培养和管理积累了经验。三是教育、行政和研究相结合，如唐代的司天台、太医署和太乐署等机构都兼有教育、行政和研究三种功能。①

北宋到清末，中国古代高等教育进一步发展，其中出现了一种独特的教学和学术研究机构——书院。书院是以私人创立和组织为主，集图书收藏、校对、教学和研究为一体，是相对独立于官学之外的民间设立的学术研究和教育机构。书院始于唐代，原本是私人藏书之所，不属于教育机构。后来由于官学衰落、私人讲学传统以及佛教禅林的影响，在宋代，书院演变为学者讲学、研究高深学问、追求身心修养的场所。宋代著名的书院有白鹿洞书院、岳麓书院、应天府书院、嵩阳书院、石鼓书院和茅山书院等。自宋代到清末，书院逐渐成为我国封建社会一种重要的教育组织形式，在办学宗旨、教学内容、教学方法和管理制度等方面都积累了许多成功的经验。如宋代朱熹总结归纳了白鹿洞书院的学规——《白鹿洞书院揭示》；明代的东林书院既建立了完备的讲会制度，又将讲学活动与政治斗争紧密结合；清代的诂经精舍、学海堂书院既强调“以励品学，非以弋功名”的办学宗旨，还强调教学与研究的紧密结合。

二、高等教育在我国的形成

我国的高等教育形成于封建社会末期。鸦片战争打开了中国的大门，开启了中国政治、经济和文化的近代化进程。第二次鸦片战争后，西方列强与清政府签订一系列不平等条约，并开始通过创办教会学校进行文化和教育的殖民。与此同时，面对列强的欺凌，清政府内部一些受过经学教育的开明官吏和有识之士开始睁眼看世界，成为中国高等教育近代化的思想先导。因此，我国高等教育是伴随着教会学校的发展和晚清的洋务运动而开始形成的。

① 熊明安：《中国高等教育史》，重庆出版社，1983 年，第 145 页。

1. 教会学校促使我国高等教育近代化萌芽

1839 年在澳门专门为华人开办的马礼逊学校是最早设立于中国本土的、比较正式的教会学校。从 1844 年《望厦条约》规定美国可以在通商口岸建立教堂、医院等开始，到《天津条约》《北京条约》《辛丑条约》等不平等条约的签订，西方列强获取了自由进入中国传教、建造学校等特权，教会学校也随之迅速发展，规模不断扩大。教会学校最初是从初级学校开始的，高等教育是在初级学校的基础上建立的，并且教会最初创办的大学与当时我国的大学——书院形式相同，然后逐渐才改为大学。文会馆（又称为“山东书院”，齐鲁大学的前身）是第一所建立学院的教会学校。到 20 世纪初，西方列强先后将原有的书院扩建为大学，如 1879 年，由两所诞生于 60 年代的教会学院合并而成的外国教会大学——圣约翰大学。

虽然教会学校是西方国家殖民扩张的产物，有强烈的殖民性质，但对促进中国高等教育发展客观上也起到一定的作用。首先，教会学校催生中国高等教育的近代管理理念。教会大学最直接的贡献就是把西方近现代教育的体制、管理、课程和教学等移植到了中国，成为中国创办近代高等教育机构借鉴和模仿的对象。其次，教会学校推动了我国科学技术的进步。教会学校将西方高等教育中成熟的自然科学和社会科学移植到了中国，重视科学教育和科学研究，推动了我国农业、医学等科学技术教育与研究的发展。再次，教会学校的课程设置和教学内容包括宗教、外语、西学和儒学经典等，符合新式教育的需要，培养了当时所需要的人才。以燕京大学为例，它为中国培育了一大批高水平的人才，很多是各个领域的领军人物。中华人民共和国成立后，成为中国科学院院士的有 42 人，中国工程院院士的有 11 人（包括教师）。①除自然科学领域外，燕京大学的学生也是 1949 年后中国外交界、新闻界的基本力量。②

2. 新式学堂推动我国高等教育近代化发展

洋务运动时期，洋务派开始建立新式学堂。在“师夷长技以制夷”思想的推动下，曾国藩、李鸿章、张之洞、左宗棠等人掀起了以维护清政府统治为目的的洋务运动。经历两次鸦片战争后，洋务派官僚深感西方列强船坚炮利的威力，掀起了以富国强兵为目标的洋务运动。创办的新式学校是洋务运动关于教育改革的重要内容。洋务派以“中学为体，西学为用”为宗旨，创办了新式学堂，培养洋务运动所需要的翻译、外交、工程和军事等方面的人才，以西学为主要教育内容。19 世纪 60 年代开始，洋务派创办了外国语（“方言”）学堂、军事（“武备”）学堂和技术实业学堂三类洋务学堂共 30 多所，著名的洋务学堂有京师同文馆（1862 年）、上海广方言馆（1863 年）、福建船政学堂（1866 年）、天津水师学堂（1880 年）、湖北武备学堂（1895 年）等。其中，1862 年设立的

① 王言法：《近代中国高等教育与社会的嬗变》，学位论文，山东大学，2011 年，第 259 页。
② 王言法：《近代中国高等教育与社会的嬗变》，学位论文，山东大学，2011 年，第 260 页。

京师同文馆是我国第一所官办新式学堂。它以培养译员、通事为目标，采用咨传、招考和咨送三种途径招收学生，其课程设置侧重西学和西艺，以外国语、算学、“四书”“五经”和史学为基础课程。1902 年，京师同文馆并入京师大学堂，改称为“译学馆”。京师同文馆的建立，既是中国近代新教育发展的开端，也是中国近代高等教育发展的正式开端。

3. 我国近代大学的建立

维新运动时期，新式学堂继续发展，我国近代大学出现于这一时期。兴办学堂仍是维新运动时期教育实践的主要内容，维新运动时期创办的新式学堂主要有两类：一类是维新运动的代表人物为培养维新运动人才、传播维新思想而设立的“新学”学堂，如康有为创办的万木草堂、梁启超等创办的湖南时务学堂等；另一类是在办学模式、招生对象和教学内容等方面相较于洋务学堂有所突破的新式学堂，如采用西方近代学校体系的南洋公学，第一所由国人所办的正规女子学校——经正女校（又称“中国女学堂”）等。维新派不但重视创办专科学堂，而且高等教育的办学层次越来越高，创办了中国近代最早的大学堂。从开办时间来看，天津中西学堂开办时间最早，已经具有大学的雏形，但百日维新时期创办的京师大学堂则是第一所门类齐全的全国最高综合性学府。维新派创办的大学堂开创了中国近代高等学校的先河。

1895 年，北洋大学堂（原名为天津中西学堂，又称北洋西学堂）创建，这是中国近代第一所工科大学。学堂分为头等学堂和二等学堂，头等学堂相当于大学本科，二等学堂相当于大学预科。头等学堂是中国近代新型工科大学的最早萌芽，具有新式大学的雏形。头等学堂设法律、土木工程、采矿冶金、机械制造和法律等科。其课程设置参照哈佛大学和耶鲁大学，分为普通学与专门学，本科前两年课程有高等数学、测量学、力学、热工学、结构学、地质学、金属工艺等，后期开设专门学。学生毕业后，或留学外国，或从事洋务类工作。该校许多学生留学美国、日本，学成归国后，成为学术界、科学界的人才，如经济学家马寅初、数学家秦汾、军事家温应星、教育家李建勋等等。辛亥革命后，北洋大学堂在 1912 年改名为北洋大学校，后又更名为国立北洋大学，是今天津大学的前身。

在维新运动时期，维新派设立了京师大学堂。1896 年，刑部左侍郎李端棻向朝廷正式提出设京师大学堂的建议。1898 年，梁启超为学堂制定了《京师大学堂章程》，对大学堂做出了详细的规定。京师大学堂的主要特征如下：第一，京师大学堂前期以培养“通经济变之才”为目标，后期逐渐过渡为以“端正取向，造就通才”为目标①，维新派要求学校培养具有通达中外之学、推行“新政”的人才。第二，京师大学堂仍然贯彻“中学西用”“中西并重”的办学宗旨和原则。第三，在课程设置上，西学比重高于中学。京师大学堂课程分溥通学和专门学两种，溥通学是指每个学生必修的基础课程，专门学

①《钦定京师大学堂章程》，转引自舒新城《中国近代教育史资料（中册）》，人民教育出版社，1961 年，第 549 页。

是指学生选择专精的学科，基础课程学习年限为三年，毕业后再学习一门或两门专门学科。第四，京师大学堂既是全国最高的学府，又是全国最高的教育行政机关，[①]管理全国各省教育行政。《京师大学堂章程》规定："各省学堂皆当归大学堂统辖。"第五，在机构设置上，京师大学堂有师范斋、藏书楼和仪器院等，并设有编辑大学和中小学教材的编译局。第六，京师大学堂对学生言行的管理非常严格，针对学生制定的《京师大学堂规条》多达 31 条，从行为准则、作息时间和斋舍管理等方面进行了规范。京师大学堂是中国第一所国立综合性大学，是今北京大学的前身。

民国初期，百废待兴，社会急需大量人才。但当时全国仅有国立北京大学和省立北洋大学、山西大学，无法满足国家对高级人才的需要。因此，政府鼓励设立私立大学，当时许多有识之士和社会团体响应政府号召，私立大学逐渐兴起。1912—1913年，私立北京政法大学、武昌中华大学、大同书院、明德大学、国民大学（中国大学）、朝阳大学等纷纷成立。民国初期的私立大学极大地弥补了当时大学数量的不足，促进了高等教育的近代化发展。

4. 近代高等教育制度的确立

我国近代高等教育制度正式确立的标志是 1902 年颁布"壬寅学制"（《钦定学堂章程》，未实施）和 1904 年颁布"癸卯学制"（《奏定学堂章程》）。

"癸卯学制"将普通教育体制分为三段七级，其中第三段为高等教育阶段，分为高等学堂或大学预备科三年，分科大学堂三到四年，通儒院五年；另设实业学堂和师范学堂。高等学堂或大学预备科的学科按分科大学堂的专业学科分为三类：第一类学科毕业后升入经学科、政治科、文学科和商科大学；第二类学科毕业后升入格致、工科、农科大学；第三类学科毕业后升入医科大学。分科大学（又称分科大学堂）也被分为八科：经学、政治、文学、医科、格致、农科、工科和商科。各分科大学各专业的课程又分为主课、补助课（辅修课）和随意课（选修课）三类。通儒院以研究为主，设在京师大学堂内。[②] 学生不用听课，只独立进行研究，随时向教师请教。此外，与普通高等学校并行的还有优级师范学堂、实业教员讲习所和译学馆等，它们都属于高等教育性质。[③] 随着"癸卯学制"的施行，近代高等教育制度开始确立，高等教育开始由专业性的单科学堂向分科大学堂，再向综合性大学发展。

1912 年，公布"壬子学制"。此后陆续颁布《大学令》（1912 年）、《专门学校令》（1912 年）、《师范教育令》（1912 年）、《大学规程》（1913 年）、《私立大学章程》（1913 年）、《高等师范学校规程》（1913 年）、《私立大学规程》（1913 年）、《修正大学令》（1917 年）等法令，使"壬子学制"得以充实和具体，形成了一个全面完整的学制系统，称为"壬子癸丑学制"。其中，关于高等教育的规定是：大学预科三年，本科三年或四年；专门学

---

①孙培青：《中国教育史（第 3 版）》，华东师范大学出版社，2009 年，第 334 页。
②邓红利：《"癸卯学制"述论》，学位论文，华中师范大学，2007 年，第 27—28 页。
③邓红利：《"癸卯学制"述论》，学位论文，华中师范大学，2007 年，第 28 页。

校预科一年,本科三年或四年。

1922 年,我国仿照美国学制,规定了"壬戌学制"(又称"六三三学制")。该学制废除了封建教育"忠君"的教育宗旨,体现了民主与科学精神。该学制重新对高等教育做了具体规定:第一,大学可以开设几科,也可以单设一科。第二,大学修业年限为四至六年,缩短了高等教育年限,取消大学预科。第三,大学采用选课制。第四,学科及地方特殊的,可以设立专门学校。第五,大学和专门学院可以附设专修科。第六,为了弥补初级中学师资的不足,可以设置两年制的师范专修科。第七,大学院为大学毕业生及具有同等程度者进行研究之所,年限不定。改革后的新学制使大学不再担任普通教育的任务,有利于大学进行专业教育和科学研究;重视高等职业教育,一是肯定了独立职业学校和专门学校的地位,二是明确在大学中可开设专修科;在高等师范教育方面,将旧制高等师范学校升格为师范大学,使高等师范学校与大学处于同一发展层级。北洋政府统治时期的高等教育制度更加完备,反映了资产阶级对高等教育的要求。尽管改革后的学制是受到进步主义教育思想和美国学制模式的影响制定的,但比较彻底地摆脱了封建教育制度的束缚,标志着中国近代学制体系建设基本完成,也标志着我国高等教育体制近代化基本完成。

5. 中国共产党领导下的高等教育

中国共产党一直非常重视为中国无产阶级革命事业而发展高等教育。为了更广泛地宣传马克思主义理论,并与中国革命实际相联系,以及培养革命干部,中国共产党先后创办了一批高等教育性质的教育机构。中国共产党成立初期创办的比较著名的学校有湖南自修大学、上海大学和农民运动讲习所。其中,毛泽东于 1921 年创办的湖南自修大学既是全国第一所研究和传播马克思主义、培养革命干部的新型学校,也是我国第一所无产阶级革命大学。国共第一次合作时期,国共共同创办了上海大学(1922 年),一方面进行社会科学和文学艺术的学习和研究,另一方面进行反帝反封建的斗争。该时期共产党领导人还先后主持了广州、武汉农民运动讲习所工作,培养了大批农民运动干部。

土地革命战争时期,共产党为了发展新民主主义的高等教育,制定了"以干部教育为中心""以政治军事教育为重点""以知识分子为主体"三条教育方针,在苏维埃地区先后成立了工农红军大学、苏维埃大学、马克思共产主义学校等学校。抗战时期,共产党制定了"教育为长期抗战服务""建立广泛的抗日教育统一战线""干部教育居于首位"三条教育方针。在抗日根据地创办起中国人民抗日军事政治大学、华北联合大学、陕北公学、延安大学、中共中央党校等学校。其中中国人民抗日军事政治大学(简称"抗大")是该时期中共中央和毛泽东直接领导的最高军事学府,以培养抗日军事政治干部为目标。其教育方针为:坚定不移的政治方向,艰苦奋斗的工作作风,机动灵活的战略战术;其校风为:团结、紧张、严肃、活泼。以抗大为首的抗日根据地的干部学校为中国培养了大量人才,推动了抗日战争的胜利。到解放战争时期,共产党继续执行"干部教育第一，国民教育第二”的教育方针，干部教育仍旧是教育的主体。但此时期的高等教育在门类和规模方面继续发展：既有短期训练班式的高校，也有正规的工、农、商、医、师范大学和专科大学。中国共产党在革命根据地和解放区艰苦的条件下，创造了高等教育为政治和革命战争服务的成功范例，在实践中积累了丰富的经验：一是坚持教育为政治服务；二是坚持教育与生产劳动相结合；三是干部教育先于成人教育，成人教育先于儿童教育；四是缩短学制，教学讲求实效。

三、中国现代高等教育的发展

1. 中国现代大学的建立——蔡元培对北京大学的改革

1917 年，蔡元培担任北京大学校长。当时北京大学的腐败问题严重阻碍了学术的发展，他认为北京大学亟须整顿和改革。结合自身留学德国的经验，他从自由、民主的原则出发，对北京大学进行全面改革，提出很多重要的主张和行之有效的措施：第一，明确“大学者，研究高深学问者也”[①]为办学宗旨；第二，贯彻“循‘思想自由’原则，取兼容并包主义”[②]的办学原则；第三，对学生提出“抱定宗旨、砥砺德行、敬爱师友”三点要求；第四，整顿教师队伍，广泛延聘各类人才；第五，强调基础理论学科，并废科设系、沟通文理；第六，将学年制改为选科制(学分制)；第七，建立了“教授治校，民主管理”的新型校务管理体制；第八，建立“学术自由”的运行机制；第九，改革招生制度，允许女生入学。蔡元培仿照德国现代大学的模式对北京大学进行革新，北京大学在办学理念、办学宗旨、学科建设、管理体制等方面都充分体现了当时世界现代大学的特点。北京大学的教育改革取得显著成效，从一所官僚气息严重、校政腐败的教育机构，变为充满民主、科学气息的高等学府。北京大学的教育改革使我国高等教育与世界现代高等教育接轨，成为我国高等教育现代化发展的里程碑。

2. 中华人民共和国高等教育的发展

中华人民共和国成立后，教育事业走上了为人民服务、为新中国建设服务的道路，我国开始了社会主义高等教育的探索。我国社会主义高等教育发展包括以下阶段：1949—1956 年的起步阶段，1956—1966 年的探索阶段，1977—1985 年的恢复与发展阶段，1985—1992 年的改革起步阶段，1992—1999 年的改革初探阶段，1999—2010 年的改革深化阶段，2010 年至今的综合发展阶段。

(1)高等教育的起步阶段(1949—1956 年)

中华人民共和国成立初期，高等教育的起步主要以苏联为榜样，借鉴和学习苏联

---

①高平叔:《蔡元培教育论集》，湖南教育出版社，1987 年，第 152 页。
②高平叔:《蔡元培教育论集》，湖南教育出版社，1987 年，第 231 页。

模式。1949 年，全国教育工作会议召开，提出“以老解放区新教育经验为基础，吸收旧教育有用经验，借助苏联经验，建设新民主主义教育。”[①]高等教育起步阶段的具体措施包括：第一，对旧中国的高等教育进行接管、接收、接办和初步改造；第二，创办新型的高等学校；第三，对知识分子进行教育和改造；第四，建立中华人民共和国初期的高等教育制度；第五，调整院系分布；第六，采取“一边倒”政策，“以苏为师”进行改革。

(2)高等教育的探索阶段(1956—1966 年)

1957 年，随着国际国内政治局势的变化，学者们开始反思高等教育的“苏联模式”，高等教育开始进入自主探索期。探索阶段的具体措施有：第一，制定社会主义高等教育方针；第二，出台《教育部高等学校暂行工作条例(草案)》(简称“高教六十条”)，从教学工作、生产劳动、研究生培养工作、科学研究工作、教师和学生、物质设备和生活管理、思想政治工作、领导制度和行政组织、党的组织和党的工作等十个方面对高等学校的教学和管理进行了规范；[②]第三，制定关于知识分子问题的政策，改善高校教师的待遇；第四，进行高校教学改革和教材建设；第五，实施“两种教育制度、两种劳动制度”，鼓励学生和工人半工半读；第六，创办各类重点大学，如中国人民大学等。

(3)高等教育的恢复与发展阶段(1977—1985 年)

1966 年“文化大革命”爆发后，高等教育也遭到了极大破坏。据统计，1965 年底，我国普通高校数量为 434 所，1976 年下降为 392 所；在校生数量 1965 年底为 67.4 万人，1976 年减少至 56.4 万人。[③]

在恢复与发展阶段，政府为了恢复国家教育，采取了一系列行动：第一，纠正“左”倾错误，平反冤假错案；第二，恢复全国高等学校统一招生制度；第三，召开全国科学大会和全国教育工作会议。高等教育在贯彻“调整、改革、整顿、提高”的八字方针下，开展了思想政治教育；恢复了研究生教育；颁布《中华人民共和国学位条例》，建立起学位制度；调整学科结构和专业划分；恢复教材编审组织工作，加强高校教材建设和管理；发展自然科学、哲学、社会科学的研究；整顿高校领导班子，加强教师队伍建设；开展高等教育国际交流和合作。1982 年，对高等教育发展及专门人才培养进行了普查和预测。

(4)高等教育的改革起步阶段(1985—1992 年)

1985 年 5 月，邓小平在全国教育工作会议上发表了《把教育工作认真抓起来》的讲话，同月我国颁布了《中共中央关于教育体制改革的决定》，标志着我国社会主义教育事业进入全面改革的新时期。

我国高等教育管理体制开始全面改革：明确并实施中央、省、中心城市三级办学的体制，积极进行跨地区、跨部门联合办学；扩大高等学校在人事、经费、专业调整等方面

---

①高等教育部办公厅：《高等教育文献法令汇编(1949 年—1952 年)》，1958 年，第 4 页。

②陈武元、洪真裁：《建国后 17 年中国高等教育发展评价与启示》，《东南学术》2007 年第 3 期。

③刘光：《新中国高等教育大事记(1949—1987)》，东北师范大学出版社，1990 年，第 244,311 页。

的自主权；拓宽高等教育投资渠道，支持社会力量创办高等学校；建立产学研三结合体制，培养能为社会经济建设做贡献的人才；推进内部管理体制改革，试行校长负责制和教师职务聘任制；后勤服务社会化，施行后勤经济承包责任制；实行高等教育自学考试制度，推动高考招生和毕业生分配制度改革；深化教学管理制度，以实施学分制为重点，并试行主辅修制和双学位制度；建设重点学科、国家重点实验室，发挥科研优势；制定多层次的高等教育评估制度。

(5)高等教育的改革初探阶段(1992—1999 年)

党的十四大以后，高等教育进一步解放思想，积极进行现代化建设，其发展进入了“快车道”。

1992 年 11 月的全国普通高等教育工作会议，提出了高等教育深化改革、加速发展的思路、政策和措施，起草了文件《关于加快改革和积极发展高等教育的意见》，对高等教育改革和发展的指导思想、主要任务、目标、方针、体制和教学改革的具体思路、评价标准等进行了细致的阐述。1993 年 2 月，党中央、国务院正式颁布了《中国教育改革和发展纲要》，其中有关高等教育的主要内容包括：教育面临的形势和任务；教育事业发展的目标、战略和指导方针；改革教育体制、教育目标、教育思想、教学内容和方法以及评价体制等；加强教师队伍建设；解决教育经费紧张问题。1998 年 8 月，九届人大四次会议审议通过了《中华人民共和国高等教育法》，对我国高等教育的任务、工作方针、发展原则、办学体制、宏观管理体制、内部管理体制、基本结构、设立标准、评价标准、学校办学自主权、教师和学生等做出了相应的规定。《中华人民共和国高等教育法》的颁布实施，是对中华人民共和国成立近 50 年以来高等教育发展的总结，是我国高等教育进入全面依法治教阶段的重要里程碑，标志着教育法律体系基本框架的形成，为我国高等教育进一步改革提供了法律支持。

改革初探阶段的重要措施包括发展民办教育，建立以省级人民政府管理为主，中央和省级两级人民政府共同管理的新型管理体制，兴办校办产业、发展后勤社会化以及实施“211 工程”。截至 1998 年，全国普通高等院校共计 1022 所，共有 340.9 万在校生。[①]

(6)高等教育的改革深化阶段(1999—2010 年)

1999 年 1 月，国务院正式批准了教育部的《面向 21 世纪教育振兴行动计划》。同年 6 月，《中共中央、国务院关于深化教育改革全面推进素质教育的决定》颁布。这些文件和法规是对跨世纪的教育改革和发展做出新的规划，是为了迎接知识经济、信息社会时代的到来所做的准备。高等教育进入改革深化阶段，高等学校逐步扩招。1999 年，我国共有 1071 所普通高等院校，共招生 159.68 万人，比上一年增加 51.32 万人。[②]

---

①中华人民共和国教育部发展规划司:《中国教育统计年鉴 1998》，转引自张辉蓉、盛雅琦、宋乃庆《中国高等教育发展 70 年：回眸与前瞻》，《浙江师范大学学报(社会科学版)》2019 年第 5 期。

②中华人民共和国教育部发展规划司:《中国教育统计年鉴 1999》，转引自张辉蓉、盛雅琦、宋乃庆《中国高等教育发展 70 年：回眸与前瞻》，《浙江师范大学学报(社会科学版)》2019 年第 5 期。

但是，随着高校扩招，优质高等教育资源分配不均、教学质量滑坡、课程结构滞后于市场需求变化等问题凸显。为解决以上问题，2003 年，我国开始启动“高等学校教学质量与教学改革工程”，2004 年开始实施“985 工程”二期建设，2007 年颁布《教育部关于进一步深化本科教学改革全面提高教学质量的若干意见》，积极推进高等教育教学改革和质量评估。[①] 高等教育逐步从“量变”跨越到“质变”。

(7)高等教育的综合发展阶段(2010 年至今)

2010 年 7 月，改革开放以来第四次全国教育工作会议在北京召开，会议颁布了《国家中长期教育改革和发展规划纲要(2010—2020 年)》，我国高等教育开始进入综合发展阶段。2012 年，教育部在《高等教育专题规划》中提出 2020 年“全面提高高等教育质量，建设高等教育强国”的战略目标。高等教育开始关注自身的发展定位、教育职能、教育创新和制度完善等，推动了创新创业教育、“双一流”建设以及地方本科院校转型，加强了高校的国际交流合作。

中华人民共和国成立 70 多年来，我国的高等教育事业取得了巨大成就：发展规模与发展速度实现超常规、跨越式发展，创造了从“精英化”到即将步入“普及化”的世界奇迹；高等教育质量不断提高，改变了以往在西方发达国家后面“跟跑”的境况，还出现了“并跑”甚至“弯道超车”的现象；超越了“制度管理”的规限，注重发挥“价值先行”的引领作用，实现治理水平的稳步提升。[②]

第三节　高等教育发展的特征

纵观国内外高等教育发展的历程，我们发现高等教育与社会的联系越来越密切。高等教育作为社会系统中的一个子系统，其发展必然会受到社会中其他因素的制约，同时高等教育也反作用于社会，对社会发展产生影响。

一、高等教育发展的经济性

1. 生产力对高等教育发展的影响

社会存在决定社会意识，物质资料的生产是社会存在和发展的基础，生产力发展制约着高等教育的发展。首先，生产力制约着高等教育事业发展的规模和速度。生产力决定着社会财富的积累和脱离物质生产过程的人口数量。工业社会的大机器生产

---

①张辉蓉、盛雅琦、宋乃庆：《中国高等教育发展 70 年：回眸与前瞻》，《浙江师范大学学报(社会科学版)》2019 年第 5 期。

②同上。

要求劳动者具有一定的文化科学知识，因此高等学校发展成为体系化的规模巨大的学校教育事业。其次，生产力制约着高级人才培养的规格和高等教育结构的优化。随着生产力水平的提高，社会的产业结构更为复杂，需要大量的不同层次不同结构的现代劳动者。再次，生产力制约着高等教育课程的设置和教学内容的选择。生产力的发展推动了科学技术的发展，使科学知识不断积累和发展，也必然促进教学内容的发展与更新。高等教育是知识更新的前哨，与基础教育相比，高等教育特别是高等职业教育的课程及内容变革得更快。最后，生产力制约着高等教育的教学方法、手段和组织形式。从原始社会的口耳相授到现代多媒体技术的运用，从个别教学到班级授课制，教学方法、手段和组织形式的变革与社会生产力发展水平密切联系。

2.高等教育的经济功能

在知识经济时代，以高深知识的传授、创新和应用为己任的高等教育成为推动经济、社会发展的重要力量。首先，高等教育能有效促进经济增长。舒尔茨在《人力资本投资》一书中明确提出人力资本是当今时代促进国民经济增长的主要原因。[①] 所谓人力资本，是相对于物力资本而存在的一种资本形态，表现为人所拥有的知识、技能、经验和健康等。[②] 而高等教育是培养高级人才的教育，因此高等教育通过培养拥有高级知识和高级技能的人才，提高劳动生产率，进而促进经济发展。其次，高等教育能够提高劳动者素质。高等教育通过四种途径提高劳动者素质：一是使可能的劳动力转变为现实的劳动力；二是把一般性劳动者转变为专业性劳动者；三是把较低水平的劳动者转变为较高水平的劳动者；四是把一种形态的劳动者转变为另一种形态的劳动者。[③] 再次，高等教育推动科技发展。高等教育的科研职能决定了高等教育是将知识转化为直接生产力的重要途径。“二战”时期，麻省理工学院所进行的基础原理研究助力了雷达技术和原子弹的产生；美国硅谷的产生和发展依托于其附近一些具有雄厚科研实力的美国一流大学——斯坦福大学等。历史证明了一流大学可以通过从事科学研究、推广科学技术站在科学前沿，促进科学技术的发展。

二、高等教育发展的文化性

1.文化对高等教育发展的影响

从广义的人种论的意义上说，文化是一个复杂的整体，包括知识、信仰、艺术、道德、法律、风格和其他一切能力和习惯。[④] 文化不仅使人的世界与物理世界、生物世界

---

①江涛：《舒尔茨人力资本理论的核心思想及其启示》，《扬州大学学报（人文社会科学版）》2008年第6期。

②同上。

③项贤明：《教育学原理》，高等教育出版社，2019年，第70页。

④泰勒：《原始文化》，蔡江浓编译，浙江人民出版社，1988年，第1页。

区别开来，使人告别物我不分、万物有灵的时代，而且它还在不断地形成人、改造人、提升人、完善人。因而可以说，人是文化的存在。[①] 文化由价值体系、知识经验、思维方式和语言符号等组成，为教育提供了特定的背景，制约教育活动过程的教育理念、教育目的、教育内容、教学方法等方方面面。如东方文化尚仁、追求和谐、关注整体；西方文化尚智、追求征服、关注个体。受两种不同文化影响，东西方教育在各个方面有明显的差异。文化对高等教育的影响主要体现在三个方面：第一，文化观念影响高等教育观念；第二，文化类型影响高等教育目标；第三，文化传统影响高等教育内容和教育方法。[②]

2. 高等教育的文化功能

高等教育并不是消极地接受文化的影响，它在传递知识和文化的过程中也反作用于文化。高等教育有对一种文化体系进行筛选、传递和保存的功能。首先，高等教育是实现文化传承的重要机制。[③] 教育一开始就是传递和保存人类文化的重要工具，而高等教育具有传递和保存人类高深知识的重任。其次，高等教育有利于文化更新与创造。社会的发展和变革必须依靠文化的更新，必须抛弃文化中陈旧落后的东西。高等教育相比基础教育能更直接地进行新旧知识的加工。高等教育通过教育和科学研究使文化得以更新，通过培养创新型人才使新文化得以创造。最后，高等教育有利于文化交流。[④] 随着经济全球化、世界现代化进程的加速，文化融合和交流进程加快，高等教育通过加强国际学术文化的交流和研究，促进世界各民族优秀文化的相互尊重与和谐发展、相互借鉴与融合吸收。

三、高等教育发展的政治性

1. 政治制度对高等教育发展的影响

一定社会的教育是由一定社会的政治经济制度所决定的。[⑤] 首先，政治制度决定着高等教育的社会性质。[⑥] 伯顿·克拉克在其《高等教育系统：学术组织的跨国研究》一书中指出：各国高等教育系统在依赖（国家政府的）权力和依赖（市场体制的）交换之间存在巨大差别：高教系统的结合愈松散，对交换的依赖愈大。[⑦] 他根据依赖形式，将

①郝德永：《课程与文化：一个后现代的检视》，教育科学出版社，2002 年，第 11 页。
②项贤明：《教育学原理》，高等教育出版社，2019 年，第 67 页。
③项贤明：《教育学原理》，高等教育出版社，2019 年，第 76 页。
④项贤明：《教育学原理》，高等教育出版社，2019 年，第 77 页。
⑤顾明远：《教育与社会政治经济制度的关系》，《江苏教育》1982 年第 9 期。
⑥项贤明：《教育学原理》，高等教育出版社，2019 年，第 63 页。
⑦伯顿·R. 克拉克：《高等教育系统——学术组织的跨国研究》，王承绪、徐辉、殷企平等译，杭州大学出版社，1994 年，第 155 页。

高等院校依次分为四种基本类型：第一种是单一公立系统中的单一机构部门，如20世纪意大利的国立大学；第二种是单一公立系统中的多重机构部门，该模式在社会主义社会、西方社会和第三世界国家占主导地位；第三种是多重公立子系统的多重机构部门，主要出现在实行联邦制的国家中，如加拿大、澳大利亚等国；第四种是私立和公立系统并举的多重机构部门，如美国和日本。[①] 让哪些人分享各种权力和权利，哪些人能接受高等教育，都是由一定社会的政治制度决定的。奴隶社会和封建社会时期，高等教育具有明显的阶级性和等级性，只有贵族子弟才能接受高等教育，各高等教育机构对招生对象都有严格的等级限制。现代社会，高等教育从以往的精英教育逐渐走向大众化教育。再次，政治制度从根本上决定着高等教育的管理体制。[②] 中华人民共和国成立初期，受高度集中的计划经济体制的影响，高等教育管理强调集中统一。1950年，《关于高校领导关系的决定》明确规定全国高校由"中央人民政府教育部统一领导"，各类高校均由政府包揽。改革开放后，随着一系列改革举措的实施，我国逐步形成了"政府宏观管理、学校自主办学、社会广泛参与"的高等教育公共治理新格局，将以往"单一的政府投入"变为"政府投入为主的多渠道投入"的方式，而高校内部则实行党委领导下的校长负责制。[③]

2. 高等教育的政治功能

高等教育具有政治功能，高等教育为政治服务是通过传播政治意识形态、培养专门人才来实现的。首先，高等教育有助于维系社会政治稳定。高等教育具有社会服务职能，以培养具有一定政治素质的社会公民为目标，使得公民具有统治阶级的政治理想和政治信念，从而促进社会政治民主化，维系社会政治稳定。其次，高等教育有助于提高社会政治文明水平。高等教育作为传递知识、训练能力和培养情感的活动，直接或间接、显性或隐性地将一定社会的政治意识形态向年轻一代传播，促进政治社会化。再次，高等教育有利于促进社会政治发展和革新，主要体现在三个方面：第一，高等教育逐渐普及化是现代社会政治变革的重要标志，同时也是推进它的重要力量；第二，高等教育通过传播先进思想和弘扬优良道德促进社会政治变革；第三，政治民主化是现代社会政治发展的必然趋势，而这依赖于高等教育的发展和推动。[④] 最后，高等教育为社会培养政治人才。自古以来，高等教育一直承担着培养政治、法律高级人才的重任。社会越发展，对政治管理人才和统治人才的素质要求越高，高等教育培养政治人才的任务也就越重要。

---

①伯顿·R.克拉克：《高等教育系统——学术组织的跨国研究》，王承绪、徐辉、殷企平等译，杭州大学出版社，1994年，第58—64页。

②项贤明：《教育学原理》，高等教育出版社，2019年，第64页。

③张辉蓉、盛雅琦、宋乃庆：《中国高等教育发展70年：回眸与前瞻》，《浙江师范大学学报（社会科学版）》2019年第5期。

④项贤明：《教育学原理》，高等教育出版社，2019年，第72页。

本章小结

本章主要包括外国高等教育史和中国高等教育史两个相对独立的部分：梳理了外国高等教育从萌芽到现代化的发展历程，外国高等教育从中世纪大学的产生，到近代各国根据自身社会状况对其进行发展，到现代各国高等教育发展产生了一些共同特征：高等教育的数量、规模和结构持续发展，高等教育职能多样化，管理国际化、现代化和终身化；梳理了我国高等教育的萌芽、近代高等教育的产生、我国现代高等教育的发展概况和成就。最后论述了高等教育发展的经济性、文化性和政治性特征。

复习与思考

一、简答题：

1. 外国高等教育的发展经历了哪几个阶段？
2. 中世纪大学的发展对现代高等教育有何意义？
3. 现代高等教育的职能有哪些？它们是如何发展起来的？
4. 我国古代书院的特点有哪些？
5. 高等教育的发展与社会的发展有何关系？
6. 我国是如何逐步实现高等教育现代化的？

二、论述题：

1. 如何看待书院对我国高等教育发展的影响？
2. 请谈谈高等教育现代化之于我国的意义。

第二章

高等教育的理念

如果大学里面只有文献考据，而没有哲学探讨，只有技术而没有理论，只有目不暇接的事实而没有理念的指引，大学就岌岌可危了。

——雅斯贝尔斯

要论提示

- 高等教育理念是某种教育哲学影响下的产物。
- 高等教育理念具有社会性与时代性。
- 大学校长是高等教育理念在一所学校的集中体现。

每一种思想都可以推动变革。中国传统哲学认为"天下万物生于有,有生于无","无极生太极"。世界高等教育发展的经验反复证明,有什么样的理念就会有什么样的教育实践。高等教育理念是高等学校发展的思想基础,也是高等学校进行自我建构和持续发展的动力。高等教育理念体现了人们对高等教育基本问题的理性认识和价值判断,并日益彰显其在高等教育发展中的先导性地位。

经济的发展必然会带来社会的转型。教育领域中非常重要的一环——高等教育,也势必随着社会的现代化转型,职能越来越多样,系统越来越复杂。当前高等教育发展所面临的困境,本质上就是高等教育理念的缺失与迷茫。高等学校想要适应这些广泛又深刻的社会变化,首先要做的就是转变自身固有的认知方式和理念价值,不断赋予高等学校新的功能、使命和内涵,打破高等教育赖以生存和发展的社会基础及固有秩序,对原有的大学理念提出转变要求。现阶段我国高等教育理念在认识上仍存在需要澄清的误区,如将朴素的想法、一般性理论误当作理念,将当下的简单行动误看作理念指导下的实践。高等教育理念建设不仅需要改革与创新,还需要传承与守望;不仅需要实践行为,更需要主体性的觉醒和理论的升华。

第一节　高等教育的理念

高等教育理念,是对高等教育现象与活动的理性认识,体现出一所高校的精神、思想和灵魂,并决定着它的思维方式和发展方向。高等教育理念在中西方高等教育发展史上,经历过无数次的冲突与选择,包括自由(普通)教育与专业教育、通才教育与专才教育、社会本位与个人本位、大学自治与国家控制等诸多范畴的对立与冲突,这些对立与冲突背后体现的是高等教育理念的不同。

一、高等教育理念的哲学基础

美国著名哲学家、教育学家约翰·杜威说过,哲学就是教育的最一般方面的理论,教育乃是使哲学上的分歧具体化并受到检验的实验室。① 秉承不同的哲学观念的教育思想家都会受其影响,形成不同的教育哲学思想。无论中外,抑或古今,高等教育都会因其秉持的教育哲学的差异而形成不同的教育理念,因此,教育理念的澄清往往要基于教育哲学的视角。

在高等教育发展史上,由于种种复杂原因,高等教育理念存在着范畴的对立与冲突,诸如综合教育与专业教育、通识教育与精英教育、研究性教育与应用性教育、自由教育与公民教育、社会本位与个人本位等。在这些冲突与对立的表象背后,实则是高等教育哲学观念的冲突与对立。英国学者迈克尔·艾伦在其著作《大学的目标》中曾指出,高等教育哲学存在人文主义教育哲学与职业教育哲学的对立。他还列举了其他情况的对立,如哈佛大学在《哈佛报告:大学的性质和目的》中指出高等教育哲学经典主义与实用主义的对立、巴茨和克莱明的理性主义与经验主义的对立、卡内基委员会的功利主义与复兴主义的对立、伯吉斯的自治性与服务性的对立、布鲁贝尔的认识论与政治论的对立等。② 其中起统合与支配作用的可以归结为理性主义与功利主义。理性主义与功利主义都曾是高等教育理念的主流,在不断冲突与融合的过程中,二者开始转化与相互融合,如功利主义者所倡导的专业教育逐渐得到理性主义者的认可;当代美国高等教育家克拉克·科尔与哈佛大学前校长德里克·博克等倡导功利主义的学者也认识到理性主义所倡导的自由教育的重要性。重新审视理性主义与功利主义高等教育理念,反思高等教育思想在社会变迁中的抉择,可以使我们更为准确地理解和科学地把握高等教育的根本内涵和精神实质。总体而言,理性主义与功利主义是高等教育哲学中的两个主要流派,在高等教育理念发展史上发挥着举足轻重的作用。

1. 基于理性主义的高等教育理念

理性主义在西方哲学史上有着悠久的传统,它历经古希腊时期、启蒙运动时期以及德国古典哲学的影响与推动,有其丰富的内涵。首先,传统理性主义的思想家都认为世界是合乎理性的,是由必然的因果联系构成的秩序,人的理智可以认识世界的规律性和必然联系。其次,按照理性主义的观点,人是理性的动物,追求享乐和人生幸福是合理的,而且只有合理的享乐和合理的利己主义才是合乎道德的。最后,理性主义强调科学知识的作用,认为"知识就是力量"。这里所说的知识主要是与经验自然科学相联系的知识,理性主义认为最好的生活是遵循理性指导去生活。③

基于理性主义的高等教育理念认为,高等教育是理性的产物与发展理性的工具,并把大学看作探寻知识与寻求真理的场所,其宗旨是探索普遍真理和完善人格。这种求真与求善的欲望出自纯粹理性的驱动,超越感性欲望和利害关系,不计功利得失,探索纯粹的知识和学问。基于理性主义的高等教育理念秉承古希腊传统的自由教育精

①约翰·杜威:《民主主义与教育》,王承绪译,人民教育出版社,2001年,第348,350页。
②Micheal Allen, *The Goals of Universities* (Philadelphia: Open University Press, 1988), p. 21.
③李步楼:《理性主义和非理性主义》,《江汉论坛》1995年第6期。

神，认为高等学校要把培养自由的人、完人和全人作为教育的培养目标。此教育理念非常重视学生的理性，重视自由教育或普通教育，让学生在宽松而又丰富多彩的环境中进行内心和智慧的训练。秉承理性主义的西方高等教育哲学的代表人物有纽曼、洪堡、弗莱克斯纳和赫钦斯等学者。

现代意义上的高等学校源自中世纪的欧洲，正是理性主义复苏的产物。爱尔兰杰出学者约翰·司各脱提出理性和启示都是真理的来源，但二者万一出现矛盾，就应该把理性置于启示之上，从而吹响了理性主义复苏的号角。唯名论和唯实论是中世纪经院哲学的两大派系，前者主张个别事物是实在的，共相、普遍只能通过个别而存在；而唯实论则认为共相、普遍是最实在的，个别与特殊都从共相与普遍而来。唯名论与唯实论的论争也加快了理性主义复苏的步伐。中世纪的学者们也接受并且继承了亚里士多德的理性主义思想，重视理性和经验在探索真理和知识中的作用，为中世纪大学的产生奠定了基础。中世纪大学的理性主义强调学术和理智训练，倡导辩论式、讨论式的教学方法，主张大学自治和学术自由。

19 世纪初期，德国柏林洪堡大学就是基于理性主义的高等教育理念发展的产物。它的创立者——著名教育家威廉·冯·洪堡认为，大学作为科学学术机构，其目的就是发展理性，大学只需要按照科学活动本身的需要，为科学而发展科学，而无须针对社会某项具体功能来证明它存在的意义。洪堡以其新人文主义思想而著称。他认为大学是带有研究性质的学校，是享有一定程度自治和学术自由，并由师生组成的共同探索高深学问的学者团体。他认为大学的主要职能是对科学的探讨和对人才的培养。在科学探索方面，他主张大学应进行纯知识、纯学理的研究，反对大学进行应用性研究；在人才培养方面，他继承了古希腊自由教育的传统，特别强调普通教育在培养完人中的作用，他反对把人培养成机器，主张培养个性和谐、全面发展的完人。关于培养完人的教育目标，他提出了“由科学而达至修养”的教育原理，要求教学与科研结合起来。①

同样在 19 世纪的英国，著名教育家约翰·亨利·纽曼也是理性主义高等教育理念的绝对捍卫者。他在《大学的理念》一书中明确指出，大学是探索普遍学问的场所；是探索和发现、实验和思考所有知识和科学、事实和原理的有效保护力量；是智慧之府，世界之光，信仰的使者，新生文明之母。在纽曼看来，大学要以培养绅士为主，提倡自由教育传统，反对专业教育，主张向学生传授普遍的完整知识。他秉承理性主义高等教育理念的传统，重视智力训练，认为大学的任务就是要正确制定标准，按照标准并根据所有学生的不同特点发展学生的智力。

另一位不得不提及的坚持理性主义高等教育理念的代表人物是 20 世纪美国著名的教育家亚伯拉罕·弗莱克斯纳。他曾在《美国、英国、德国的大学》中，对功利主义高等教育哲学进行全面的批判，认为大学是学问的中心，而不是一个公共服务机构。尽

①刘宝存：《大学理念的传统与变革》，教育科学出版社，2004 年，第 171 页。

管在一定背景条件下，大学可以根据社会的发展需要而进行调整，但是，这种调整必须以一定的理性分析和价值观念为基础。他认为大学就应该培养具有丰富的知识经验、探究问题的兴趣、适应社会的能力以及推进各种具体事物的能力的社会精英。在理性主义高等教育理念的影响下，弗莱克斯纳倡导自由教育，但是他并不反对专业教育。

美国另一位坚持理性主义而抨击功利主义高等教育哲学的著名教育学家是赫钦斯。他认为大学是人格完整的象征、保存文明的机构和探索学术的社团，是独立思想和批评的中心，而不是国家工业和社区发展的服务站。他指出：大学是社会所有机构中，唯一能做理性思考，寻求建立基本原理的地方。① 他认为大学所培养的是一种理性的、有道德的、具有精神存在的人。教育的目的就在于促进理性道德和精神力量的充分发展。他同样也倡导自由教育或普通教育，重视学生智力的培养，提倡苏格拉底式的教学方法。

理性主义的高等教育理念产生于中世纪大学，并逐渐发展演变，在13世纪至19世纪中叶这500多年的漫长历史中占据主导地位。在理性主义的支配下，大学以探索真理、完善人格为宗旨，坚持自己的个性，不为外部力量如社会政治、经济的力量所左右。理性主义者强调大学是一个独立的按自身规律发展起来的机体，大学的主要使命是进行纯粹的科学研究。这种研究不能受社会发展变化的直接影响，必须在大学这座"象牙塔"中进行。在理性主义者看来，人永远是教育的对象，人的个性发展和传播理性知识始终是大学教育的最终目标，他们主张在教育过程中实现人的自我完善，抛弃教育中的实用性与职业性，主张教育是为生活做准备，而不是为职业做准备。正如弗莱克斯纳所主张的："大学应该成为探索知识、解决问题、高水平地训练人的严肃机构，不能忙于各种各样互不连贯的事情……使自己庸俗化、机械化。"②

2.功利主义的高等教育理念

功利主义是18世纪到19世纪在英国等国家形成和发展起来的一种以功利或利益为道德标准的伦理哲学或道德哲学。在高等教育哲学领域，在功利主义哲学的引领下，高等教育不仅被看作探索真理的场所，更被强调要适应时代变化、满足环境需要、解决实际问题。在高等学校人才培养方面，功利主义高等教育理念主张培养社会发展所需要的实际工作者或专业人才，主张培养社会的公民或社会成员。功利主义高等教育理念反对将高等学校看作"象牙塔"的传统理念，反对强调"为了学术而学术"，主张高等学校应该为社会发展服务。

英国的唯物主义以及现代科学实验的始祖、功利主义思想的启蒙家弗朗西斯·培根主张：大学的宗旨在于探讨事物的本源和它们运行的秘密，并扩大人类的知识领域，以使一切理想的实现成为可能。③ 培根认为，大学应承担起培养科学人才的职责，促

①台湾师范大学教育研究所：《西洋教育思想（下）》，伟文图书出版社有限公司，1979年，第911页。
②柯佑祥：《理性主义、功利主义对现代高等教育发展的影响》，《高等教育研究》2008年第3期。
③培根：《新大西岛》，何新译，商务印书馆，1959年，第28页。

进社会的发展,而不是给学生提供和“象牙塔”一样的温暖环境,使其游离于目标,阻碍其发展。坎贝尔、布洛姆和边沁等人一起创办的伦敦大学是功利主义在高等教育理念上的典型代表。伦敦大学的教育理念与功利主义哲学相呼应,反对古典大学的高等教育理念,如牛津大学、剑桥大学的理性主义高等教育理念,反对“知识本身即为目的”的知识价值观。伦敦大学把教育与职业理论和实践结合起来,针对社会发展的需要开设现代化的应用性课程。

功利主义哲学流派在美国则是以实用主义的形式表现出来的。1865 年,康奈尔大学的创办者埃兹拉·康奈尔曾指出,创办一所任何人在任何学科都能获得教学的机构,这至今都是康奈尔大学的办学宗旨。以强调通用性而闻名的康奈尔大学课程计划——“康奈尔计划”,便体现了康奈尔的办学思想和精神。① 克拉克·科尔也是美国当代在高等教育理念方面一位典型的工具主义者。他在其代表著作《大学的功用》中也提出了“多元化巨型大学”的理念。多元化巨型大学理念的提出,目的就是适应多元化社会对高等学校提出的多元化需求。他认为高等学校应该为民主社会培养“有效的公民”。他所倡导的多元化巨型大学,也体现了社会发展对大学的必然要求。② 哈佛大学前校长——德里克·博克的高等教育理念与科尔有一定的相似之处。他指出:现代大学已经不再是传统的修道院式的封闭机构,而是变成沟通生活各界、身兼多种功能的超级复合社会组织。③

以功利主义哲学为基础的功利主义高等教育理念把大学看作探索真理的场所,但大学对真理的探索不是出自纯粹理性的驱动,不计功利得失,相反是为了解决实际问题,应付环境的需要。高等教育应适应社会发展的需要,确保受教育者的幸福。因此在培养目标上,功利主义者大都主张培养社会发展所需要的实际工作者或专业人才,主张培养社会的公民或社会成员;在教育内容方面,主张为职业选择做准备,加强大学的专业教育或职业教育。秉持功利主义高等教育理念的学者认为高等教育不应该成为脱离社会的“象牙塔”,而应该要求受教育者运用所学的知识为社会的发展服务,积极融入社会生活并且推动社会发展。④

二、高等教育理念的内涵分析

1. 何谓高等教育理念

什么是高等教育理念?有学者认为:所谓大学理念,就是指人们对那些综合性、多学科、全日制普通高等学校的理性认识、理想追求及其所形成的教育思想观念和教育

①刘宝存:《何谓大学——西方大学概念透视》,《比较教育研究》2003 年第 4 期。
②刘宝存:《大学理念的传统与变革》,教育科学出版社,2004 年,第 178 页。
③赵一凡:《美国文化批评集:哈佛读书札记》,生活·读书·新知三联书店,1994 年,第 34 页。
④刘宝存:《理性主义与功利主义大学理念的冲突与融合》,《北京师范大学学报(社会科学版)》2006 年第 3 期。

哲学观点。“理性认识”主要是有关“大学是什么”“大学能做什么”方面的内容,“理想追求”主要是有关“大学应该是什么”“大学应该做什么”方面的内容。[①] 而理念就是人们对事物的本质及其发展规律的一种哲学思考体系,高等教育理念在根本上就是高等学校的办学目的与内在逻辑,是对高等教育的理性认识、理想追求及所持的办学哲学,是人们对高等学校的本质及其办学规律的一种哲学思考体系,其核心主要是回答“大学是什么”“大学应该做什么”“大学应该培养什么样的人”以及“大学应该如何培养人”这一系列的基本问题。

2. 高等教育理念的内涵

不同的大学理念之间的区别,是高等教育价值追求、哲学观的不同,也是高等学校对各种基本矛盾和制度因素进行利弊权衡及理性思考后的升华与凝练。

理性主义高等教育理念认为大学是理性的产物和发展理性的工具,将大学视为普遍真理和高深知识产生和发展的场所,大学职能更多体现在实现对自由的人、完人的培养;而功利主义高等教育理念也认为大学是探索真理的场所,但与前者不同的是,大学对真理的探索并不出于纯粹的理性的内驱力,而是为了应付环境的需要和解决实际问题,大学的职能更多体现为运用自己的知识为社会发展服务,促进社会公平正义等;将二者相融合的存在主义高等教育理念认为大学是探索真理、满足个体求知欲的场所,同时也肩负着促进社会发展的历史责任。[②] 科学主义高等教育理念认为大学以社会需要、国家需要为基础,其职能就是促进社会各方面的协调发展;人文主义高等教育理念认为大学是一种以个人需要而不是社会需要为基础的机构,大学的职能在于实现人的个性自由全面发展,而不是单纯地培养精通某种技能或专业的工具人。[③] 不同理念指导下的大学,其职能虽然各有侧重,采取的手段也不尽相同,但无论以何种理念为基础,大学的理念最终所触及的都是价值选择的问题,都是对真理的追求和热爱,对人的关注的问题。

(1)教学与研究

教学与研究是高校最基本的两种职能,也是大学教师学术身份的两个重要方面。伯顿·克拉克说:现代大学教育中没有任何问题比教学与科研之间的关系更为根本。[④] 自中世纪以来,高等教育的教学和研究功能就一直存在,随着高等教育理念的发展,高等学校的定位也出现多元化发展。但无论如何变化,高等教育仍然具有教学与研究这两大核心功能,并且呈此消彼长的态势。在高等教育的教学和科研实践中,二者既相互关联又相互促进。虽然二者之间由于大学职能的演变而会出现一时的不

---

①韩延明:《理念、教育理念及大学理念探析》,《教育研究》2003 年第 9 期。

②刘宝存:《大学理念的传统与变革》,教育科学出版社,2004 年,第 182 页。

③李继兵、聂菁:《大学的职能审视》,《玉林师范学院学报(哲学社会科学)》2013 年第 1 期。

④Burton R. Clark,“The Modern Integration of Research Activities with Teaching and Learning”(1997),转引自解德渤《作为高校基本职能的教学与科研的关系》,《国际高等教育研究》2013 年第 3 期。

协调，甚至会发生彼此的冲突，但从总体上来看，二者之间呈辩证和互动的关系。① 因此，在高等教育的发展过程中，如何平衡教学与研究的比重，处理好教学与研究的关系是影响高等学校发展的重要因素。

19世纪初，德国的威廉·冯·洪堡将科学研究的内涵和职能引入现代大学，并首次提出教学与科研相统一的现代大学理念。洪堡认为：大学教授的重要任务并不是“教”，大学生的主要任务也不是“学”，大学生需要独立地去从事研究，至于大学教授的工作，则在于诱导学生研究的兴趣，再进一步去指导并帮助学生做研究的工作。② 洪堡还主张：大学教育中的教学与科研要在一种批判性、创造性的复杂思维结构中，形成一种连续发展的统一体。③ 在洪堡看来，科研是为了发现真理，教学是为了培养发现真理的人才，这便是他的教学与科研相统一的原则。洪堡的教学与科研相统一的理论，其实质就是促进教学过程与研究过程合二为一：教学过程科研化，科研过程教学化；优秀的教师首先应该是一个优秀的研究者。④ 当今高等教育领域普遍出现重研究而轻教学的现象，甚至把学术成就以及研究成果的多少作为评判高等学校好坏的主要参照。事实上，高等教育中的教学与研究相辅相成，相互促进，两者不可偏废。

(2)专业与通识

高等教育自产生开始，就以分科教学的形式进行。由于受理性主义与功利主义、人文主义与科学主义等不同高等教育理念的影响，通识教育与专业教育也在发展过程中此消彼长，在冲突中不断走向融合。

通常认为，通识教育源于亚里士多德提出的自由教育思想。亚里士多德主张自由教育是自由人应接受的教育，它的目的在于发展人的理性、心智，以探究真理，而不是为了谋生和从事某种职业而做准备。在当时的时代背景下，他精辟地指出，“人的最值得选取的生活”是在免于为生计劳碌的闲暇中自由地进行纯理论的沉思，沉思事物的本质及其发展的起因和终极目的。“沉思的生活”是最高尚、最值得追求的。这就是自由教育最初的本质要求，它是亚里士多德追求的一种教育理想。它的存在有两个哲学基础：一是理性对于人的重要性的学说，二是知识对于人的心智的重要性的学说。⑤ 通识教育重视理性的开发和古典人文学科教育。19世纪工业革命兴起以后，为适应社会对人才培养的需要，功利主义教育哲学的出现引领专业教育的兴起，在一定时期

---

①韩继伟：《从洪堡理论到博耶观点：高校教学与科研互动关系刍议——以我国高校历史教学与科研关系为例》，《教育文化论坛》2013年第5期。

②张应强：《高等教育现代化的反思与建构》(2000年)，转引自韩继伟《从洪堡理论到博耶观点：高校教学与科研互动关系——以我国高校历史教学与科研关系为例》，《教育文化论坛》2013年第5期。

③赫尔曼·勒尔斯：《经典大学的理念：洪堡构想的大学理念的起源及意义》(1990年)，转引自韩继伟《从洪堡理论到博耶观点：高校教学与科研互动关系——以我国高校历史教学与科研关系为例》，《教育文化论坛》2013年第5期。

④Ruth Neumann, “Perceptions of the Teaching-Research Nexus: A Framework for Alanysis”(1992)，转引自韩继伟《从洪堡理论到博耶观点：高校教学与科研互动关系——以我国高校历史教学与科研关系为例》，《教育文化论坛》2013年第5期。

⑤王冀生：《通识为本 专识为末》，《教育发展研究》2002年第3期。

内，引发了专业教育与通识教育的冲突与对立。

随着理性主义与功利主义教育哲学下的两种教育理念从冲突走向融合，高等教育的“通专结合”也成了历史发展的必然。一方面，通识教育来源于古典的自由教育，因为它继承了古典的自由教育注重理性开发的教育理念；另一方面，通识教育并不完全等于古典的自由教育，因为单纯的理性开发已经不完全适合工业经济时代，它必须与专业教育相结合，形成一种新的教育模式，目标是把当代大学生培养成理性与专业和谐发展的高级专门人才。① 怀特海对专业教育与通识教育的对立进行过论述：技术教育与文科教育对立是错误的。不涉及文科的技术教育不可能完美，不涉及技术的文科教育也不能令人满意，换句话说，凡教育必传授技术和充满智慧的想象。用更简单的语言来概括：教育应该培养出这样的学生，他既能很好地掌握某些知识，又能够出色地做某些事情。这种实践和理论的紧密结合是相辅相成的。② 在高等教育中，通识教育和专业教育应该同时兼顾，不能偏废其中任何一方，但也应该有所侧重，通识教育是关注的重点，是教育的根本。关于通识教育和专业教育的关系，梅贻琦先生有句名言做了精妙绝伦的概括，即“通识为本，专识为末”。高等教育要坚持通识教育与专业教育有机结合的原则，培养高素质人才。

(3)传统与变革

高等教育发展以及变革的过程，就是一个随社会的发展和变革，不断实现新的文化觉醒和进行理念创新的过程。大学理念是大学的时代精神，它总是伴随着时代的发展和大学制度的变迁而发生变革。大学理念的创新是大学制度变革的重要条件，反之，大学制度也是大学理念的体现形式。如何处理高等教育传统理念与时代变革之间的关系决定了高等教育的发展速度与方向。基于理性主义教育哲学视角，大学自产生伊始就强调“反本”倾向的普遍理性主义价值观，强调真理的客观性、普遍性，认为理性的事物可以超越特定时空，成为人类思想和行动的永恒准则。在一些学者看来，只要找回曾经长期失落的“大学精神”，大学就会办好。③

由于时代的变化、高等教育本土化得到高度重视以及高等教育自身发展问题的影响，大学不得不重新审视作为“上层建筑”的大学理念何去何从的问题。现代高等教育是一个多元化巨型制度，不同大学的功能定位是不同的。④ 正如原香港中文大学副校长金耀基先生所说：今日的大学越来越多，性格各异，每一所大学要办得好，要有“卓越”的表现，而不能不在定位上把握好，不能不在理念与角色上找到自己的位置。⑤ 当前我国正在进行的高等教育理念创新研究，就是人们对高等教育的本质及其办学规律

①王冀生：《通识为本 专识为末》，《教育发展研究》2002 年第 3 期。

②怀特海：《教育的目的》，徐汝舟译，生活·读书·新知三联书店，2002 年，第 85 页。

③朴雪涛：《试论大学理念及其变革》，《沈阳师范学院学报(社会科学版)》2002 年第 3 期。

④钟启泉：《知识·学科·术语——试论我国高等师范教育体制改革的若干战略性课题》，《教育研究》1998 年第 7 期。

⑤金耀基：《世纪之交谈大学的理念》，《世界教育信息》2000 年第 3 期。

进行新的哲学思考。在当前教育领域倡导以人为本的理念背景下，高等学校就需要重新对其目标进行明确，清晰定位、找准重心。从根本上讲，高等教育的困境源于迅速变革时代的高等教育理念的混乱，因为无论在什么情况下，高等学校的发展都是高等教育理念作用于实践的结果。从高等教育产生开始，高等教育理念就随着时代的发展以及社会的要求在变革中不断发展，也在发展中不断变革。因此，要探索适应当今时代发展的高等教育理念，就要结合当代社会经济发展的现实和未来趋向，以及时代对人才发展的新要求，保留适用于当今时代的以及优秀的高等教育理念传统，使高等教育理念在传统中变革，在变革中创新。

第二节　西方高等教育的理念

真正意义上的大学产生于中世纪后期的欧洲，并在中世纪末期发生了重要的转型，日益走向世俗化、区域化和民族化。中世纪的大学大致有两种称呼，一种是“studium generale”，主张大学是探索普遍学问的场所；另一种是“universitas”，主张大学是教师和学生的社团。

中世纪大学强调探索普遍的学问，并把普遍的学问传授给普通的人，这种理念受到后来的纽曼、洪堡、弗莱克斯纳、雅斯贝尔斯和赫钦斯等高等教育思想家的肯定，并成为大学之为“大”的主要基础。① 中世纪大学又是一个学者的团体，是教师和学生共同探索高深学问的场所，这为后人所普遍认同。中世纪大学把专业教育作为自己的目标，把教育活动建立在高深学问和智力活动的基础之上，从而形成大学专业教育的传统。②

在中世纪大学产生并且发展的初期，受历史、政治、经济等社会环境的影响，大学理念的基础存在局限性，加之大学办学理念的差异化，都在一定程度上影响了中世纪大学后续的发展和走向。高等教育理念也因此产生了分流，大致可归纳为教学型、研究型、精英型、自由型、公民型等几种类型。

一、教学型高等教育理念

约翰·亨利·纽曼(John Henry Newman，1801—1890 年)，英国维多利亚时代著名的古典主义神学家、教育家、文学家和语言学家。作为英式传统大学理念的代表，他反对当时盛行的功利主义、实用主义的知识观、教育观。纽曼的高等教育理念体现

①刘宝存:《大学理念的传统与变革》，教育科学出版社，2004 年，第 23—24 页。
②刘宝存:《大学理念的传统与变革》，教育科学出版社，2004 年，第 24 页。

在他的《大学的理念》一书中。《大学的理念》被认为是近代高等教育史上第一本论述高等教育基本理论问题的专著,奠定了现代高等教育体系的所有基础。

1. 大学是什么

纽曼在《大学的理念》一书中说道:"我是这样看大学的:它是教授普通知识的地方。这说明了它的宗旨,一方面,是心智性的,而非道德性的;另一方面,是对知识的普及和扩展,而非提高。如果大学的宗旨在于科学发现和哲学探索,我就看不出它为何需要学生;如果意在宗教训练,则它又如何能够成为文学和科学的中心呢?"①关于普遍知识,纽曼认为,普遍知识就是所有人类知识。他平等地对待所有学科,对自然科学和人文科学一视同仁,并且认为神学也是这种普遍知识体系中不可分割的组成部分。可见,纽曼理想的大学是"智慧之府,世界之光,信仰的使者,新生文明之母"②。

2. 大学应该做什么

纽曼认为,教学和人才培养是大学唯一的基本职能,反对在大学中进行科学研究。纽曼从三个方面论证大学应有且只有教学职能:首先,大学只是一个传播知识的场所而非拓展知识的场所。相对于研究和关注科学来说,大学更多关注的是学生。其次,发现与教育是两种截然不同的职能。发现和教育是两种迥然不同的职能,也需要不同的才能,但同时兼备这两种才能的人并不常见。③ 大学应为传授知识而设,为学生而设,以教学为其唯一功能。他明确提出科研与教学相分离。因为探索者和大学教师是对立的两类人,大学教师无法将科研与教学集于一身。再次,历史进程中重大的发现都不是在大学内产生的。已有的研究成果也表明,伟大的发明很少出自大学校园。大学不可能成为研究或发现的基地,应将科研抽离出大学,留给独立于大学之外的研究所去完成。

3. 大学要培养什么样的人

纽曼认为,大学教育的最高目标是"绅士的培养",大学应超越具体的专门人才的培养,培养修养良好、对社会有用的"君子"。他认为,绅士应该"具备有教养的才智,有灵敏的鉴赏力,有率直、公正、冷静的头脑,待人接物有高贵、谦恭的风度"④,绅士不会立即成为某领域的专家,但他们的才智使他们能够从容、优雅地从事某领域的任何一种职业。这样的绅士能提升社会格调,带动整个民族的进步和社会的和谐发展。综上,纽曼秉持的是一种培养通才的人才观。

---

①约翰·亨利·纽曼:《大学的理念》,高师宁、何克勇、何可人等译,北京大学出版社,2016年,前言第1页。

②John Henry Newman, *The Idea of a University: Defined and Illustrated*(1987),转引自刘宝存《大学理念的传统与变革》,教育科学出版社,2004年,第36页。

③John Henry Newman, *The Idea of a University: Defined and Illustrated*(1987),转引自刘宝存《大学理念的传统与变革》,教育科学出版社,2004年,第37页。

④约翰·亨利·纽曼:《大学的理想(节本)》,徐辉、顾建新、何曙荣译,浙江教育出版社,2001年,第40页。

4. 大学如何培养人

大学如何培养这样的绅士呢？纽曼倡导博雅教育，即自由教育。他认为，应该通过自由教育培养绅士，大学的实质是自由教育。大学的目标是发展人的理智，其根本宗旨是“理智的培育”，理智的实现必须为“知识本身即为目的”，理智的培养无须附加外在目标，其本身就是目的。纽曼将自由与奴性相对立。“按照教义手册的说法，‘奴工’一词指的是体力劳动、机械劳作以及诸如此类的工作，很少需要或根本不需要心智活动参与。与这些奴工相(对)应的是诗人所说的那些艺术……这正如经验主义者的实践和行动一样。只要说这一对比有助于理解这个字眼的意思，自由教育与自由探究就是心智、理智和反思的操作活动。”①综上，他认为，自由教育就是充分发展学生心智的教育。

纽曼的大学理念实际上是结合其宗教思想背景，在反对实用主义和功利主义大学观的同时，对以往传统大学模式和价值的一种总结。他在捍卫古典教育的同时，回应现代社会对传统大学模式的抨击，从而回答了现代社会中以传授知识为主和以科学研究为主的两种大学模式经久不息的争论。

二、研究型高等教育理念

威廉·冯·洪堡(Wilhelm Von Humboldt，1767—1835 年)是德国政治家、教育家和柏林洪堡大学的创始人，在普鲁士文化教育司任职期间，全面改革普鲁士教育，确立了德国“双轨”教育制度，创办了柏林洪堡大学。

1. 大学是什么

洪堡认为，大学是以纯科学为生命的学术研究机构。首先，他认为现代大学应该保持中世纪大学模式，即大学是一个学者的社团。② 其次，他认为大学本身便带有研究性质，大学是高等学术机构。③ 大学总是处于研究探索之中，以其带有的研究性质与中学、专科学校相区别。最后，他认为大学是独立于国家政治而享有自主权的学术机构。他提出大学要有远离政治与经济利益纷扰的治学态度，“高校的生存条件是孤寂与自由”④，大学不是为国家或社会服务的机构，而是纯学术研究的机构，拥有自己的自主权。

①约翰·亨利·纽曼：《大学的理想(节本)》，徐辉、顾建新、何曙荣译，浙江教育出版社，2001 年，第 27 页。
②刘宝存：《洪堡大学理念述评》，《清华大学教育研究》2002 年第 1 期。
③同上。
④本书编委会：《中国大学人文启思录(第一卷)》，华中理工大学出版社，1996 年，第 52 页。

2. **大学应该做什么**

洪堡认为,大学的主要任务是科学研究,科研先行带动教学,教学与研究相统一。洪堡是历史上第一位提出在大学中将教学与科研相统一的思想的高等教育家。在他看来,大学具有双重职能:首先是科学探索,其次是个性和道德的完善。

科学研究职能是大学作为高等学术机构的根本价值所在。他指出:大学立身的根本原则是,在最深入、最广泛的意义上培植科学,并使之服务于全民族的精神和道德教育。[①] 由于大学中有大批的,而且生机勃勃、精力充沛的青年人在不断探索科学,科学在此能够得到更迅速、更蓬勃的发展。[②] 他所倡导的"纯科学"并不是无所不包的科学,而是思辨的、能统领一切的或哲理性的科学,是进行纯知识、纯学理研究的科学。大学的第二职能是个性和道德的完善,即大学培养人才或教学的职能。他提倡,通过进行科学研究进而带动人才的培养。因此,掌握科学原理、提高思考能力和从事创造性的研究是他对人才培养的要求。

3. **大学要培养什么样的人**

洪堡以培养拥有完美人性的人(完人)为高等学校的教育目标。所谓的完人是指具有修养的人,是拥有完美无缺的人性、个性充分和谐全面发展的人。他从对希腊人的研究中总结出完人的标准:第一,充分的自由性和适度的规律性相统一,自由性是指完人的发展不受约束和压抑,规律性是指完人的自由不损害公众的权益;第二,生动的想象力和超高的思辨力相统一,完人既需要丰富想象力进行创造活动,又需要严密的思辨力从事思考活动;第三,独特的个性和完整的民族性相统一,完人既要在社会生活中保持鲜明的个性,又能为社会做出贡献。[③]

4. **大学如何培养人**

教育的中心是个人,教育要充分认识人性,使得人的个性在自由的环境下得到完美的发展。洪堡由此提出了培养完人的大学教育措施:第一,大学应以"寂寞与自由"为组织原则。他在《论国家的作用》中谈道:"自由是必需的,寂寞是有益的","进行这样的培养,自由是首要的和不可或缺的条件"。学生应该自主地从事科学思考,可以接受教师的指导,或自己独立从事研究。而寂寞是指学生要潜心学问,持守寂寞,从而忘我地沉浸在学问中。第二,大学应做到教学与科研相统一。学生进行科学研究的过程是培养完人的过程,没有科学研究就培养不出完人。在大学中,听课是次要的事情,大学要引导学生的学术兴趣,引导学生发现问题、研究问题和解决问题,发展学生的学术精神。第三,大学要重视普通教育。他认为要将哲学、数学、历史、语言、美学、自然和

---

①威廉·冯·洪堡:《论柏林高等学术机构的内部和外部组织》,陈洪捷译,《高等教育论坛》1987年第1期。

②同上。

③姚小平:《洪堡特——人文研究和语言研究》,外语教学与研究出版社,1995年,第27—29页。

社会方面的知识通通作为培养完人的教育内容。他指出：确实存在某种必须普及的知识，且还有某种谁也不能缺少的对信念和个性的培育。……如果给他讲授为此所需的课程，则他以后会轻而易举地获得其他职业所需的特殊能力，且一直保留着这样一种自由，即从一种职业转到另一行，而这是在生活中经常发生的。[①] 第四，大学应提供合适的环境帮助学生成为完人。洪堡肯定了外部环境对学生发展的作用，因此他认为应该建立学术自由、合作交流以及丰富多彩的外部环境来帮助学生个性化、全面化发展。

综上，洪堡的大学理念的价值主要体现在：首先，他的教学与科研相统一的理念催生了现代大学的科研职能；其次，他提倡大学自治、教授治校等以学术自由为宗旨的教育管理制度；最后，他“为科学而科学”的纯科学理念反对了大学的世俗化、社会化倾向。

三、精英型高等教育理念

亚伯拉罕·弗莱克斯纳（Abraham Flexner，1866—1959 年）是美国著名教育家和改革家，在美国医学教育改革领域具有重要影响。

1. 大学是什么

弗莱克斯纳的核心观点是“大学是一个有机体”。“我坚信，一所真正的大学是一个有机体，其特点是有高尚而明确的目标，能做到精神与目的的统一。”[②]“一所大学，不管它属于什么类型，如果说它是一个生机勃勃的有机体——这种活力不是由行政手段所带来，而是由理念和理想所激发——并拥有一种社团生活……”[③]基于这一核心观点，弗莱克斯纳对当时美国大学提出批判，认为当时的美国大学仅仅是行政的集合体，是中学、职业学校、师范学校、研究中心、社会事业机构、企业的集合体[④]，而大学作为一个有机体已经解体。

2. 大学应该做什么

弗莱克斯纳认为大学是学问的中心，学者和教授应该只关心四件事情：保存知识和观念、解释知识和观念、追求真理、训练学生以“继承事业”。[⑤] 他认为大学只应该追求科学和学术，而中学、职业学校、师范教育、社会事业等任务则明显不属于大学。他指出：“现代大学的最重要的职能，是在尽可能有利的条件下深入研究各种现象……并

①彼特·贝格拉：《威廉·冯·洪堡传》（1994 年），转引自刘宝存《大学理念的传统与变革》，教育科学出版社，2004 年，第 32 页。

②亚伯拉罕·弗莱克斯纳：《现代大学论——美英德大学研究》，徐辉、陈晓菲译，浙江教育出版社，2001 年，第 157—158 页。

③亚伯拉罕·弗莱克斯纳：《现代大学论——美英德大学研究》，徐辉、陈晓菲译，浙江教育出版社，2001 年，第 202 页。

④亚伯拉罕·弗莱克斯纳：《现代大学论——美英德大学研究》，徐辉、陈晓菲译，浙江教育出版社，2001 年，第 158 页。

⑤亚伯拉罕·弗莱克斯纳：《现代大学论——美英德大学研究》，徐辉、陈晓菲译，浙江教育出版社，2001 年，第 4 页。

且坚持不懈地努力去发现相关事物的关系。"[①]弗莱克斯纳认为大学的精神是学术自由。"大学应该是学者的乐园,应该是他们没有任何约束地、按自己的方式发展精神和智力的场所。"他认为,大学的职能是发展科学和培养人才。"大学,就我所使用该术语的含义而言,是指有意识地致力于追求知识、解决问题、审慎评价成果和培养真正高层次人才的机构。"[②]但是,他并不否定大学的社会服务职能,主张应该通过学术型的研究提供社会服务,"大学完全能够在思想和行动的中心发挥作用而不必贱卖自身"[③]。

3. 大学要培养什么样的人

弗莱克斯纳秉持的是精英主义的人才观。他认为真正受过大学教育的人应该是思维严密、知识丰富,具有批判精神而不是书呆子。[④] 并且,他认为大学学者和教授应以训练和培养接班人为己任。大学相比研究所来说,有其特有的优势:"大学身边拥有一批学生,教授可从他们中间吸收'新手和学徒',并有机会辨明他们的优点。"[⑤]因此,弗莱克斯纳认为大学培养的就是具有丰富的知识经验、能探究问题、适应社会和推进各种事务的精英型人才。

4. 大学如何培养人

培养精英需要通过专业教育。弗莱克斯纳认为专业教育有三个标准才能归属于大学教育范畴:首先,专业应具有理智的、客观的和利他的目的;其次,专业是学术性的,专业是指"学问高深的专业";再次,专业的本性来自理智。他指出专业教育的重要意义:"事实上正是专门化使我们达到了今天的高度,而且只有更高程度的智力专门化才会使我们更进一步向前发展。"[⑥]他认为,只有那些学问高深的专业才属于专业教育,而职业教育和没有高深学问的专业教育达不到专业教育的要求。他将专业教育和职业教育区分开来,专业教育是以高深的知识为基础,注重理论修养的自由和理智的活动,而职业教育则不以高深学问为基础,是注重传授技术的活动。他认为,大学专业教育应重视精神培育,反对大学过分注重科学和科学教育,强调哲学和人文学科的重要性,以实现人文精神和科学精神的平衡。

四、自由型高等教育理念

罗伯特·梅纳德·赫钦斯(Robert Maynard Hutchins,1899—1977年)是20世纪

---

①亚伯拉罕·弗莱克斯纳:《现代大学论——美英德大学研究》,徐辉、陈晓菲译,浙江教育出版社,2001年,第18页。
②亚伯拉罕·弗莱克斯纳:《现代大学论——美英德大学研究》,徐辉、陈晓菲译,浙江教育出版社,2001年,第32—33页。
③亚伯拉罕·弗莱克斯纳:《现代大学论——美英德大学研究》,徐辉、陈晓菲译,浙江教育出版社,2001年,第293页。
④亚伯拉罕·弗莱克斯纳:《现代大学论——美英德大学研究》,徐辉、陈晓菲译,浙江教育出版社,2001年,第24页。
⑤亚伯拉罕·弗莱克斯纳:《现代大学论——美英德大学研究》,徐辉、陈晓菲译,浙江教育出版社,2001年,第26页。
⑥亚伯拉罕·弗莱克斯纳:《现代大学论——美英德大学研究》,徐辉、陈晓菲译,浙江教育出版社,2001年,第18页。

美国著名的高等教育家和改革家，永恒主义教育和自由教育流派的代表人物。

1. 大学是什么

赫钦斯认为，大学应是灯塔，不应是镜子。大学应该对社会起引导作用，而不是去迎合社会大众的需求。大学是为追求真理而追求真理、为知识而知识的求真活动场所，是“真正的学术中心”和“创造性思想的家园”。他从三个方面对大学进行了论述：首先，他在《学习化社会》中提出：大学是人格完整的象征、保存文明的机构和探索学术的社团。其次，他认为大学是独立思考和批判的中心。大学“具有一种强烈而严肃的使命，这就是思考。大学是独立思想的中心，既然它是一个思想中心，一个独立思想的中心，那么它也是一个批判的中心”①。再次，大学是致力于高深学问、专业教育和研究的机构。大学的存在不应该有对外在的实用主义价值的追求，大学应该是坚守追求真理的阵地。

2. 大学应该做什么

赫钦斯认为人才培养职能是大学社会职能中最重要的一项。他采用消除法分析大学的职能。他假设：大学取消后，损失的将是什么？因此他认为发展人民智力、进行高级人才的培养是大学最重要的职能。他反对将社会服务作为大学的主要任务，认为大学的社会职能应该是独立思考和批判社会。他认为大学具有三种职能：提供优越的教学、领导教育发展、促进知识。② 首先，赫钦斯认为大学的基本职能是提供优越的教学，大学是进行通才教育的机构。其次，他认为大学在整个教育系统中的特殊地位决定了大学需要领导教育发展，“大学是一种处于教育体系顶端的机构”③。最后，他认为大学是一个由学者和教授组成的研讨高深知识的机构，因此，它不仅要传承知识，还要发展和创新知识。

3. 大学要培养什么样的人

赫钦斯认为大学应该培养德才兼备的人才，即有学识、有智慧、止于至善的人。首先，他认为大学的教育目的是使人成为人。大学的教育目标，不应只着眼“人力”，而应着眼“人性”，即高等教育的目的在于使人的道德、智力（理性）、审美和精神充分发展。他指出，教育的目的是睿智（wisdom）与至善（goodness），任何不能指引学生更接近此目的的研习，皆不能在大学中立足。④ 其次，他强调对通才的培养。他认为“这个

---

①Hutchins R. M. ，*The University of Utopia*（1936），转引自刘宝存《大学理念的传统与变革》，教育科学出版社，2004 年，第 53 页。

②台湾师范大学教育研究所：《西洋教育思想（下）》，伟文图书出版社有限公司，1979 年，第 922 页。

③Hutchins R. M. ，*The Conflict in Education in a Democratic Society*（1953），转引自刘宝存《大学理念的传统与变革》，教育科学出版社，2004 年，第 57 页。

④Hutchins R. M. ，*Education for Freedom*（1943），转引自刘宝存《大学理念的传统与变革》，教育科学出版社，2004 年，第 57 页。

世界和世界上的知识，并不是像大学那样被任意地分割开来的”①，世界的事物、知识和问题本来就是统一的整体。“每个人不可能在每个科目里都是专家”②，如果只局限于单一学科的学习，必然成为井底之蛙。

4. 大学如何培养人

他认为大学应开展通才教育。赫钦斯从四个方面论述了通才教育在现代社会中的价值：传递西方传统文化；实现人性价值；适应民主社会的要求；使人们明智地利用闲暇。③ 首先，确立永恒学科作为主要的课程内容。作为永恒主义者，他认为课程应当主要由永恒学科组成，提倡将古典名著作为永恒学科的主要教学内容。教育要在特殊中见普遍，在短暂中见永恒。其次，要重视智力培养。赫钦斯认为知识传授固然重要，但是知识传授只是途径，智力培养才是目的。赫钦斯认为西方文化发展依靠的是辩证、对话和启发，因此他提倡苏格拉底式教学方法，主张启发和引导，反对知识灌输。

五、公民型高等教育理念

克拉克·科尔（Clark Kerr，1911—2003 年）是 20 世纪美国最负盛名的高等教育思想家、教育改革家之一，曾任美国加州大学伯克利分校校长、加州大学总校校长、卡内基高等教育委员会主席和卡内基高等教育政策研究理事会主席。

1. 大学是什么

科尔认为现代大学是“多元化巨型大学”（Multiversity）。多元化巨型大学“不是一个社群，而是若干个社群——本科生社群和研究生社群；人文主义者社群、社会科学家和自然科学家社群；专业学院社群；一切非学术人员社群；管理者社群”④。后来，他进一步明确提出多元化巨型大学“更是一架机器——产生一系列结果的一系列过程——一架由管理条例维系和由金钱赋予动力的机器”⑤。“它又类似一个政府体系，如一座城市或一个城邦：多元化巨型大学的城邦。它可能是不统一的，但必须对它进行管理——它现在不是原来那样的行会，而是一个权力分得很细的复杂实体。”⑥

在科尔看来，多元化巨型大学是一种与传统大学不同的新型大学。首先，多元化巨型大学有若干个社群，这些社群利益各不相同，甚至相互矛盾。其次，多元化巨型大学有若干个灵魂、若干个目的。再次，多元化巨型大学是充满无穷变化的城市。综上，

---

①Hutchins R. M. ，*The Higher Learning in America*（1995），转引自李建强《大学的理想与理想的大学——赫钦斯高等教育思想研究》，学位论文，河北大学，2000 年，第 33 页。

②同上。

③吕渭源、李子健、苏兵民：《中外著名教育家大全》，警官教育出版社，1995 年，第 866 页。

④Clark Kerr：《大学的功用》，陈学飞、陈恢钦、周京等译，江西教育出版社，1993 年，第 12 页。

⑤Clark Kerr：《大学的功用》，陈学飞、陈恢钦、周京等译，江西教育出版社，1993 年，第 13 页。

⑥同上。

多元化巨型大学是一个有多个目标、中心和灵魂的，由各种学术背景和文化背景的人员组成的庞大的社会组织，既进行人才培养、科学研究，又直接为社会服务，完成社会和工业界需要的各种任务。

2. 大学应该做什么

科尔秉持多元的大学职能观。他指出，传统上认为大学有三种职能：教学、研究、服务，实际上现代大学的职能更为复杂。① 多元化巨型大学主要有三种职能：生产职能（production functions）、消费职能（consumption functions）和公民职能（citizenship functions）。生产职能是指那些与潜在地增加社会的物质产品和服务有关的职能，包括人才筛选、人才培训、研究、服务四种；②消费职能是指大学通过加强普通教育，培养学生解决社会问题的能力和生活能力，包括普通教育、校园内的团体生活、学生管理、维持性平台四种；③公民职能是指大学向学生传授有关公民职责和义务的事务，促进学生和教师履行其公民职责的职能，包括社会化、评价、补偿教育三种。④

3. 大学要培养什么样的人

科尔认为多元化巨型大学培养的是“有效的公民”（effective citizenship）。他认为培养绅士、完人、全人的大学教育目的与精英型大学的教育目的都有其自身的缺陷。他认为，在教育的职能中，公民职能居于核心地位，教育最重要的责任就是为民主社会培养有效的公民。一个有效的公民的标准是：他既是一个积极的公民，又是一个积极的生产者和积极的消费者。他对有效的公民的基本素质提出了五个要求：掌握丰富的知识、了解美国社会、掌握基本的学术方法和技巧、具有选择和从事某一种职业的能力、具有符合公民个性品德的品质。

4. 大学如何培养人

科尔认为高等教育大众化有利于“有效的公民”的培养。“我并不相信，为什么大众化高等教育或普及高等教育必然是精英高等教育的敌人”⑤，他认为大众化的高等教育有利于人口质量的变革，有利于新人才进入经营部门，有利于精英部门更加精英化，也有利于软化阶级区分和对抗。他采用“差别原则”来解决精英教育和大众教育的冲突。

他要求大学内部要创造能使学生充分发展的环境。在《美国高等教育的目的》中，

---

①Clark Kerr, *The Great Transformation in Higher Education*(1991)，转引自张东霞《克拉克·科尔多元化巨型大学理念述评》，学位论文，陕西师范大学，2009年，第35页。

②Clark Kerr, *The Great Transformation in Higher Education*(1991)，转引自张东霞《克拉克·科尔多元化巨型大学理念述评》，学位论文，陕西师范大学，2009年，第36页。

③张东霞：《克拉克·科尔多元化巨型大学理念述评》，学位论文，陕西师范大学，2009年，第36页。

④同上。

⑤克拉克·克尔：《高等教育不能回避历史——21世纪的问题》，王承绪译，浙江教育出版社，2001年，第79页。

他提出了美国高等教育的五大目的：第一，为学生的发展提供建设性的环境；第二，在整个社会促进学生能力的发展；第三，教育公平，他认为教育公平不是指结果的平等，而是指根据学生不同才能和兴趣提供平等的机会；第四，保证纯粹学习的实现，他要求维护和传承纯学术，支持知识上的创造力；第五，学术自由，确保学者能通过理性思考和规劝积极影响社会。

第三节　我国高等教育的理念

一、我国高等教育理念的演变历程

1.我国古代高等教育理念

我国是世界上拥有悠久历史和灿烂文化的四大文明古国之一。从古至今，我国从未放弃对教育的重视以及对高深学问探索的传统。无论是古代的官学，如稷下学宫、太学，抑或地方办学，抑或个人办学，如书院等，都在一定程度上进行着对高深学问的探索。但是这些都不能称为现代意义上的大学。我国著名教育家梅贻琦曾指出：今日中国之大学教育，溯其源流，实自西洋移植而来，顾制度为一事，而精神又为一事。就制度而言，中国教育史中固不见有形式相似之组织，就精神言，则文明人类之经验大致相同，而事有可通者。①

中国古代的高等教育理念的基础来自儒家的教育思想。位于“四书”之首的儒家经典著作《大学》开宗明义：“大学之道，在明明德，在亲民，在止于至善。”我国的著名学者南怀瑾曾解释，《大学》中所谓“‘大学之道’的道，也是从形而上而来的理念”，“大学之道”实际上就是“大学理念”。② “大学之道”是中国古代的大学核心理念，这一理念的提出比西方近代大学理念的提出早1000多年，但是在基本精神上却是高度相通的。《大学》的中心在于其“三纲领”和“八条目”。所谓三纲领，就是“在明明德，在亲民，在止于至善”，因此，大学的任务就在于把人天生的善良发扬光大，并能够修己利人，推己及人，化民成俗，更新民众，要去追求永恒的真理，达到真理的最高境界，最后把人培养至善的最高境界。所谓八条目，就是格物、致知、诚意、正心、修身、齐家、治国、平天下。三纲领就是大学的目的和任务，而八条目就是实现目的、完成任务的全部过程与步骤。我国古代的大学更加关注人格的养成，使人向善，并且重视伦理道德。大学的目的就是通过这些理念把儿童培养成一个人格独立、道德高尚的“大人”。这里所谓的“大”，

---

①梅贻琦：《大学一解》，载杨东平《大学精神》，文汇出版社，2003年，第46页。

②南怀瑾：《原本大学微言》(1998年)，转引自胡宁、刘宝存《中国古典大学的理念及其现代意义》，《南京理工大学学报(社会科学版)》2006年3期。

不是指年龄、外貌、知识、贫富等，而在于品格的高下。“大学之大”在于“明明德”，让人不断地去除杂质，澄清自我，使自己的道德不断提升，到达至善。

此外，中国古代的大学理念具有明显的几个特征：一是注重道德，关注人格的养成。二是注重文化的多元整合。春秋时期，百家争鸣是社会分裂状态下的多元局面，到了盛唐时期，以海纳百川的精神将各种教育流派的办学模式和教育制度相结合，并最终以相互和谐的方式统一起来。三是具有明显的直观性、猜测性和非科学性。由于始终缺少清晰的核心理念，这种单纯性就是非常朴素的，这种朴素必须通过清晰的思想加以克服。四是具有等级性。古代的知识仅为少数人所拥有，通过科举制将大学知识与社会紧密联系在一起，形成特殊的稳定结构，同时达到了对知识的控制，具有典型的民族文化主义特征，带有鲜明的等级性，要求一套维系伦理与权威的知识制度与理念。①

可以说，《大学》中所阐述的高等教育理念贯穿了中国高等教育历史的全过程。无论是春秋战国时期的孔孟，还是后来的董仲舒、朱熹、二程、颜元等，他们的教育理念都受到了《大学》的影响；无论是汉代的太学、宋代的书院，还是某些具有大学性质的私学，也都借鉴了《大学》的理念。

2. 我国近代高等教育理念

1840 年爆发的鸦片战争使中国开始了社会转型的巨变时期，而洋务运动的彻底破产使当时的中国面临着严重的内忧外患。当时的先进人士主张变法，救亡图存。而教育变革是浩浩荡荡的思想解放运动中最重要的一环。中国的高等教育第一次现代化转型是以 1905 年科举制的废除为标志的。从严格意义上讲，现代意义上的中国高等教育始于 1898 年京师大学堂的创办。可以说，中国近代的高等教育理念走过了一段非常艰难而特殊的探索时期。京师大学堂的成立标志着西方高等教育理念开始为国人接受，标志着我国近代高等教育理念发展的开端。而这一特殊时期，我国高等学校所要解决的基本问题就是中学与西学的冲突与融合。

康有为在其撰写的《大同书》中指出：“凡大学皆专门之学，实验之学。”②1904 年张百熙、荣禄、张之洞在《学务纲要》中比较清晰地回答了大学的性质问题：“高等学堂、大学堂，意在讲求国政民事各种专门之学，为国家储养任用之人才。通儒院，意在研究专门精深之义蕴，俾能自悟新理，自创新法，为全国学业力求进步之方；并设立中国旧学专门，为保存古学古书之地。”③《奏定大学堂章程》规定：“大学堂内设分科大学堂，为教授各科学理法，俾将来可施诸实用之所；通儒院为研究各科学精深义蕴，以备著书、制器之所。”④

---

①周进：《大学理念的知识审视与社会建构》，中国社会科学出版社，2017 年，第 124 页。

②康有为：《大同书》，上海古籍出版社，2014 年，第 171 页。

③陆鸿基：《中国近世的教育发展 1800—1949》，华风书局，1983 年，第 123 页。

④璩鑫圭、唐良炎：《中国近代教育史资料汇编 学制演变》，上海教育出版社，1991 年，第 339 页。

在处理中学与西学的关系上，提倡中学为主，西学为辅；中学为体，西学为用。此时大学职能也经历了一个从强调人才培养到既强调培养人才又强调学术研究的演变过程。最初的京师大学堂，其目的就是为了培养人才，1902 年《钦定京师大学堂章程》的颁布，开始对大学的性质和职能有了进一步理解，规定大学堂设立大学预备科、大学专门分科和大学院，其中大学专门分科的目的是"端正趋向，造就通才"，而大学院为学问极则，主研究不主讲授。① 至《奏定大学堂章程》，这种认识便更加清晰。该章程在第一章《立学总义》的开篇讲道："设大学堂，令高等学堂毕业者入焉；并于此学堂内设通儒院(外国名大学院，即设在大学堂内)，令大学堂毕业者入焉，以谨遵谕旨，端正趋向，造就通才为宗旨。大学堂以各项学术艺能之人才足供任用为成效；通儒院以中国学术日有进步、能发明新理著成书、能制造新器以利民用为成效。"②大学堂的人才培养，在《钦定京师大学堂章程》和《奏定大学堂章程》都有规定，为"端正趋向，造就通才"。相应地，在大学堂课程设置上，也贯彻了培养通才的精神。1902 年的《钦定京师大学堂章程》详细规定了仕学馆和师范馆的课程设置；1904 年的《奏定大学堂章程》也具体规定了 8 科 46 门的课程设置。

在此时期的高等教育理念转换过程中，受过西式影响的蔡元培、梅贻琦、竺可桢等知识精英的思想，都为我国现代高等教育理念提供了源泉。中国近代的高等教育理念，虽然形式上基本属于西方移植的产物，但是也没有完全与我国教育文化的传统割裂开来。可以说，这一阶段人们对高等教育的现代性认识仍是模糊的，缺乏现代高等教育所必需的系统建构，加之根深蒂固的传统学术文化影响，我国高等教育的转型也不够彻底。但是近代我国高等教育理念的萌芽与发展，也对后期我国高等教育的发展有着积极而深远的意义。

3. 中华人民共和国成立初期的高等教育理念

1949 年中华人民共和国的成立揭开了中国历史的新篇章，社会主义国家性质的确立，也标志着我国社会结构的重大变革与重组。这时，中华人民共和国面临内忧外患的严峻环境，对内新旧政权交替初定，对外遭受资本主义阵营的对立封锁，在高等教育领域大力推行学习和借鉴苏联的方针政策。我国的高等教育理念也受苏联影响，建立起一套以苏联模式为基础的高等教育理念体系，开始探索与工业化相适应的高等教育理念。1949 年 9 月召开的中国人民政治协商会议第一次全体会议上通过的《中国人民政治协商会议共同纲领》中有关文化教育政策的规定是：中华人民共和国的文化教育为新民主主义的，即民族的、科学的、大众的文化教育。人民政府的文化教育工作，应以提高人民文化水平，培养国家建设人才，肃清封建的、买办的、法西斯主义的思想，发展为人民服务的思想为主要任务。这一纲领也为我国当时高等教育理念的改造

---

①教育大辞典编纂委员会：《教育大辞典·第 10 卷：中国近现代教育史》，上海教育出版社，1991 年，第 5 页。
②璩鑫圭、唐良炎：《中国近代教育史资料汇编 学制演变》，上海教育出版社，1991 年，第 339 页。

提供了政策依据。

这一时期的高等教育理念的主旨在于适应社会主义新型高等学校及国家政治体制的转变。高等学校面临的突出任务是社会主义性质高等教育理念的探索。中华人民共和国成立以后，国家为了社会的发展要培养大批高度专业化的人才，参照苏联对全国的高等院校进行调整。院系调整方针是：以培养工业建设干部和师资为重点，发展专门学院和专科学校，整顿和加强综合性大学。在这种方针指导下，当时确定的院系调整原则包括：一是基本取消原有系科庞杂的、不能适应培养国家建设干部需要的旧制大学，改造成培养目标明确的新制大学；二是为国家建设所迫切需要的系科专业，予以分别集中或独立，建立新的专门学院，使之在师资、设备上更好地发挥潜力，在培养干部的质量上更符合国家建设需要；三是将原来设置过多、过散的摊子，予以适当集中，以便整顿；四是条件太差，一时难以加强，不宜继续办下去的学校，予以撤销或归并。① 经过院系调整后，我国几乎所有的综合性大学都变成了文理科性质的综合大学。

中华人民共和国成立初期，除了高等学校内在的教学和科研职能以外，人才培养一直都是大学的基本职能和基本任务。1950 年 8 月，教育部颁布的《高等学校暂行规程》有如下规定：适应国家建设的需要，进行教学工作，培养通晓基本理论并能实际运用的专门人才，如工程师、教师、医师、农业技师、财政经济干部、语文和艺术工作者；运用正确的观点和方法，研究自然科学、社会科学、哲学、文学、艺术，以期有切合实际需要的发明、著作等成就。1953 年 9 月，高等教育部组织召开了全国综合大学会议并指出：综合大学主要是培养在理论科学或基础科学（自然科学和社会科学）方面从事研究工作或教学工作的专门人才，更具体地说就是为各研究机关培养科学研究工作者，为各高等学校和中等学校培养师资。1961 年 9 月 15 日颁布的《中华人民共和国教育部直属高等学校暂行工作条例（草案）》（简称“高教六十条”）规定：“高等学校的基本任务是贯彻执行教育为无产阶级的政治服务、教育与生产劳动相结合的方针，培养为社会主义建设所需要的各种专门人才。”同时还规定：“高等学校应积极开展科学研究工作，以促进教学质量和学术水平的提高。”“根据国家的统一安排，经过教育部的批准，学校可以适当承担国家的科学研究任务。高等学校的科学研究工作应该同科学研究机关、生产部门建立必要的联系。高等学校也可以接受有关部门的委托，协助解决某些科学技术问题。”高教六十条除规定培养社会主义建设所需要的各种专门人才是高等学校的基本任务外，还要求“必须正确处理教学工作与生产劳动、科学研究、社会活动之间的关系，生产劳动、科学研究、社会活动的时间应该安排得当，以利教学”。

同时为了满足高等学校培养专才的模式，我国制定并出台了统一的专业培养目标，实施全国统一的教学计划，按照一级学科和二级学科设置专业。并强调以教学为主，通过生产劳动、科学研究、社会活动等多种途径培养人才。

---

①余立：《中国高等教育史（下册）》，华东师范大学出版社，1994 年，第 36 页。

4. 改革开放以来我国的高等教育理念

1978 年的改革开放推动中国社会进入了现代化转型的加速期。在教育领域，我国开始对高等教育的路线、方针、政策进行全面的拨乱反正，高等教育事业得到了恢复发展。

1978 年 10 月，教育部对高校六十条进行了修订，并以《全国重点高等学校暂行工作条例(试行草案)》的名称颁布实施。该条例规定："高等学校的基本任务，是贯彻'教育必须为无产阶级政治服务，必须同生产劳动相结合'的根本方针，培养社会主义革命和社会主义建设所需要的各种专门人才，做出高水平的科学成果，为实现我们党在新时期的总任务而奋斗。"1986 年国务院发布的《普通高等学校设置暂行条例》也对大学予以重新界定。

1977 年，邓小平同志在有关教育工作谈话中指出："重点大学既是办教育的中心，又是办科研的中心。"①他强调："高等学校，特别是重点高等院校，应当是科研的一个重要方面军，这一点要定下来。它们有这个能力，有这方面的人才。事实上，高等院校过去也承担了不少科研任务。随着高等院校的整顿，学生质量的提高，学校的科研能力会逐步增强，科研的任务还要加重。朝这个方向走，我们的科学事业的发展就可以快一些。各个领域都有要研究的问题，理科、工科、农科、医科都有。文科也要有理论研究，用马克思主义观点研究经济、历史、政法、哲学、文学等等。我们现在还不能让所有的高等院校普遍加重科研的分量，但是重点大学都要逐步加重科研的分量，增加科研的任务。"②

1985 年，《中共中央关于教育体制改革的决定》也指出："高等学校担负着培养高级专门人才和发展科学技术文化的重大任务"，明确了我国高等教育的基本职能就是培养人才和发展科研。高等教育应始终坚持把培养人才放在首位，开展科学研究的目的，就是为了提高教学质量和学术水平。

改革开放以后，我国对高等学校的人才培养目标也有具体规定。1978 年颁布的《全国重点高等学校暂行工作条例(试行草案)》在培养目标上基本上继承了高教六十条的规定，该条例规定高等学校要"培养社会主义革命和社会主义建设所需要的各种专门人才"，其具体培养目标是："具有爱国主义和国际主义精神，具有共产主义道德品质，热爱中国共产党，热爱社会主义，自觉自愿为社会主义事业服务，为人民服务；通过马克思列宁主义、毛泽东思想的学习和参加三大革命运动的实践，逐步树立无产阶级的阶级观点、劳动观点、群众观点、辩证唯物主义观点；掌握本专业所需要的基础理论、专业知识和实际技能，尽可能了解本专业范围内科学的新发展，培养分析问题、解决问题的能力，比较熟练地运用一种外国语阅读专业书刊；具有健全的体魄。"

---

①中共中央文献研究室:《邓小平同志论教育》(1990 年)，转引自刘宝存《大学理念的传统与变革》，教育科学出版社，2004 年，第 118 页。

②同上。

为了适应新时期对人才培养的要求，改变部分专业过细、名称混乱以及专业结构布局不合理而导致的不能适应社会主义建设的实际需要和科学发展的问题，1978 年，教育部成立了高等学校专业调整办公室，对专业设置进行调整和改革。在调整专业设置的同时，为了全面落实培养目标和基本培养规格的要求，教育部还组织修订了教学计划和教学大纲。新的教学计划和教学大纲，力求反映科学技术的水平和社会主义建设的需要，强调基础理论、基本知识和基本技能的教学，强调知识的科学性、系统性、先进性和适应性。①

5.20 世纪 90 年代末至今我国的高等教育理念

1993 年 2 月，中共中央、国务院正式发布《中国教育改革和发展纲要》，明确指出“要集中中央和地方等各方面的力量办好 100 所左右重点大学和一批重点学科、专业”，同年 7 月，国家教委发布《关于重点建设一批高等学校和重点学科点的若干意见》，决定设立高等教育领域的“211 工程”计划，开始建设中国研究型大学。在 20 世纪 90 年代中期提出科教兴国战略后，对大学的职能认识再一次深化，大学的职能进一步扩展，1999 年国务院批转教育部《面向 21 世纪教育振兴行动计划》，建设若干所具有世界先进水平的一流大学的“985 工程”正式启动。党的十八大后，在习近平新时代中国特色社会主义思想引导下，我国实施了高等教育“双一流”建设，至此对大学职能有了更新的认识，强调要办好人民满意的教育，并且在处理内涵发展与外延发展的关系上，高等教育逐渐树立了规模、质量、结构、效益协同发展的观点，正确处理了改革、发展和稳定的关系②。可以看出，在 20 世纪 90 年代后，国家实施科教兴国战略和创新型国家战略的过程中，高等教育的作用和地位进一步得到重视和提升，大学被纳入国家创新体系中并成为最重要的组成部分。

在新的大学理念的引导下，我国大学逐渐建立了包容性的大学办学观。在办学主体上，倡导民间资本举办或参与高等教育，允许中外合作办学；在大学和政府的关系上，改变了政府大包大揽的做法，将高校建设成面向社会自主办学的法人实体；对中央和地方关系的认识也有新的突破，中央不断赋予省级政府更多的高等教育管理权，完善中央与地方两级管理，以省为主的新体制，省部共建与合作等新的模式得以实施；在改革实践中，逐步深化了对政府、大学和社会的关系的认识，明确了高等教育“管、办、评分离”的观点，并在《国家中长期教育改革和发展规划纲要(2010—2020 年)》和党的十八届三中全会上得到正式确认；在大学内部行政权力与学术权力的关系方面，逐渐形成了“党委领导、校长负责、教授治学、民主管理”的具有中国特色的现代大学制度观。③

中国的高等教育理念的产生，是西方高等教育理念传入的产物，而中国高等教育

---

①刘宝存：《大学理念的传统与变革》，教育科学出版社，2004 年，第 120 页。

②李岚清：《李岚清教育访谈录》，人民教育出版社，2003 年，第 220 页。

③朴雪涛：《改革开放 40 年来我国大学理念变革的逻辑、样态与前瞻》，《中国高教研究》2018 年第 9 期。

理念的发展则经历了曲折反复的过程。经过 20 多年的探索，在 20 世纪 30 年代前后形成了比较系统的高等教育理念，涌现出了一批颇有建树的大学教育思想家，蔡元培、梅贻琦便是其中的杰出代表。中华人民共和国成立后，我国开始探索既符合社会主义政治经济制度又符合高等教育发展规律的高等教育理念，虽然道路曲折，但还是在原来的基础上取得了新的巨大成果。一个多世纪以来，我国高等教育理念形成和发展的过程，实际上是一个在继承中重构的过程，也是我国高等教育独立自主、改革创新的发展过程。

二、从校长的办学理念看我国高等教育理念的发展

大学是办学的主体，办好一所高等学校的关键是将共性的基本的高等教育理念，同学校的实际情况结合起来，树立科学的具有鲜明个性特色的办学理念，并使其成为全校师生员工共同信奉并付诸实践的价值追求。“北大之创新，清华之严谨，南开之笃实，联大之坚韧”，这是对我国高等学校教育理念的高度凝练以及深度概括，是被时间验证了的学校的文化传统和办学理念，集中体现其精神风貌和精神追求。大学校长是一所大学办学理念的突出代表，也是这所大学理念的集中表现。在高等教育理念的发展中，既要高度重视对高等教育本质及其办学规律的哲学思考，又要特别关注高等学校教育理念的引领者与践行者——校长。

1. 蔡元培的高等教育理念

蔡元培是我国近代著名的民主革命家、思想家和教育家，其教育理念深受西方高等教育理念的影响。蔡元培自 1917 年 1 月 9 日就任北京大学校长开始，主持北京大学工作多年。在这期间，他积累了丰富的高等教育实践经验，形成了有自身特色的、系统而又深刻的高等教育理念。蔡元培基于他的高等教育理念体系对北京大学进行大刀阔斧的改革，不仅促进了北京大学向现代高等学校转变，也在一定程度上引领了近代以来我国高等学校改革的方向。

蔡元培于 1917 年在《就任北京大学校长之演说》中明确指出：“诸君来此求学，必有一定宗旨，欲求宗旨之正大与否，必先知大学之性质。今人肄业专门学校，学成任事，此固势所必然。而在大学则不然，大学者，研究高深学问者也。”①蔡元培深受西方传统高等教育理念的影响，认为高等学校就是一个研究学问的高地，强调做学问不能有功利性。而高等学校就是要研究纯粹的学问，要为学术而学术，而不能以实用为目的。因此在 1919 年的开学典礼上，蔡元培更加明确地指出，大学“是研究学理的机关”②。

---

①蔡元培：《就任北京大学校长之演说》，载高平叔编《蔡元培教育论集》，湖南教育出版社，1987 年，第 152 页。
②蔡元培：《蔡元培中国伦理学史》，吉林出版集团股份有限公司，2017 年，第 212 页。

"思想自由，兼容并包"是蔡元培高等教育理念的精髓。他认为"大学是包容各种学问的机关"①。对于高等学校的职能，蔡元培在《湖南自修大学介绍与说明》中指出："一个地方若是没有一个大学，把有学问的人团聚在一处，一面研究高等学术，一面推行教育事业，永没有发展教育的希望。"②。在他看来，大学一方面研究高深学问，一方面"教授高深学术，养成硕学闳材"③。不管是研究高深学问，还是教授高深学问，都是指向人才培养。因此，蔡元培所提倡的高等学校培养的人才应该是硕学闳材。关于对蔡元培所提倡的"硕学闳材"的理解，根据有关论述可以看出一些基本特征：一是要有健康的体格；二是要掌握丰富的知识，具备高强的能力；三是要养成科学研究的兴趣和能力；四是要有优良的道德品质；五是要有艺术的兴趣和鉴赏美的能力；六是要具有健全的个性。④

在人才培养方式上，为了培养其理念下的硕学闳材，他在北京大学进行了大刀阔斧的改革。他首先以课程建设为主要抓手，主张对中西文化要兼收并蓄，择善而从，融会贯通；主张重视基础知识和基本理论的学习；主张放弃分科，文理沟通。⑤ 在教学方法上，他提倡启发式教学，反对讲授式教学，强调学生主动的研究性学习。

在管理上，蔡元培大胆地废止年级制，实行选课制，因为他认为年级制严重压抑了学生的个性发展。在教师聘用上，他采用"延聘教员"和"不拘一格降人才"的模式，充实了当时北京大学的学术研究和教学队伍。在行政管理上，蔡元培开启教授治校的先河。教授治校是学术自由理念在高校管理中的人权和事权上的集中体现。教授治校旨在使教授参与学校管理，实现民主治校目标，正如他在北京大学25周年纪念会上所言：凡此种种设施，都是谋以专门学者为本校主体，使不致因校长一人之更迭而摇动全校。⑥

由于深受西方传统大学理念的影响，蔡元培的高等教育理念体系也带有西方传统大学理念的影子。他对北京大学大刀阔斧和身体力行的改革，使北京大学一改以前的腐败官僚之风，向现代大学成功转型。蔡元培是我国近代大学产生以来第一个系统阐述和总结高等教育理念的教育家。他把高等学校看成研究高深学问的场所；主张高校教学与科研并重；主张思想自由，兼容并包；反对文理分科，主张文理渗透；反对年级制，主张选课制；提倡教授治校；等等。这一系列的改革思想，背后都渗透着他对高等教育理念的阐述。就如美国著名教育家约翰·杜威曾这样评价蔡元培：拿世界各国的大学校长来比较，牛津、剑桥、巴黎、柏林、哈佛、哥伦比亚等等，这些校长中，在某些学科上，有卓越贡献的，不乏其人；但是，以一个校长身份，而能领导那所大学对一个民

①《北京大学校旗图说》，载《蔡元培言行录》杂著，1933年，第51页。
②蔡元培：《湖南自修大学介绍与说明》，载高平叔编《蔡元培教育论著选》，人民教育出版社，1991年，第421页。
③《大学令》，载高平叔编《蔡元培教育论著选》，人民教育出版社，1991年，第24页。
④刘宝存：《大学理念的传统与变革》，教育科学出版社，2004年，第94—95页。
⑤蔡元培：《传略(上)》，载高平叔编《蔡元培全集(第三卷)》，中华书局，1984年，第331页。
⑥张建安：《现代大学校长文丛·蔡元培卷》，安徽教育出版社，2015年，第167页。

族、一个时代,起到转折作用的,除蔡元培而外,恐怕找不到第二个了。①

2. 梅贻琦的高等教育理念

梅贻琦是我国近代著名的高等教育思想家和改革家,是清华大学历史上任期最长的校长,在担任校长的17年间,在高等学校管理和改革实践过程中,形成了内涵丰富的高等教育理念,其中有许多理念对当前我国高等教育的发展仍有积极的借鉴意义。

对于什么是大学,梅贻琦在《大学一解》中指出:"今日中国之大学教育,溯其源流,实自西洋移植而来",但其中精神,却不外《大学》一书开章明义之数语,即"大学之道,在明明德,在亲民,在止于至善"。② 在梅贻琦看来,大学就是研究高深学术的机构。1931年梅贻琦在就任清华大学校长时的演说中说道:"一个大学之所以为大学,全在于有没有好教授,孟子说'所谓故国者,非谓有乔木之谓也,有世臣之谓也'。我现在可以依照说:'所谓大学者,非谓有大楼之谓也,有大师之谓也'。"③梅贻琦的"大师论",一方面反映了他对教师在大学中的地位和作用的重视;另一方面也反映了他大学理念的另一个层面。梅贻琦还指出大学应该是综合性的,"就社会之需要而言,各科人才,当皆为重要,但各系有为他校所已办,而成绩优良无须更设者;有因科门之性质不宜设立于清华者,亦有因一时设备难周须逐渐开办者"。④

对于大学的职能,梅贻琦指出:"办学校,特别是办大学,应有两种目的:一是研究学术,二是造就人才。"⑤他出任清华校长时,虽然清华大学已经改制,但依然是以教学为主要职能,学术研究并未得到重视。为此他提出"研究高深学术,养成专门人才"的要求和自己的大学理念,提出清华大学不但要培养人才,而且要研究学术,这是清华大学的职能,从单一的教学走向教学与科研并重。1927年,梅贻琦就在《清华学校的教育方针》中指出:"清华大学之教育方针,概括言之,可谓为造就专门人材,以供社会建设之用。"⑥由此我们可以看出,在梅贻琦看来,大学就是培养专门人才的机构。他要求大学培养的通才,除了要有广泛的知识和专业技能外,还应具备健康的身体、科学的态度、整体的人格以及高尚的道德品质。

对于在大学中如何培养人才,梅贻琦从教育方针、课程教学方法、教学质量和学术自由等方面阐述了他的大学理念。第一,实行智育、德育、体育、美育、群育并进的教育方针。梅贻琦指出:从前教育注重智育、德育、体育三者,后又并重群育,希望养成服务

---

①高平叔:《北京大学的蔡元培时代》,《北京大学学报(哲学社会科学版)》1998年第2期。

②刘述礼、黄延复:《梅贻琦教育论著选》(1993年),转引自刘宝存《大学理念的传统与变革》,教育科学出版社,2004年,第100页。

③刘述礼、黄延复:《梅贻琦教育论著选》(1993年),转引自刘宝存《大学理念的传统与变革》,教育科学出版社,2004年,第101页。

④刘述礼、黄延复:《梅贻琦教育论著选》(1993年),转引自刘宝存《大学理念的传统与变革》,教育科学出版社,2004年,第102页。

⑤同上。

⑥刘述礼、黄延复:《梅贻琦教育论著选》(1993年),转引自刘宝存《大学理念的传统与变革》,教育科学出版社,2004年,第104页。

社会、团体合作的精神。第二，要建立涵盖自然科学、社会科学、人文科学的通识课程体系。他认为，大学要培养“博而能约之通士”，必须从加强通识教育入手。第三，反对灌输式教学，倡导启发式教学。他认为：“若今日之教学，恐灌输之功十居七八，而启发之功十不得二三”，“理智生活之基础为好奇心与求益心，故贵在相当之自动，能有自动之功，斯能收自新之效”。第四，人才培养应注重质量而非数量，这是梅贻琦创办大学的一贯主张。他要求加强学术研究，提高人才质量培养。梅贻琦严格要求新生的录取标准，宁缺毋滥；严格考试制度，公共课不及格不能进入下一年级的学习，基础课不达标亦无法继续深造；鼓励学生保持俭朴好学的风气。第五，倡导学术自由。梅贻琦曾指出：“所谓无所不思，无所不言，以今语释之，即学术自由（academic freedom）而已矣。”[①]清华大学正是他在任期间，才从颇有名气而无学术地位的留美预备学校，成为蒸蒸日上、跻于名牌之列的大学。[②] 在梅贻琦的领导下，清华大学不但人才辈出，硕果累累，而且形成了激励清华人前进的清华精神。这种精神所代表的是：对学术研究比较执着，对实际政治比较冷淡；一种沉着、积极进取的人生态度；一种认真奋斗，胜不骄、败不馁的运动家精神；对事，它代表实干苦干，脚踏实地，实事求是，勤劳尽职；对人，它代表谦虚自律、容忍异见、互相合作的民主素养。[③] 可以说，梅贻琦在清华大学实践的成功，应归功于他的现代高等教育理念。他的高等教育理念，不但继承了蔡元培的一些高等教育理念，而且还结合中国实际进一步发展了蔡元培的高等教育理念，使其成为继蔡元培之后，在中国高等教育理念发展史上另一位举足轻重的人物。[④]

本章小结

高等教育理念既是我国高等教育改革与发展的思想基础，也是我国高等教育当前所面临的热点问题。本章介绍了高等教育理念的哲学基础以及基本内涵，然后梳理了西方高等教育理念的发展脉络，分别阐述了洪堡、纽曼、弗莱克斯纳以及赫钦斯等人的高等教育理念的具体表现。基于西方高等教育理念也梳理了我国高等教育理念的发展脉络，分别阐述了我国古代、近代、中华人民共和国成立初期、改革开放以后以及 20 世纪 90 年代末至今的高等教育理念的曲折发展历程。最后，列举我国高等教育发展进程中两位杰出教育家——蔡元培、梅贻琦的办学理念，并从中洞悉我国高等教育理念的发展。本章通过横向介绍西方高等教育理念发展路径，纵向梳理我国高等教育理念发展脉络，旨在从宏观以及对比的视角了解中西方高等教育理念的基本概况，并为我国高等教育理念的变革与创新提供借鉴，引导并实现高等教育内涵式发展。

---

①刘宝存：《大学理念的传统与变革》，教育科学出版社，2004 年，第 106—108 页。

②黄延复、马相武：《梅贻琦与清华大学》，山西教育出版社，1995 年，序言第 1 页。

③苏云峰：《从清华学堂到清华大学（1928—1937）：近代中国高等教育研究》，生活·读书·新知三联书店，2001 年，第 73 页。

④刘宝存：《大学理念的传统与变革》，教育科学出版社，2004 年，第 109 页。

复习与思考

一、简答题：

1. 请简述并且对比理性主义与功利主义高等教育理念的异同。

2. 简述高等教育理念的几大基本问题。

二、论述题：

1. 试论述我国高等教育理念的发展脉络。

2. 请结合实际，谈谈高等教育理念的具体表现及其实施。

三、材料分析题：

张伯苓1919年至1948年长期担任南开大学校长，大力倡导育才救国的办学理念。他指出："南开学校系因国难而产生，故其办学目的旨在痛矫时弊，育才救国"，"为培养救国建国人才，以雪国耻，以图自强"。[①] 张伯苓为了实现育才救国的办学理念，在认真总结南开大学办学经验的基础上明确提出"允公允能，日新月异"作为校训。他指出："故本校成立之初，即揭橥'公能'二义，作为校训。惟'公'故能化私，化散，爱护团体，为公牺牲之精神；惟'能'故能去愚，去弱，团结合作，有为公服务之能力"。"允公允能，足以治民族之大病，造建国之人才。"[②]所谓日新月异，不但每人要接受新事物，而且要能成为新事物的创建者，不但要能赶上新时代，而且要走在时代的前列。"南开之事业无止境，南开之发展无穷期。所望我同人同学，今后更当精诚团结，淬厉奋发"，"务使我南开学校，能与英国之牛津、剑桥，美国之哈佛、雅礼并驾齐驱，东西称盛"。[③]

结合以上材料，请谈谈校长对高等育理念发展的作用，并提出你的想法和认识。

---

①张伯苓：《四十年南开学校之回顾》，载杨东平主编《大学精神》，文汇出版社，2003年，第249—250页。

②张伯苓：《四十年南开学校之回顾》，载杨东平主编《大学精神》，文汇出版社，2003年，第252页。

③张伯苓：《四十年南开学校之回顾》，载杨东平主编《大学精神》，文汇出版社，2003年，第259页。

第三章

高等教育的制度

制度是学校一切工作的“灵魂”，哪里制度稳定，哪里便一切稳定；哪里制度动摇，哪里便一切动摇；哪里制度松垮，哪里便一切松垮和混乱。

——夸美纽斯

要 论 提 示

- 高等教育的学校制度是各级各类高等学校系统及学校教育制度的组成部分。
- 高等教育的学位制度是一个国家教育水准和科研水准的直接反映。
- 高等教育的招生考试制度是选拔优秀青年进入高等学校的重要途径。

教育制度，是国家为了从组织系统上保证教育目的的实现，根据教育的规律和国家的教育方针、政策建立起来的相互联系的各种教育机构的体系。高等教育的发展、大学人才的培养、大学科研成果的创新等都离不开完善、合理的高等教育制度。大学是社会发展的动力站，而高等教育制度则是社会发展动力站的运行机制。因为，高等教育制度作为调节高等教育系统内诸多关系的规范，减少了高等教育发展的不确定性和信息成本；明确了利益主体的产权归属与获利行为，有效保障并激励参与高等教育各因素的寻利动机与行为，发挥各因素效用的最大化；为参与高等教育行为的各要素提供平台，为各主体、各要素的有序合作与竞争创造条件。① 本章主要聚焦我国高等教育的学校制度、学位制度和招生考试制度。

第一节 高等教育的学校制度

所谓学校制度，亦称学校教育制度、学校教育系统、教育体系、教育制度，简称“学制”，是一个国家各级各类学校组织而成的系统。它包含“学校”和“制度”两个基本因素，是一个国家为使整个教育系统有序运行而对各级各类学校的性质、任务、入学条件、学习年限以及它们上下衔接、前后连贯的相互关系等所做的规定。现代社会还包括其他教育机构，学校制度已不只是学校教育制度的简称，已经是教育的各种施教机构系统的总称了。学校制度是一国教育制度的核心部分，是一国教育状况的重要表征，体现一国教育的基本体系、基本结构、基本性质，体现社会政治、经济、文化与教育自身规律等对整个学校系统的要求。②而高等教育学制则是整个学校制度的一个重要组成部分，规定着各级各类高校的性质、任务、入学条件、学习年限以及它们之间的关系。③

---

①秦霞、陈敏、华小烨：《大学生考试作弊与诚信问题调查》(2004年)，转引自薛二勇《中国近代高等教育的制度变迁分析》，《高等农业教育》2006年第5期。

②肖海涛：《国际高等教育学校制度改革的趋势与启示》，《深圳大学学报(人文社会科学版)》2016年第1期。

③潘懋元、王伟廉：《高等教育学》，福建教育出版社，1995年，第66页。

一、国外高等教育的学制概况

从办学形式的角度分析，世界各国高等学校系统一般是由普通高等学校和成人高等学校两大子系统构成。其中各国的普通高等学校子系统内部结构特征比较复杂，以下从宏观和微观两个角度着重对各国的普通高等学校的学制结构做基本分析。①

1. 世界各国普通高等学校系统的宏观特征。②

美国学者伯顿从举办者角度将高等学校系统概括为四种基本类型，即单一公立系统中的单一机构部门；单一公立系统中的多重机构部门；多重公立系统的多重机构部门；私立和公立系统并举的多重机构部门。

其一，单一公立系统，单一部门。在该模式中，所有高校都由政府来举办，并统一接受政府的某一主管部门的垂直领导。系统中各高校间的差异很小，基本只有国立大学一种形式，意大利为该模式的代表。其二，单一公立系统，多重部门。即高等教育虽然是由一个层次的政府部门管理，但分化为两种或多种类型的机构。这种模式的特征在于：所有高校由中央政府举办，但资金来自政府不同的部门。如法国高校系统分大学、大学校和专门从事技术教育和师范教育的机构三类部门，大学由政府教育部负责，但大学校中除少数归教育部外，大多分属其他政府部门，如理工学校由国防部负责。其三，多重公立系统，多重部门。该模式主要出现在实行联邦制的国家，高等学校主要由地方举办，且不同程度上受中央政府的影响。许多西方国家如澳大利亚、加拿大和德国等都属于该模式。以澳大利亚为例，高等教育系统可划分为三种部门，大学、高级教育学院和继续教育学院，它们分属六个州，由各州统一管理。其四，私立和公立系统，多重部门。这一模式的典型代表是日本和美国。如日本高校分国立、公立和私立三种类型，除少数国立大学外，大多是由地方举办的公立高校和由私人举办的私立高校。无论公立还是私立高校，都包含大学和学院等不同的部门。在美国，高等教育系统被划分为公立和私立两大系统，其中公立高校归属各州，两大系统中部门的分布都体现为比较广泛的分类。如州立高校按层次可分为州立大学、州立学院和社区学院。而私立高校则根据水平的差异分化为研究型大学和服务型的大学。

根据以上伯顿关于世界高校系统的分类可以看出，世界各国高等学校的学制表现为两大特征，即公立和私立高校两大系统并存，办学层次呈阶梯式分布。

2. 各国普通高等学校系统的微观特征

纵观世界各国普通高等学校学制系统，一般可分为三个层次：初级学院或短期大

①谢安邦：《高等教育学》，高等教育出版社，1999年，第87页。
②谢安邦：《高等教育学》，高等教育出版社，1999年，第87—88页。

学、大学和专门学院以及研究生院等。[①]

(1)初级学院或短期大学

初级学院或短期大学学习年限一般为 2 年左右，学习内容为专业教育课程或比中学稍广的普通文化科学知识。它要求学生毕业后能适应本地区就业需要，或者转入本科高年级继续学习。

美国的初级学院或者短期大学被称为社区学院，是地方公立学校系统的重要部分。美国还有一种技术专科或者半专业学校，也是初级学院的一种，这种学校有的附设在两年制或四年制的高等学校里；日本的短期大学主要是为高中毕业生提供普通专业的高等教育，传授职业或社会生活中所必需的知识，并培养实践能力。日本还有一种高等专门学校，实质是一种高等职业学校，招收初中毕业生，主要任务是培养中等技术人员，层次上相当于短期大学，学业年限为 5 年。近年来日本又建立了一种专修学校制度，作为非大学型机构的专修学校，以培养职业和实际生活所必需的能力，以及提高教养水平为教育目标。法国的短期技术大学是培养工业、应用科学和服务行业所需要的技术人员的学校。其生源一种是高中毕业生，学制为 2 年；另一种是在职工人，采用半工半读方式，学制为 3 年，毕业后都授予高等技术文凭，可参与工作或继续进入大学学习。德国高等专科学校也属于这一层次。[②] 1968 年 10 月，德国通过了《联邦共和国各州统一专科学校的协定》，正式在法律上确定了这种学校的特殊地位。此后，这类学校被各州大力提倡而普遍建立起来。

“二战”以后，由于社会生产力的提高和经济的发展，在高等教育大众化的过程中，以上这类专科水平的初级学院或短期大学增长很快，学生数量猛增，专业设置和课程教学大多向职业技术方向发展，以适应社会的需求。

(2)大学与专门学院

世界各国的大学修业年限不尽相同，一般为 4～5 年，少数为 3 或者 6 年。如英国的剑桥大学和牛津大学，报考这两所学校的学生，必须经过学校单独举行的竞争性入学考试。成功就读的学生，在本科修业 3 年，学习学士学位课程，本科毕业后学习 1 年硕士学位课程，然后再进行 3～4 年的博士学位层次的研究。[③] 欧美的大学一般设有诸如文学院、理学院、工学院和法学院等学院，学院下设若干系。大学由若干主要作为学生生活单位的学院组成，大学在教学上分设系科，实行导师制。除古典大学以外，英国大量高等学校是近代大学和新大学。近代大学修业 4 年，包括 1 年的硕士课程，实行走读制，不要求天天到校，新大学实行工读交替制。[④] 一般来讲，大学毕业授予学士学位，也有授予硕士或博士学位的。法国大学的修业年限根据学科性质的不同，

---

①刘雅静、孙世明:《高等教育理论与实践》，山东大学出版社，2005 年，第 74 页。

②同上。

③刘雅静、孙世明:《高等教育理论与实践》，山东大学出版社，2005 年，第 75 页。

④刘雅静、孙世明:《高等教育理论与实践》，山东大学出版社，2005 年，第 75—76 页。

5～7年不等，分为3个彼此联系的阶段。第一阶段进行基础教育，修业2年，修业期满授予所学学科的大学普通教育文凭。第二阶段主要传授专业知识，修业1～2年，毕业后授予学士学位，可继续学习，取得硕士学位。第三阶段为专业深造阶段，相当于研究生教育，年限1～4年或更长一些，毕业后获得博士学位，在此基础上继续学习研究，还可获得更高的国家博士学位。① 日本大学强调以学术研究为中心，授予学生渊博的知识和高级的技术，使学生成为具有研究能力的人。大学修业4年，下设学部，学部下设学科，每年在进行统一入学考试后，有的大学还要根据本校各学科的需要举行第二次入学考试，这种考试竞争激烈，淘汰率高。②过去苏联的大学，一般只设文理两科，着重研究人文社会和自然科学的基础理论，称为综合大学。专业性的应用科学均单独设置独立学院。大学和学院截然分开，大学中不分学院，直接设系，行政上只分校系两级。学生修业年限一般为5～6年，毕业之后不授予学位。大学的数量不多，在全国全日制普通高等学校中所占比率不到10%，其余均为专业学院。苏联解体后，俄罗斯和其他国家许多专业学院改组为多科性的大学。

独立的专业学院相当于大学本科。美国这类学院一般修业4年，前两年主要进行基础课程学习，后两年设立主修科目，专攻某一方面课程，培养某一方面的专门人才；也有些学院4年都学习基础课程，而不进行专业培养。英国的多科性技术学院是1966年英国政府把70多所职业专科学校、技术学院合并而成的，并作为发展重点，培养高等专业技术人才。法国的高等专科学校也称大学校，修业年限3～4年，对高中毕业生的入学要求很高，考生一般要经过预科班学习，再经过竞争性考试入学。这类学校是法国高等教育中最有威望的学校，如法国国立行政学院、高等师范学校等。这类学校独立于大学之外，由政府部门领导，为政府、工商业和工程部门培养高级职位人员。这种学校学科多，专业性强，教学和科学研究相结合，毕业生质量高，法国各单位争相录用。③ 苏联各种独立的专业学院是各行业各系统的高等学校，培养专业技术人才，毕业生的地位、待遇与综合大学相同。

在科学技术发达的现代，传统的大学与独立学院的界限正在逐渐消失。一方面，大学的培养目标、课程设置，更多地依赖于科技的发展；另一方面，独立学院扩大系科设置基础理论课程，许多规模大的学院已不亚于大学的规模，许多独立学院纷纷改成大学。

(3)研究生院

这是高等学校系统中的最后层次。近年来，为保证本国经济和科技等领域处于世界领先水平，世界各国纷纷通过大力发展研究生教育来满足国家对高层人才的需求。美国、日本、德国等师资力量雄厚、学术水平较高、设备条件较好的高等学校里，均设有

---

①刘雅静、孙世明:《高等教育理论与实践》，山东大学出版社，2005年，第75页。
②刘雅静、孙世明:《高等教育理论与实践》，山东大学出版社，2005年，第76页。
③刘雅静、孙世明:《高等教育理论与实践》，山东大学出版社，2005年，第75页。

培养硕士和博士研究生的研究生院。研究生教育是建立在大学本科教育基础上的更高层次的学位教育，各国通过不断地探索和创新，在植根于传统的基础上，逐步形成了各具特色的研究生教育体制。[①] 部分高等教育发达的国家，研究生教育发展速度甚至已超过本科教育，如美国哈佛大学与加州理工学院的研究生数量便要高于本科生数量，国际上甚至有通过研究生与本科生数量的比例来衡量一所高校办学实力的说法。

当前，在高等教育发展潮流中，各国都很重视多元化的办学途径和方法，除了上述普通高等学校以外，还有各种利用现代通信设备远距离教学的形式，如广播电视大学、函授大学以及短期旅游学习班。其目的在于使更多的人接受高等教育。此外，各国也在大力发展继续教育体系，贯彻终身教育的理念，全面提高人民的综合素质和教育水平。这种教育体系，多数为成人业余高等教育形式，以职业、技术教育的提高为主要内容。其中，有国家办的、地方办的，也有企事业、行业、私人办的。近年来企业办教育甚为盛行，如日本的丰田汽车公司、松下电器公司、三井不动产公司，美国电话电报公司、国际商用机器公司，德国西门子电器公司等都自办职工大学，使职工能得到较好的就业晋升的机会，深受职工们的欢迎。[②]

3. 部分发达国家和地区高等教育学制介绍[③]

(1)美国高等教育学制

美国的高等教育学制为 4—2—4(6)，实行完全学分制。本科教育招收高中毕业生，学习期限为 4 年，毕业后可获学士学位。若继续接受硕士教育，学习期限为 2 年，毕业后获得硕士学位。硕士学位持有者攻读博士学位，学习期限为 4～6 年。

多样化是美国高等教育学制的重要特征。除了本科教育外，美国还有短期高等职业教育，学成后可获得副学士学位。若继续修习本科高年级课程，毕业后同样可获得学士学位。硕士生培养分为学术型与专业型（如牙医、法律等）两类，所修学分因学校、专业不同而略有差异，专业型硕士须有 6 学分来自具体专业实践，学术型硕士则要求提交学位论文。各类高等教育相互沟通是美国高等教育学制的重要特征。提供短期高等职业教育的社区学院与实施普通高等教育的四年制院校通过签订校际或全州范围内，甚至是跨州的转学协议进行沟通。此外，普通高等教育中学术型和专业型教育也自然融通，如工程类本科教育之后分化出工程硕士和工程学硕士两类，前者强调技术领域课程学习，后者侧重基础理论课程学习，但进入博士层次两者又合二为一。

(2)俄罗斯高等教育学制

俄罗斯高等教育学制为 5(6)—3 与 4—2—3 双轨并行，实行学年制。单一与多级并存是俄罗斯高等教育学制的重要特征。旧学制略显单一，高等教育只有专家文凭和

---

①刘雅静、孙世明：《高等教育理论与实践》，山东大学出版社，2005 年，第 76 页。

②虞国庆、漆权：《高等教育学》，江西高校出版社，2008 年，第 48 页。

③姚加惠：《高等教育学制国际比较及启示——基于分类教育体系构建的视角》，《江苏高教》2011 年第 6 期。

副博士教育两个阶段，学制分别为5～6年和3年；新学制较为多样，高等教育分为高等职业教育和大学后职业教育两阶段。其中，前者又是由不完全高等教育、基础高等教育和完全高等教育三个相互衔接的教育层次组成。基础高等教育招收高中毕业生或不完全高等教育毕业生，学习期限分别为4年和2年，毕业后获取基础高等教育证书和学士学位。若继续深造，学习期限为1～2年，毕业后获硕士学位或专家文凭。硕士学位或专家文凭证书持有者攻读副博士学位，学习期限通常为3年。

本科教育学制长是俄罗斯高等教育学制的基本特征。在旧体制中，文凭专家教育就是本科教育，旨在培养高级专门人才，招收高中毕业生和基础高等教育毕业生，学习期限分别为5～6年和1～2年，毕业后获取高等教育文凭。在新体制中，本科教育包括学士和硕士教育，因现行俄罗斯硕士培养目标与苏联时期本科教育培养目标几乎没有层次上的区别，至今硕士教育仍被视为本科教育，招收高中毕业生和基础高等教育毕业生，学制分别为6年和4年。各类高等教育自然融通是俄罗斯高等教育学制的重要特征。俄罗斯人秉持“大职业教育”理念，将整个高等教育视为职业性教育，而通常所说的狭义高等职业教育则被划入中等职业教育范畴，属于提高型中等职业教育，相当于不完全高等教育层次，它与普通高等教育均按基础职业教育大纲实施教育，毕业生可直接升学进入大学或学院三年级相应专业学习。此外，在完全高等教育阶段，按科学硕士和专家文凭者分类培养人才，毕业后都能直接升入副博士教育层次，又融为一体。

(3)中国台湾地区高等教育学制

中国台湾地区高等教育学制为4－2(3)－3(4)，实行学年学分制。普通本科教育培养理论型专门人才，招收高中毕业生，学习期限为4年，毕业后获取学士学位。若继续接受硕士教育，学习期限为2～3年。毕业后再攻读博士学位，学习期限为3～4年，与中国大陆的普通高等教育学制具有相似性。

职、普两类高等教育自成体系、并驾齐驱是中国台湾地区高等教育学制的显著特征。与普通高等教育体系相平行，高等技职教育体系包括专科、本科、硕士和博士层次，旨在培养各级应用型专技人才。专科招收高职毕业生，修业期限为2年。二技本科招收专科毕业生，学习期限为2年；四技本科招收高职毕业生，学习期限为4年，其中实务课专题需要1～1.5年完成，毕业后获取学士学位。若继续接受技职硕士教育，学习期限2～3年。技职硕士学位持有者攻读技职博士学位，学习年限2～7年。职、普两类高等教育沟通程度从本、专科层次较难，向博士层次逐渐变易是中国台湾地区高等教育学制的重要特征。在制度建设上，两大体系各层次均可交叉转学，但实质性沟通在于课程沟通。早在20世纪70年代末，两大体系在本、专科层次就互开一些选修课，但沟通程度不高，进入硕士层次，两大体系课程内容才随教育层次高移，相似性增强，趋向融合。

二、我国高等教育学制

我国目前的普通高等学校学制基本是在中华人民共和国成立后不久确立下来的。1951年国庆，中央人民政府政务院公布“关于改革学制的决定”，明确高等教育是作为中等教育基础上的更高层次教育，它包括高等专科学校、大学和专门学院、研究部三个层次。① 自此以后，由于社会环境的几度变迁，我国高等学校学制也曾几度调整，从而更好地适应社会生产力和科学技术发展水平、社会政治制度革新的现实需求以及受教育者身心发展变化的客观要求。

1. 我国普通高等学校学制的历史沿革②

中华人民共和国成立以后，我国普通高等学校系统几次大的变动过程大概如下：其一，1951年新学制的确立，明确了劳动人民和工农干部的教育在各级各类学校中的地位，因而使工农业余学校及工农干部文化补习学校的学生都有可能进入高等学校，从根本上改变了旧中国高等学校的办学性质。其二，1952—1953年，鉴于高等学校系科庞杂，国民经济所急需的工科人才缺乏，以及高校地区分布不合理等问题，我国政府模仿苏联模式对全国高校进行了院系调整，调整后的高校类型分布是：建立了一批新的文理综合大学，将国家建设所迫切需要的系科或专业予以分别集中或独立，使之成为新型的工、农、医、政法、财政、艺术、体育等专科学院。由此开始，我国高校由国家举办，但分属中央各部委和地方的条块体系也基本形成。经院系调整所产生的大量专科学院和部门所有的条块分割体系，对我国后来的高等教育发展有着巨大而深远的影响。其三，“文革”期间，我国高校曾一度停止招生，后实行推荐入学的办法，将大学的学习年限一律定为3年，取消专科、本科和研究生层次之分，实行所谓的开门办学，致使我国高等学校学制出现了严重的混乱。其四，“文革”后，随着招生制度的恢复，我国高等学校学制开始逐步进入一个重建和秩序恢复的阶段。同时，由于社会环境的巨大变迁，高等学校系统的调整和改革也势在必行。目前我国普通高等学校系统的总体特征是，以多重公立系统为主，即大多高校由各省（自治区、直辖市）举办和管理，部分由中央部委负责；与此同时私立系统正处于逐步完善之中。高等教育主要分为专科、本科和研究生三个层次。

2. 我国高等学校的学制结构③

我国的高等学校学制与世界高等学校教育学制情况大致相同，但也有其独到之处。我国高等学校学制结构一般分为高等学校的形式结构和层次结构。从形式结构

---

①谢安邦：《高等教育学》，高等教育出版社，1999年，第91页。
②谢安邦：《高等教育学》，高等教育出版社，1999年，第91—92页。
③虞国庆、漆权：《高等教育学》，江西高校出版社，2008年，第48—50页。

来看，主要有普通高等学校、职业高等学校和成人高等学校三大类，以及高等教育自学考试等形式；从层次结构看，有专科、本科和研究生教育三个层次。

(1)普通高等学校

我国的普通高等学校一般分为中央部委办的全日制院校和地方办的全日制院校，招生通过国家规定的专门考试对学生进行择优录取，实施学历教育。根据培养目标及学习年限的不同，主要分三个层次。其一，高等专科学校招收高中毕业生或具有同等学力的青年，修业年限为2～3年。也有部分高等专科学校招收初中毕业生，修业年限为5年。学生在校除了学习必要的基础理论外，须着重加强实际应用技能的训练。这类学校主要培养初级或中级的技术人员和管理人员，从而更好地适应社会对职业技能人才的需求。其二，大学和专门学院是我国高等教育的基本组成部分。主要包括部分综合性大学和大量以工、农、林、医、师范、政法、财经、体育、艺术等科目为主的大学或学院。修业年限一般为4年，少数为5年(多为医学类高校)。生源主要是高中毕业生或具有同等学力的青年。学生主要学习基础理论和专业知识与技能，培养目标为高级专门人才。其三，研究生院是设立在大学、专门学院或有关科研单位中组织和管理研究生教育的职能机构。目前我国的研究生教育划分为硕士研究生和博士研究生两个层次，硕士研究生教育的修业年限为2～3年，博士研究生教育的修业年限为3～4年。培养目标分别是培养具有从事本专业实际工作或者科学研究工作能力的高级专业人才和具有独立从事本学科创造性科研工作能力的高层次专业人才。招收硕士研究生和博士研究生的学校或科研机构，须经国家教委和国务院批准。

(2)职业高等学校

职业高等学校一般是由省、市根据本地区的需要而举办的，也有由社会力量举办的。修业年限为2～3年，相当于专科学校。学生来源主要为本地区高中毕业生或具有同等学力的青年。学习内容是各种职业所要的基础理论和实际技能。其中，高等职业技术学校，一般都是根据本地区经济社会发展的需要而兴办的，其目的就是培养适合于本地发展的专门人才。学生学习的内容和学习的目标，都是生产、管理、服务等一线工作所需要的实际操作技能。高等职业技术学校与高等专科学校通常界限不明，通称为高职高专，都属于普通本专科。

(3)成人高等学校

成人高等学校，指通过国家成人高等教育招生考试，招收具有高中毕业生或同等学力的人员为主要培养对象，利用函授、业余、脱产等多种形式，对其实施高等学历教育的学校。学习年限根据实际情况有较大的伸缩幅度。目前我国成人高等学校系统从形式上可分为以下几种。其一，职工大学、职工业余大学和农民大学，学习方式为脱产、半脱产或不脱产。脱产学习期限一般为2～3年，业余学习期限一般为4～5年。培养层次大多为专科。其二，广播电视大学，主要利用现代化教学手段实施远距离教育。它可以突破空间、时间的限制，面向全国、全社会，在远距离的大范围内办学，学制灵活。主要招收社会上具有高中毕业文化程度的人员以及应届高中毕业生,通过考试录取。培养规格以全日制高等专科毕业生水平为准。其三,函授学院和普通高校的函授部,学习方式以自学为主,辅之集中面授辅导。主要招收具有高中毕业文化程度和大专文凭的在职职工,通过入学考试择优录取。学习期限,高中毕业起点本科为5~6年,专科一般为3~4年,专科起点升本科为2~3年。学生毕业后颁发专科学历证书或本科学历证书。其四,普通高等学校附设的夜大学,这主要是利用普通高等学校的师资、设备举办的成人高等教育。招生对象以专科教育为主,部分为本科。学习年限一般为3年。其五,教育学院、中小学教师进修学院和管理干部学院,一般采用脱产学习的形式,补充与提高有关的学科知识、教育理论与教学方法以及学校管理的知识与能力。经过规定时间的培训或进修,达到一定要求,发给结业证书。

此外,我国自1981年以来,一直实施高等教育自学考试制度。它是一种个人自学、社会助学和国家考试相结合的高等教育形式。参加考试的对象,不受学历、年龄限制。专科一般为3~4年,本科一般为4~5年。考试采取单科形式,及格者发单科合格证,并累积学分。不及格者,可参加下一次该门课程的考试。考完专业考试计划规定的全部课程,成绩合格,取得学分,可取得毕业证书。本科毕业学员,完成毕业论文,符合相应学位条件者,由有学位授予权的主考学校按照《中华人民共和国学位条例》的规定,授予相应的学位。

第二节　高等教育的学位制度

学位是由国务院授权的高等学校或科学研究机构授予受教育程度和学术水平达到规定标准人员的学术称号。①

在我国,学位制度是国家或学位授予单位为实施学位管理所制定的有关法规、条例或办法,它明确地规定了学位工作正常运行的制度。学位制度的建立,主要是为了真实地反映和积极地推进高等教育各阶段的学术水平。

学位制度反映了一个国家的教育水准和科学研究水准,建立学位制度是通过立法形式维系、推动国家教育和科研发展的一项重要举措。

一、高等教育学位制度的发展

1. 学位制度的发展历程

学位制度是在学位诞生之后才逐渐形成的,因此,在论述学位制度的产生之前,有

---

①李进才:《高等教育教学评估词语释义》,武汉大学出版社,2016年,第18页。

必要对学位的产生过程进行简要的回顾。

现代意义上的学位与古代的学位是不同的，现代的学位是由古代的学位演化而来的。学位萌芽于古典时期的古希腊。约公元前387年，古希腊哲学家柏拉图结束了他长达10年的流亡生涯，在朋友的资助下，于雅典的郊区创办了一所学校。该校为了纪念一位叫阿卡德穆的战斗英雄，取名为阿卡德穆学园，后人为了称呼简便又称该学校为柏拉图学园。① 学园的教育内容不仅包括哲学、政治、法律等，还包括自然科学，尤其是数学。柏拉图学园会对学园里的学员进行考核，学园的学者会向通过考核的学员颁发正式的证书，而这种证书被学界认为是学位的萌芽。②

早期学位的真正形成源于教学证书的盛行。在欧洲中世纪的大学，教师行会向考试合格的学生颁发教学证书(licentia docendi)，它能证明学生具备了从事教师职业的资格，相当于现在的教师资格证，这就是早期的学位。

学位制度则是学位不断发展的必然产物。在教育史学界，公认现代学位制度源自欧洲中世纪大学。③ 无论是头衔称呼、等级划分还是授予仪式，都与欧洲中世纪的传统有着密切联系。而这种传统又与当时社会中流行的骑士制度和行会制度有着很深的渊源，学位制度中的“学士(bachelor)—硕士(master)—博士(doctor)”的等级划分是仿照骑士制度的“侍童(page)—侍从(squire)—骑士(chevalier)”和行会制度的“学徒(apprentice)—帮工(assistant)—师傅(master)”的等级划分而建立的。④

1809年，德国著名教育家洪堡建立了世界上第一所研究生大学——柏林洪堡大学。柏林洪堡大学一改以往忽视哲学学科的现象，将原先只属于预科性质的传授自然和社会科学知识的哲学学科，提高到了同法学、医学和神学等学科平等的地位，而且居于首位，减少了神学学科的内容，增加了哲学学科的内容，设立了博士学位，并取名为哲学博士。哲学博士的设置，标志着现代学位制度的正式诞生。⑤

19世纪末20世纪初以来，由于高等教育的快速发展，欧美发达国家的学位制度也在不断完善与发展。根据授予学位的级别和数量，学位制度主要分为四级学位、三级学位和两级学位制度。四级学位制度主要存在于美国和英国。南北战争以前，美国主要颁发学士学位；南北战争以后，随着赠地学院、研究型大学的产生，设立了硕士和博士学位；20世纪初，美国创建了新型高等教育机构——初级学院，又增加了副学士学位，⑥它是学士学位的向下延伸，连接中等教育和高等教育。自此以后，美国形成了副学士、学士、硕士和博士四级学位制度。英国完善的学士学位制度形成于中世纪，那时在神学、法学、医学三个领域内授予硕士学位。1917年，英国制定了哲学博士学位条例。1919年，联合王国大学协议会通过英国研究生院制度。自此，英国的研究生教

---

①赵小君：《欧洲第一所名牌学校——柏拉图学园》，《家庭与家教》2003年第4期。

②冯钰平：《学位制度及其发展研究》，学位论文，江西财经大学，2015年，第11页。

③冯钰平：《学位制度及其发展研究》，学位论文，江西财经大学，2015年，第12页。

④王洁：《欧洲中世纪大学学位制度研究》，学位论文，南京师范大学，2014年，第17页。

⑤杜作润、廖文武：《高等教育学》，复旦大学出版社，2003年，第191页。

⑥梁博雅：《美国学位制度变迁及启示——以高等教育机构分层为视角》，《当代教育科学》2016年第9期。

育模式基本形成。[①] 而高级博士学位是英国一些大学授予从大学毕业若干年后，在学术上取得杰出成就，获得或者未获得博士学位的人的一种学位，是对他们学术成就的进一步确认。[②] 大多数国家都是三级学位制度，即学士、硕士和博士。如日本，从19世纪后半叶学位制度萌芽以来，日本的学位制度一直在不断完善和发展，日本现行的学位制度主要有学士、硕士和博士三级。少数国家设两级学位，如德国。德国高等学校授予的学位称号有两级：第一级为硕士学位，也称初级学位，包括文凭硕士学位、一般硕士学位和神学硕士学位；第二级为高级学位，包括博士学位和教授备选资格学位。[③] 由于与世界上大多数国家差异太大，德国近年来在不断地进行学位制度的改革和完善，以期与国际学位制度接轨。

随着经济、文化和科技的不断发展，各国的高等教育学位制度也在快速发展，以培养更多的人才，使高等教育适应国家的发展需要。

2. 学位制度的发展趋势

随着科技的高速进步，社会分工越来越细，对人才的需求也迅猛增加。为了顺应时代的发展要求，世界各国都在对学位制度进行积极的探索与改革，学位制度也出现了一些新的发展趋势。

一是学位制度走向国际化。日本研究"大学国际化"问题的专家喜多村和之教授把国际化学位标准的基本内容概括为以下几点：通用性，即本国学位被其他国家与民族承认和接受，在国际社会里具有一定的通用性；确立能够活跃在不同国籍、不同民族的学者和人物间的交际、交流和交换的规章与制度，并使之发挥应有的作用；国际化，指像对待本国人一样平等看待拥有不同文化背景的个人和组织。[④] 在世界经济一体化的大背景下，各国都认识到学位制度的国际化在人才培养和提升本国国际竞争力方面的重要作用，纷纷在推进学位制度国际化方面采取措施。学位制度国际化的最基本表现就是国际的学位互认加强。20世纪90年代，欧洲共同体（2009年12月生效的《里斯本条约》废止了"欧洲共同体"，其地位和职权由欧盟承接）已经明确规定其成员国所颁发的学位可以互相承认，并为学生建立共同的履历和通用的学分制，以此来适应学生在各国留学的需求。[⑤] 2004年，以美国为首的众多国家先后签署了由欧盟教育界通过的《里斯本高等教育资格互认协定》，极大地促进了不同国家和地区之间的学位互认进程。[⑥] 我国也采取中外合作办学、与其他国家签订学位互认协议等措施推进学位制度的国际化。随着高等教育国际化的推进，学位制度国际化也在不断发展。2019

①周芳军：《从欧美发达国家的学位制度看三十年来我国学位制度的发展》，学位论文，西北师范大学，2010年，第21页。

②傅树京：《高等教育学》，首都师范大学出版社，2007年，第132页。

③同上。

④俞文：《世界学位制度发展的新趋势》，《学位与研究生教育》1993年第5期。

⑤冯钰平：《学位制度及其发展研究》，学位论文，江西财经大学，2015年，第40页。

⑥冯钰平：《学位制度及其发展研究》，学位论文，江西财经大学，2015年，第41页。

年11月25日，联合国教科文组织各成员国在第40届大会全体会议上通过了《全球高等教育学历学位互认公约》，旨在以质量保证机制和高等教育机构、体系、学习项目与学位信息共享为基础，通过公平、非歧视和透明的方式评估外国教育资历。①

二是学位制度向广大自学者开放。随着终身教育理念的不断发展，自学学位制度也在一些国家建立起来，足以说明高等教育学位制度正在向自学者敞开大门。自学学位制度是为鼓励未能考入普通大学的高中毕业生通过自学或利用各种教育机构及媒介学习后，经过自学学位考试而获得学位的制度。② 早在20世纪90年代，国际上很多国家都建立了自学学位制度，如韩国等。③

二、我国高等教育的学位制度

1. 我国学位制度发展历程

在我国古代，并没有学位这一概念，我国现代学位制度源于西方，是清末民初移植西方现代大学制度时引入的。④

我国现代学位制度始于1912年的《大学令》。⑤《大学令》规定了大学三级学制的划分与衔接，并参照德国学位制度，对每一阶段的修业考核、证书授予和审查机构等内容做了规定。⑥《大学令》规定，实行分科教学，分文、理、法、商、医、农、工七科，凡修业期满、考核合格者获得毕业证书，称为学士。⑦但由于袁世凯“尊孔复古”，《大学令》迟迟未能颁布。1915年颁布的《特定教育纲要》，对现代学位制度做了更具体的规定：“学位除国立大学毕业，应按照所习学科给予学士、硕士、技士各字样外，另行组织博士会，作为审授博士学位之机关，由部定博士会及审授学位章程暂行试办。”此时，学位制度大体分为两级：一级为学士、硕士、技士；二级为博士。这与后来普遍实行的学士（技士）、硕士、博士三级制度有一定差别。⑧ 但由于种种原因，纲要中关于学位的设想并未付诸实施。1935年，国民政府颁布了《学位授权法》，⑨教育部颁布了《学位分级细则》，规定学位分学士、硕士和博士三级。这是学位制度第一次以立法的形式登上了近代中国高等教育的舞台⑩，也标志着中国学位制度的正式建立。

中华人民共和国成立以后，党和政府十分重视学位制度的建设和完善工作，先后

①李卉萌：《UNESCO通过〈全球高等教育学历学位互认公约〉》，《世界教育信息》2020年第1期。
②余逸群：《国际学位制度的发展趋势》，《国际展望》1996年第13期。
③俞文：《世界学位制度发展的新趋势》，《学位与研究生教育》1993年第5期。
④李明霞：《试论民国时期中国现代学位制度的建立》，《徐州师范大学学报（哲学社会科学版）》2012年第4期。
⑤杜霞、张芃：《高等教育法概论》，中国社会出版社，2018年，第31页。
⑥鲁幽、周安平：《民国初期“学术本位”现代大学观——基于〈大学令〉的法律表达》，《复旦教育论坛》2017年第6期。
⑦杜霞、张芃：《高等教育法概论》，中国社会出版社，2018年，第31页。
⑧李明霞：《试论民国时期中国现代学位制度的建立》，《徐州师范大学学报（哲学社会科学版）》2012年第4期。
⑨陈洁：《近代中国学位制度探析》，学位论文，湘潭大学，2008年，第30页。
⑩同上。

几次试图建立学位制度，但因为种种原因未得以实现。第一次是1954—1957年，根据中共中央关于建立学位制度的批示，由国务院第二办公室主任林枫主持起草《中华人民共和国学位条例（草案）》；第二次是1961—1964年，由当时国务院副总理、国家科委主任聂荣臻主持，中央有关部门组织学位、学衔和研究生条例起草小组，起草了《中华人民共和国学位条例（草案）》。这两次都做了大量工作，但由于"左"的指导思想的影响和"文化大革命"的发生，未能完成。①

改革开放以后，由于社会和经济的转型，社会主义现代化建设需要高等教育培养大量的专业人才。1979年3月，根据中央指示成立了起草学位条例的工作小组，开始拟定《中华人民共和国学位条例》。1980年2月，全国人大常委会通过并公布《中华人民共和国学位条例》，并于1981年1月1日起正式实施。这一条例的诞生标志着我国的学位制度正式确立。

2. 我国现行学位制度概况

(1)我国学位的分级与标准

《中华人民共和国学位条例》(2004修正)规定："学位分学士、硕士、博士三级。"除此之外，我国的学位制度和世界许多国家高等教育的学位制度有相似之处，同时也规定了不同学位的授予标准：

学士学位主要是授予在大学本科阶段完成学习并达到毕业标准的学习者。学士学位是由国务院授权的高等学校授予并且颁发的，对成绩优良、达到下述学术水平的学生授予学士学位：一是较好地掌握本门学科的基础理论、专门知识和基本技能；二是具有从事科学研究工作或担负专门技术工作的初步能力。

硕士学位主要是授予在硕士研究生阶段完成学习并达到毕业标准的学习者。硕士研究生一般是具有学士学位或同等学力，通过国家统一考试，进入有权授予硕士学位的高等院校或科研机构学习的学生。通过硕士学位课程考试和论文答辩，成绩合格，达到下述学术水平者授予硕士学位：一是在本门学科上掌握坚实的基础理论和系统的专门知识；二是具有从事科学研究工作或独立担负专门技术工作的能力。

博士学位主要是授予在博士研究生阶段完成学习并达到毕业标准的学习者。博士研究生一般是经过考试进入有权授予博士学位的高等院校或科研机构的硕士学位获得者或同等学力者。通过博士学位的课程考试和论文答辩，成绩合格，达到下述学术水平者授予博士学位：一是在本门学科上掌握坚实宽广的基础理论和系统深入的专门知识；二是具有独立从事科学研究工作的能力；三是在科学或专门技术上做出创造性的成果。

(2)学位类型、学科门类

我国目前能够授予学位的类型包括学术型学位与专业学位。学术型学位按照学

---

①罗祥云：《我国学位的历史沿革与新中国学位制度的创立》，《学位与研究生教育》1991年第6期。

科门类授予，分别为哲学、经济学、法学、教育学、文学、历史学、理学、工学、农学、医学、军事学、管理学、艺术学学士学位/硕士学位/博士学位。专业学位虽也分为学士、硕士和博士三级，但一般只设置硕士一级。各级专业学位与对应的我国现行各级学位处于同一层次。专业学位按照专业学位类型授予，专业学位的名称表示为“××（职业领域）硕士（学士、博士）专业学位”。（如图 3－1）

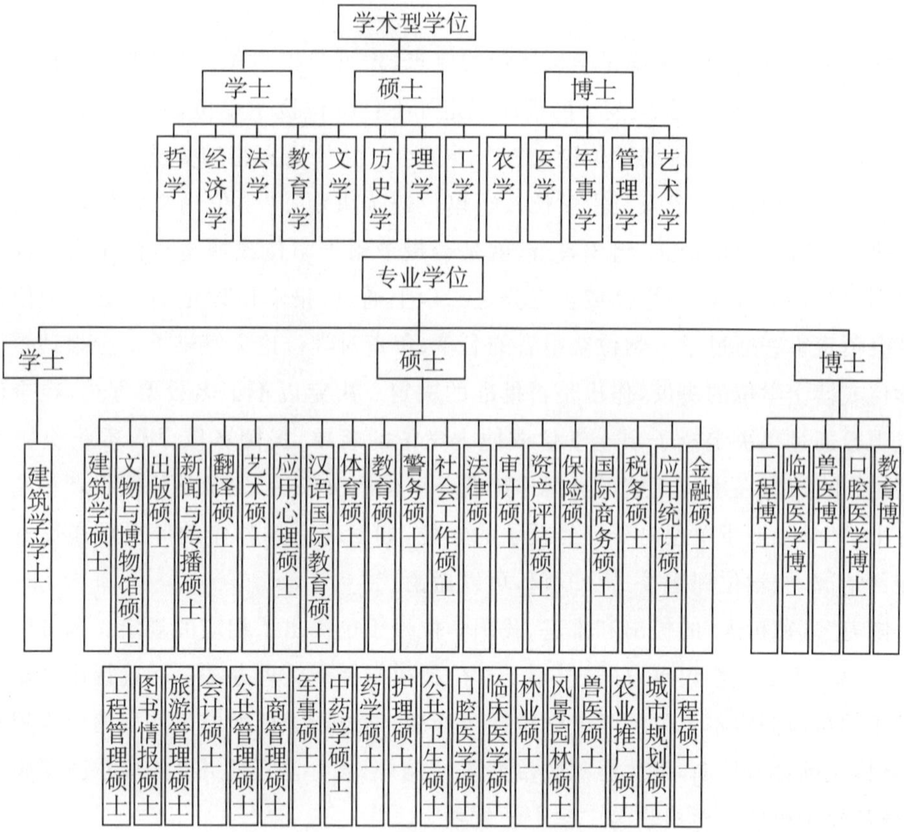

图 3－1　学术型学位与专业学位类型

此外，为了加强高校与社会之间的联系与各校资源之间的共享互通，《中华人民共和国学位条例》（2004 修正）规定：对于国内外卓越的学者或著名的社会活动家，经学位授予单位提名，国务院学位委员会批准，可以授予名誉博士学位。名誉博士是表彰国内外卓越的学者、科学家或者著名的政治家、社会活动家，在技术、经济、教育、科学、文化和卫生等领域，以及社会发展和人类进步事业中做出突出贡献的人，它是一种高级的荣誉性学术称号。国务院学位委员会《关于授予境外人士名誉博士学位暂行规定》对授予名誉博士学位的授予对象与条件、提名与审议等一系列问题做出了具体的规定，学位授予单位授予外国和我国香港、澳门、台湾地区的卓越学者、科学家或者著名政治家或者社会活动家和其他知名人士名誉博士学位。

（3）学位授予

我国学位授予采用的是由国家统一规定要求和授权，由各授权单位进行学位授予的办法。经过国务院学位委员会授权的学位授予单位按照国家的统一要求对学位申请人的学位申请进行审核并确定是否授予学位。《中华人民共和国学位条例》(2004修正)规定:“学士学位,由国务院授权的高等学校授予;硕士学位、博士学位,由国务院授权的高等学校和科学研究机构授予。授予学位的高等学校和科学研究机构(以下简称学位授予单位)及其可以授予学位的学科名单,由国务院学位委员会提出,经国务院批准公布。”

各级学位申请者必须满足学位授予的要求,才可获得学位。《中华人民共和国学位条例》(2004 修正)对学位授予的程序规定如下:“学位授予单位,应当设立学位评定委员会,并组织有关学科的学位论文答辩委员会。学位论文答辩委员会必须有外单位的有关专家参加,其组成人员由学位授予单位遴选决定。”“学位论文答辩委员会负责审查硕士和博士学位论文、组织答辩,就是否授予硕士学位或博士学位作出决议。决议以不记名投票方式,经全体成员三分之二以上通过,报学位评定委员会。学位评定委员会负责审查通过学士学位获得者的名单;负责对学位论文答辩委员会报请授予硕士学位或博士学位的决议,作出是否批准的决定。决定以不记名投票方式,经全体成员过半数通过。决定授予硕士学位或博士学位的名单,报国务院学位委员会备案。”“学位授予单位,在学位评定委员会作出授予学位的决议后,发给学位获得者相应的学位证书。”“学位授予单位对于已经授予的学位,如发现有舞弊作伪等严重违反本条例规定的情况,经学位评定委员会复议,可以撤销。”

随着“立德树人”的提出和推进,我国学位授予也提出了相应的规定。国务院学位委员会第三十五次会议审议通过《学士学位授权与授予管理办法》,明确提出:“学士学位授予单位应制定本单位的学士学位授予标准,学位授予标准应落实立德树人根本任务,坚持正确育人导向,强化思想政治要求。”此外,该办法还提出“自本办法实施之日起,学位授予单位不再招收第二学士学位生”。

3. 我国学位制度的改革趋势

经过多年不断摸索,我国在总结自身探索实践与借鉴国外经验的基础上,已形成比较完善的学位制度体系。但随着高等教育改革的深入推进,我国高等教育的学位制度也在不断改革发展。

(1)学位授予权的审定制度

学位授予权的审定制度要解决的是学位授予的法律依据和学位授予单位的资格问题,处理的是国家或社会与学位授予单位之间的法律关系。[①] 自 1981 年我国恢复学位制度以来,随着经济社会的发展,我国的学位授权审定制度也进行了相应的改革。我国的学位授权审定制度大致经历了中央集权阶段、审核权力部分下放阶段、部分高

①康翠萍:《学位论》,人民教育出版社,2005 年,第 165 页。

校自主发展探索阶段。[①]

最初我国对学位制度的审核权力,全部集中于国务院或国务院学位委员会,并且按照《中华人民共和国学位条例》(1980 年)及其暂行实施办法和国务院学位委员会于 1981 年 2 月发布的《关于审定学位授权单位的原则和办法》中有关规定进行学位授予的各方面工作。

随着社会经济的发展,教育体制改革不断深入发展,为了搞活经济、搞活教育,国家决定将学位授予审核权力逐渐由国家下放到高校。1986 年 4 月,国务院学位委员会发布的《授权部分学位授予单位审批硕士学位授权学科、专业的试行办法》中规定了各级各类学校自行审批硕士学位的授权学科、专业的学科范围和条件。与此同时,注重按需授权来审核学位授权点,学科范围中增加了应用学科的比重,并开展了自行审批,增列博士生导师的试点工作。

部分高校在经过以上阶段的试点以后,发展效果显著。因此,为推动我国高校继续深入发展,我国将学位授予审核权继续下放,部分高校迈入了自主发展的探索阶段。在博士点审批权方面,由已成立研究生院的高等学校、中国科学院部分研究所、中国社会科学院,扩大到已成立省级学位委员会的省区市。在审批学科方面,向热点应用学科倾斜,学位授予的学科结构更加合理。同时,审核工作向西部边疆少数民族地区倾斜,在一定程度上推动了西部地区高校的学科建设和高层次人才培养。

2012 年至今,我国学位授予权的审定制度不断深化改革,围绕学位授权审定实施的中央政府、地方政府和高校三类主体,围绕学位授权审定评价的行政和学术两类主体,构建起我国学位授权审定制度中的两级政府和高校三类实施主体并行,学位授权审定评价以学术主体评价为主、行政主体宏观统筹审批为辅,多元主体协同,具有中国特色的学位授权制度体系。[②]

(2)学位申请者的培养制度

学位申请者的培养制度要解决的是学位授予单位与学位申请者之间的教育关系问题。它所处理的是学位授予单位如何培养,学位申请者如何接受教育或通过学习达到学位授予单位所确定的标准等问题。[③] 自 1981 年恢复学位制度以来,学位申请者的培养制度也得到了发展,至今我国已经形成了多学科、多层次、多类型的人才培养体系。[④]

多学科是指我国学位申请者培养制度的学科门类多。目前,我国在哲学、经济学、法学、教育学和文学等 13 个学科门类的体系下,培养了一大批优秀人才。随着经济体制的改革和教育的发展,1993 年,中共中央、国务院印发《中国教育改革和发展纲要》提出实施“211 工程”,即面向 21 世纪,分期分批重点建设 100 所左右的高等学校和一

①张均、问青松、吴太山等:《学位点立项建设的探索与实践》,中国地质大学出版社,2005 年,第 29—30 页。

②梁传杰:《论我国学位授权审核制度之演进》,《研究生教育研究》2020 年第 1 期。

③康翠萍:《学位论》,人民教育出版社,2005 年,第 165 页。

④傅树京:《高等教育学》,首都师范大学出版社,2007 年,第 139 页。

批重点学科。许多硕士、博士的学科和专业被列入重点学科，也造就了一批高水平、具有特色的大学。

多层次是指我国实行的是三级学位申请者的培养制度。自《中华人民共和国学位条例》实施以来，我国一直实行的是学士、硕士、博士三级人才培养体系。从1985年起，国务院批准《关于试办博士后科研流动站的报告》，使我国博士后研究制度也逐渐走向完善。博士后研究者一般为博士学位获得者，并要有深厚的科研能力才能进行研究学习，可以说博士后研究学习是博士学位的顺承，并不能说博士后是我国的第四级学位。

多类型是指我国的学位培养制度分为不同类型。为了适应社会发展需求，国家大力发展专业学位，倡导学术型学位与专业学位并重。我国自1990年开始设置和试办专业学位教育，已基本形成了以硕士学位为主，博士、硕士、学士三个学位层次并存的专业学位教育体系。硕士层次专业学位有金融硕士等39种，博士层次专业学位有口腔医学等5种，学士层次专业学位有建筑学1种。我国已经初步建立了具有中国特色的专业学位教育制度，为社会主义现代化建设培养了大量高层次、应用型专门人才。

(3)学位质量的评价制度

学位质量的评价制度要解决的是科学的学位质量标准以及社会或学位授予单位如何评价学位质量的问题。① 科学合理的评价制度是学位制度良性发展的重要保障。国家为保证学位授予质量，从学位制度恢复开始，就建立了各级监督管理机构，对学位授予方面的工作进行全面的管理与监督。评价主体主要是由国务院、国务院学位委员会及其学科评议组、各地方学位委员会组成。评价的内容包括对学位授予单位的审定、学科授权评议、学位授予、质量评估、学位论文抽查和优秀论文评选等。

1980年的《中华人民共和国学位条例》对学位质量评价做了简单的规定："学位授予单位对于已经授予的学位，如发现有舞弊作伪等严重违反本条例规定的情况，经学位评定委员会复议，可以撤销。"由于当时我国实行的是计划经济体制，这一时期政府是学位质量评价的唯一主体。② 1985年，国务院学位委员会第六次会议明确提出：逐步建立各级学位授予质量的检查和评价制度。③ 同年5月，《中共中央关于教育体制改革的决定》提出："要组织教育界、知识界和用人部门定期对高等学校的办学水平进行评估"。这表明我国的学位质量评价体系在不断发展。

随着学位评价制度的发展，国家意识到以政府为主导的学位质量评价体系的不足，认识到社会评价和自我评估的作用。因此，1995年，国家教育委员会发布《关于进一步改进和加强研究生工作的若干意见》，提出："建立和完善研究生教育质量监督和评估制度，加强和改进评估工作。制定和完善有关法规、办法，使各项评估工作制度

①康翠萍：《学位论》，人民教育出版社，2005年，第165页。
②马晓华：《我国学位质量评价政策研究——一种政策内容分析的视角》，学位论文，沈阳师范大学，2009年，第27页。
③《国务院学位委员会举行第六次会议》，《学位与研究生教育》1985年第1期。

化、规范化。"

1998年,国务院学位委员会发布《关于授予具有研究生毕业同等学力人员硕士、博士学位的规定》,明确指出:"学位授予单位应建立健全质量保证与监督体系,对授予同等学力人员学位工作进行自我检查与评估。"重点突出了对学位质量的评价与监督。2002年国务院学位委员会、教育部颁发《关于加强和改进专业学位教育工作的若干意见》,提出:"建立和完善专业学位教育评估制度。"对于不同类型和不同层次学位的评价,扩大了学位质量评价的范围。2005年4月,国务院学位委员会印发《关于开展对博士、硕士学位授权点定期评估工作的几点意见》,明确了学位授权点评估的目的、对象、周期、程序和评估结果的处理办法等,是对评估工作经验的系统总结,完善了学位授权点评估制度。同月,国务院学位委员会又下发《关于2005年博士学位授权点评估工作的通知》(学位〔2005〕20号),规定了评估的范围、内容与方式,评估采取自我评估、基本状态评价和博士学位论文抽查三个环节进行,必要时组织专家进行实地考察。在此基础上,由国务院学位委员会学科评议组最终确定评估结果。学位质量评价的标准逐步科学化。2005年5月,国务院学位委员会办公室发布《关于"博士学位授权点自我评估报告"》(学位办〔2005〕31号),要求参评的各博士点进行自我评估并提交"博士学位授权点自我评估报告"。重点突出了学位授予单位的自我评价。2006年,国务院学位委员会下发《关于对定期评估博士学位授权点的学位论文进行抽查的通知》(学位办〔2006〕50号),提出:"对博士论文质量进行抽查既是博士点定期评估工作的组成部分,也是促进学位授予单位研究生教育质量保证体系建设、强化质量观念、保证和提高博士学位授予质量的重要措施。"一系列文件的发布,有力保证了我国学位授予的质量,促进了高等教育水平的不断提高。

2010年7月,《国家中长期教育改革和发展规划纲要(2010—2020年)》明确提出:"健全教学质量保障体系,改进高校教学评估。""加强管理,不断提高研究生特别是博士生培养质量。"2012年3月,《教育部关于全面提高高等教育质量的若干意见》指出:"牢固确立人才培养的中心地位,树立科学的高等教育发展观,坚持稳定规模、优化结构、强化特色、注重创新,走以质量提升为核心的内涵式发展道路。"这对加快学位质量评价体系的建设提出了更高的要求。2014年1月,国务院学位委员会、教育部下发了《关于加强学位与研究生教育质量保证和监督体系建设的意见》(附件中含有《学位授予单位研究生教育质量保证体系建设基本规范》),明确提出:"各省级教育行政部门和学位授予单位要加强领导,把学位与研究生教育质量保证和监督体系建设作为推进研究生教育改革与发展的重要内容,认真做好组织实施工作。"这是加快建立健全学位与研究生教育质量保证和监督体系的重要举措。

2019年10月,教育部发布《关于深化本科教育教学改革全面提高人才培养质量的意见》,指出:完善过程性考核与结果性考核有机结合的学业考评制度。加强考试管理,严肃考试纪律,坚决取消毕业前补考等"清考"行为。科学合理制定本科毕业设计(论文)要求,严格全过程管理,严肃处理各类学术不端行为。落实学士学位管理办法,健全学士学位管理制度，严格学士学位标准和授权管理，严把学位授予关。

学位质量评价制度的改革是高等教育评估制度发展的一个重大举措，也是我国高等教育内涵式发展的重要推手。同时，也有利于提高人才培养质量，促进教育现代化。

第三节　高等教育的招生考试制度

高校招生考试制度是高校招生的目的、方针和实施办法等的总称，是国家教育制度的重要组成部分，受国家政治和社会制度的影响，它包括招生政策、选拔形式、入学考试、录取方式等方面。[①] 作为相对统一和规范的人才选拔制度，招生考试制度往往是对一个国家特定时期的社会发展现状的反映。它既是人才选拔的开始，也是人才培养的基础。因此，完善的招生考试制度，既能保证国家选拔优秀青年进入高等学校，又能对普通教育质量的提高起促进作用。

一、高等教育招生考试制度的类型

从世界范围看，高等学校招生考试制度复杂多样，但各国根据自己的国情和特定的高等教育价值观，逐渐形成了带有本国特色的相对稳定的高等学校招生考试制度，概括起来，大致有以下几种方式。

1. 统一考试

一般由国家或社会的统一考试机构对申请进入大学的申请者进行统一的考核。其根本目的在于保证不同的高等学校学生入学水准的相对统一性，实行择优录取。统一考核形式有两种，较常见的是由国家或社会的统一考试机构对申请进入大学的申请者进行统一的考核。我国自 1978 年恢复高考制度以来，基本上实行全国统一考试的招生制度。1899 年，美国中部各州学院和学校联合成立大学入学考试委员会，统一大学的入学考试形式。之后，各大学组合或企业性质的考试服务机构也相继成立，较为有名的有“大学入学考试委员会”和“大学考试协会”等，它们负责组织高考命题、考试及评卷等活动，因此许多高等学校往往把此类民间考试服务机构提供的考试成绩作为录取新生的主要依据。日本于 1977 年成立大学入学考试中心，实行国立大学统一考试的高考形式，该考试一般分两次进行：第一次称为“国立大学第一次统一考试”，由考试中心统一组织，主要考核高中阶段的必修科目；第二次由各校根据自己的特点和要求组织考试，主要考核同专业有关的学术性问题。另一种统一考试形式，是以中学统

①陈晓云：《中外高校招生制度比较与研究》，《比较教育研究》2003 年第 4 期。

一的毕业考试代替大学统一的入学考试，如美国、法国、德国等国家，在国家或地区举行统一的中学毕业考试，考试合格者可取得进入大学的资格。1966 年调整后，英国的中学毕业生只有通过普通教育证书考试后，才有资格申请进入大学学习。[①] 普通教育证书考试由考试委员会组织，考核水平由英国教育和科学部所属的学校课程考试委员会负责监督和协调。尽管越来越多的国家采用统一考试的办法，但是许多国家的高等学校仍旧保留自行复试，尤其是一些名牌大学，统一考试的成绩只作为高校录取的条件之一，是否录取还取决于各校根据各自的标准组织的竞争性入学考试的结果。

2. 单独招生

有些国家为保证部分顶尖高等学校的学术水平，采取自行确定考试的范围和标准，实行自主招生方式。如英国的牛津大学、剑桥大学，自 1858 年便自行设置专门的招生机构，面向地方学生举办竞争性的入学考试，录取标准极其严格。美国高校在招生录取中享有充分的自主权，同时，学生也有选择入学的绝对自主权，高校与学生之间的自主双向选择权是美国高校招生考试制度的一大特色。高校可以按照自己的标准选择学生，如课外活动、特长和个性品质等；学生也可以根据自己的专业兴趣、爱好，甚至是对城市的偏爱对高校进行选择。大部分北欧国家的高等学校也采取各校单独考试的办法，由学校组织招生委员会负责入学考试与选拔录取工作。如瑞典高校在招录新生时，高校可以自主决定以某种形式的面试，或通过高等教育署的推荐录取学生。

3. 统一考试与单独招生相结合

实行统一考试与单独招生相结合，其根本目的在于更准确地把握考生的详细情况，避免一考定终身的弊病。实行统一考试和单独招生相结合的招生制度的国家，如日本，通常由具有独立法人地位的大学入学考试中心负责组织并实施全国统一考试，考生的成绩直接由考试机构送达考生所申请的大学，大学在收到考生统一考试成绩后，再次举办学校内部的自主考试，以此作为高校最终的录取依据。在英国，考生须先参加考试委员会组织的普通教育证书考试。普通教育证书分为一般水平和高级水平两级，考生在普通教育证书考试中，所有科目都达到高级水平后，才有资格申请参加牛津大学和剑桥大学这样的传统大学的单独入学考试，成绩合格后方可获得入学资格。

4. 推荐免试

近年来有些国家或高等学校比较重视学生在中学时的平时学习成绩，新生入学不必经过大学入学考试，只需有中学文凭，以及毕业考试成绩或高中阶段学习的成绩就可被录取入学。如美国的一些社区学院或综合大学，对入学志愿者不进行特别考试，

① 王立科：《英国高等院校招生考试研究》，学位论文，厦门大学，2007 年，第 136—137 页。

只要是中学毕业生或者具有同等资格的都可以入学。① 瑞典的高中毕业生可凭借高中毕业证书和高中学业评价申请进入高等学校读书。② 还有一些大学采取推荐免试招生制度，即学习者经所在中学推荐，就可以免试并且具备进入大学的资格。如日本，越来越多的大学在挑选新生时，保留一定的名额，让中学校长特别推荐。苏联高等学校对中学毕业时获得金质奖章和获得中等专业学校、中等职业技术学校优等毕业证书的考生，一般进行一门指定科目的考试，如考生得5分就不必再进行其他科目的考试，而报考冶金、采矿、运输、农业等专业的以上考生则可免试入学。③

二、我国高等教育招生考试制度的改革与发展

在我国当前高等教育改革的背景下，为了使招生考试制度更有利于促进教育事业的发展和提高人才培养的质量，需对现行的高校招生考试制度逐步进行改革。高校招生考试制度改革，要遵循新时期党的教育方针，坚持教育创新，满足社会经济发展对各类人才的需要，促进教育质量的提高和人的全面发展。既要有助于高等学校选拔人才，符合高等学校培养具有创新精神和实践能力的高素质专门人才和创新人才的需要，也要有助于中学实施素质教育与基础教育课程改革和考试评价制度改革相互协调、相互促进，又要有助于扩大高等学校办学自主权，实现高校的内涵式发展。

1.转变招生考试观念

国与国之间综合国力的竞争，归根到底是人才的竞争，这就要求我们的教育系统培养出大批素质高、能力强、有创新精神和创新能力的人才。因此，为了同国民经济发展相适应，同时也为了迎接知识经济时代的挑战，各大高等院校作为办学的法人主体，要选拔优秀人才，扩大自身的办学自主权，就要进一步转化思想观念，充分认识高考制度改革的必要性和紧迫性，大力推进高考制度进一步改革。在新一轮高校招生考试改革方案的实施过程中不断创新，除在高考的科目设置、高考内容、高考形式、录取方式等方面进行积极有意义的探索和实践外，还要积极探索选拔人才的途径、形式、方法等，“力求不拘一格降人才”。深化高考制度改革，逐步建立具有多种选择的、更加科学和公正的高等教育招生选拔制度，使之符合高校自身实际，同时确保选拔人才公平、公正、公开、规范和科学。

2.改革招生考试内容

为适应高等教育大众化发展和人才培养需要，2014年9月，国务院发布《关于深

---

①李守福：《发达国家高考制度述评》，《中国高校招生》1999年第1期。

②褚慧玲：《撩开瑞典高中学业评价与统一考试的面纱》，《外国中小学教育》2011年第6期。

③迟恩莲：《苏联高校招生考试的改革》，《比较教育研究》1981年第2期。

化考试招生制度改革的实施意见》,提出全国高考改革方案的大框架和总体目标。在此基础上,各省份根据实际,制订具体的高考改革方案。在高考考试内容方面,20 多省已公布的高考综合改革方案普遍强调共同基础,契合修订的学科课程标准,设置学科多样化的选考模块,满足各高校对不同专业人才的需求。各省份统一高考科目一般为语文、数学、外语 3 科。选考科目各地多采用“6 选 3”模式,从物理、化学、生物、政治、历史、地理 6 门中选考 3 门,浙江采取“7 选 3”模式,增加技术科目。同时,在考试内容的具体学科方面,语文学科响应中学教学的意见,设定文学类和实用类阅读方面的内容为必考知识点,注重学生基本能力和综合素质的训练,以适应高校对选拔人才的要求。生物学科关注学生能力的发展,在有关要求上进行调整,将与科学、技术和社会发展相关的重要事件修改成相关方面的突出业绩及社会热点问题。高考内容改革是高考改革的重点和难点:总体上更加注重对考生能力和素质的考查;命题范围遵循中学教学大纲,但不拘泥于教学大纲;试题设计增加应用型和能力型题目,各个考试科目的命题都要体现这些要求;要组织有关人员加强研究和实验,使之不断深化。

3. 调整招生模式

长期以来,我国高等教育推行的是以高考分数作为单一评价标准的传统招生模式。始建于 1952 年的高考是我国高等教育适应政治、经济和文化国情,发展到一定阶段的产物。但是我国高等教育目前正处于从精英化向大众化过渡的阶段①,高考作为招生的主要方式,已经无法满足当前教育事业的发展和提高高等教育质量的更高需求。为了能更好地保证高等学校录取新生的质量,改变过去高等教育招生以高考为主的统一考试模式,进一步扩大高校录取新生的自主权是必要的。2003 年,教育部实行扩大高校招生自主权的改革,允许北大、清华、北师大等 22 所著名高校自主录取 5%的新生。② 这些改革无疑对于我国高等教育招生考试制度改革意义重大,高等学校自主招生不仅有利于高校选拔合适的学生,有利于弥补统一高考的缺陷,而且促进了高等教育招生模式的改革。

从高考统招的传统模式转向实施综合评价的录取新模式。综合评价录取招生模式是指以高考为基础,以高校组织的综合素质与能力测试为辅助,兼顾中学学业水平考试,综合运用考生高考成绩、高校测试成绩和中学学业水平考试成绩作为录取依据的一种自主选拔录取模式。③ 作为高等教育人才评价与选拔的新模式,综合评价录取是对现行高考统招考试的重要补充。与高考统招考试相比,综合评价录取建立起了“综合评价”招生新模式,推进了“两依据一参考”的录取新机制,适应了“按专业投档”的招考新形势,带动了“高校为主体”的招生新格局。

---

①陈晓云:《中外高校招生制度比较与研究》,《比较教育研究》2003 年第 4 期。

②叶赋桂、李越、史静寰:《统一考试 自主招生——高校自主招生改革研究》,《中国高教研究》2010 年第 1 期。

③马天威:《高校综合评价录取的衔接:从生源竞争到科学选才》,《现代教育管理》2018 年第 12 期。

本章小结

高等教育制度改革既是我国高等教育改革与发展实践所提出的现实问题，也是理论问题；既是我国高等教育面临的问题，也是当前世界各国高等教育改革的相关问题。本章分别从国外总体发展历程与现状、国内发展历程与现状以及基于我国现状的改革趋势探讨了高等教育学校制度、高等教育学位制度和高等教育招生考试制度。旨在从宏观视角了解高等教育制度体系的基本概况，以及学习高等教育制度对我国建立现代高等学校制度，实现高等教育内涵式发展的重要意义。

复习与思考

一、简答题：

1. 简述我国高等教育的学制。

2. 简述高等教育招生考试制度的类型。

二、论述题：

1. 论述高等教育学位制度的发展。

2. 请结合实际，分析我国高等教育学位制度的改革趋势。

3. 试论述我国高等教育招生考试制度的发展。

第四章

高等教育的师生

吾之与学者相接也，教无不可施。吾则因其所可知，而示之知焉；因其所可行，而示之行焉。其未能知，而引之以知焉；其未能行，而勉之以行焉。未尝无有以诲之也。

——王夫之

要 论 提 示

- 高等教育教师是高等教育活动中的教育者、科研者和服务者。
- 新时期的大学生有其特有的学习特点与时代特征。
- 构建和谐的高校师生关系是高等教育长远发展的必然选择。

高等教育的教师与学生是高等教育活动的主要承担者，是高等教育系统中最基本的要素。高等教育的教师是高等学校的教育者，他们承担着科研、教学甚至管理的工作，是高等教育的重要组成部分。高等教育的学生，又称大学生，是高等教育的受教育者，是高等学校教学的主体，是社会未来的建设者。加强师资队伍建设、促进学生的发展是高等学校建设的重中之重。

第一节　高等教育的教师

百年大计，教育为本；教育大计，教师为本。2018 年 1 月，《中共中央、国务院关于全面深化新时代教师队伍建设改革的意见》将教师的作用与地位提升到一个新的高度。而高等教育的教师是一份特殊的职业，既有普通教师的特征，又具有高等教育教师职业本身特有的角色与任务。

一、高等教育教师的角色分析

自从人类社会有了实际意义的高等教育活动后，也就有了从事这一活动的高等教育教师。进入中世纪以后，正式的高等学校——大学的产生，促成了正式的高等教育教师的产生。根据《中华人民共和国教师法》，教师是履行教育教学职责的专业人员，承担教书育人、培养社会主义事业建设者和接班人、提高民族素质的使命。高等学校的教师，不仅承担着对学生的教育任务，而且还对国家的文化与科技、物质与精神的发展有着重要影响。因此，建设一支数量适当、结构合理、品德高尚、业务精良的教师队伍，是办好高等学校的关键。

1. 高等教育教师的角色

"角色"一词源于戏剧，自 1934 年米德首先运用角色的概念来说明个体在社会舞台上的身份及其行为以后，角色的概念被广泛应用于社会学与心理学的研究中。角色在社会学理论中指与人们的某种社会地位、身份相一致的一套权利、义务的规范与行为模式，它是人们对具有特定身份的人的行为期望，它是构成社会群体或组织的基础。角色是一个抽象的概念，不是具体的个人，它本质上反映一种社会关系，具体的个人是一定角色的扮演者。角色可以由不同的职位和岗位担任，职位、岗位和角色的综合表现形式就是相应的职位说明书、岗位说明书和角色说明书。

教师角色作为社会角色的一种，是教师根据相对稳固的社会文化预设的期望，明晰自己的权利与义务，外在表现出来的教师群体的行为模式。教师以这种特定的预期为标准或追求，有意识或无意识地依照预设的期望从事有关活动，以期得到社会对自己作为教师角色的认同。① 而古代荀子把教师纳入了天、地、君、亲的序列，认为“礼有三本：天地者，生之本也；先祖者，类之本也；君师者，治之本也”，认为“礼”是社会的最高规范，是立身处世的根本，而教师是传授“礼”和践行“礼”的示范者。②

(1)教师的社会化角色历史更迭

2018 年 1 月，《中共中央、国务院关于全面深化新时代教师队伍建设改革的意见》指出：“教师承担着传播知识、传播思想、传播真理的历史使命，肩负着塑造灵魂、塑造生命、塑造人的时代重任，是教育发展的第一资源，是国家富强、民族振兴、人民幸福的重要基石。”实则，教师的社会化角色在中西方的不同时期经历了阶段性的更迭演变。

教师的社会化角色在西方教育的发展过程中经历了相应的演变，最早可追溯到古希腊时期。一方面，以智者为师。在智者出现以前，西方古代道德教化和知识传承，以古希腊为例，长期以来主要通过诗歌和戏剧等艺术这样的大众传播方式实现。直到公元前 5 世纪左右，“智者运动”盛行，涌现出一批职业教师，情况才有了改变。而正如美国哲学家弗兰克·梯利在其著作《西方哲学史》中所言，智者这个词原来指聪明而有才能的人，但是，在这个时期它指的是职业教师。作为智者的教师主要有以下几点特征：他们拥有比同时代一般人更多的知识和智慧，或一些特定行业的技艺或技巧；他们传授的内容主要为辩论、演讲、修辞等。哲学家苏格拉底便是该时期颇负盛名的智者，他把哲学定义为“爱智慧”。他 40 岁以后在雅典和当时的许多智者辩论哲学问题，主要是关于伦理道德以及教育政治方面，被认为是当时最有智慧的人。他提倡人们认识做人的道理，过有道德的生活。另一方面，以导师为师。法国教育家卢梭主张教师应作为学生的导师，而不仅仅是教师。教师和导师的区别在于，教师的主要职责是传授知识，导师则把教育做人作为自己的主要任务。卢梭在其著作中指出：“我宁愿把有这种知识的老师称为导师而不称为教师，因为问题不在于要他拿什么东西去教孩子，而是要他指导孩子怎样做人。他的责任不是教给孩子们以行为的准绳，他的责任是促使他

①张洪、胡国荣：《终身学习背景下成人教育教师的角色转换》，《吉林省教育学院学报》2010 年第 9 期。

②刘雅静、孙世明：《高等教育理论与实践》，山东大学出版社，2005 年，第 232—233 页。

们去发现这些准绳。”①

我国教师在不同政治、经济、文化背景的各个时代，扮演着不同的社会角色，大致可以从以下四个时期对教师的社会角色的整体特征进行分析。这四个时期分别是：古代及封建社会早期；科举制度后封建社会；中华人民共和国成立到20世纪80年代；20世纪80年代末至今。

首先，在我国古代及封建社会早期，我们可以将教师的社会角色称为“圣贤”。所谓圣贤，是圣人和贤人的合称，指品德高尚、智慧高超的人物。具体而言，才德全尽谓之圣人，如至圣、画圣、医圣、书圣、智圣、武圣、酒圣和史圣……而贤人则指贤明有才德的人。如《说文》有言：“贤，多才也”；《庄子》有言：“以财分人之谓贤”。那么在该时期教师何以成为圣贤？唐代韩愈在其《原道》中指出：“古之时，人之害多矣，有圣人者立然后教之以相生之道，为之君，为之师。”在远古时代，由于生活条件恶劣，能干的人往往更能脱颖而出，教其他人如何战胜自然，生存下去，由此这些人便既是社会的领袖，又承担着教师的社会角色。通常来说，作为圣贤的教师有以下特征：其一，教师在这一历史时期具有极高的社会地位与声望；其二，与社会地位和声望相对应的是教师必须具备超人的智慧和高尚的品德；其三，教师所教的知识基本上属于原创性的知识，为了人类的生存，他们所教的知识具有一定的实践性，并带有很强的生产性。② 而有关教师是圣贤的论述在古文经典中数见不鲜，诸如《荀子·礼论》：“天地者，生之本也；先祖者，类之本也；君师者，治之本也。”《荀子·大略》：“国将兴，必贵师而重傅，贵师而重傅，则法度存。”

其次，在封建社会时期，人们将教师称作“卫道士”。此处的卫道士指在封建社会时期维护封建社会政治制度和伦理道德的人。封建社会的教师作为政治伦理的布道者和文化的传播者，是社会主流价值观念和社会文化的代言人，故为封建社会的卫道士。该时期的教师主要通过教育目标的政治化和教育内容的规定性等来捍卫其卫道士的身份角色。其中，教育目标的政治化主要指自学校产生之后，我国一直保持着“学在官府”“以吏为师”的传统。尤其当科举考试成为选士、做官的唯一途径之后，无论官学抑或私学都完全成了科举考试的附庸。继而，“学而优则仕”成为教育亘古不变、孜孜追求的终极目标。而教育内容的规定性主要指该时期的学校教育课程的内容具有明确的规定性，即封建伦理道德经典成为学校课程的主要内容，颇负盛名的如儒家经典“四书”“五经”，与古代学子的仕途理想与政治伦理联系密切。总体而言，该时期作为卫道士的教师具有如下特征：其一，教师的社会地位开始下降，唐朝韩愈在《师说》中感叹：“嗟乎！师道之不传也久矣。”其二，教师的教学工作在一定程度上失去了其原创性和生产性，更多的是解释与复制先贤圣人的著作。其三，教师由于其自身地位与素

①卢梭：《爱弥儿》，李平沤译，商务印书馆，2007年，第31页。
②张宁娟：《中西教师文化的历史演变》，《教师教育研究》2006年第2期。

质的滑落,逐渐沦为一个劣等职业。① 正如,柳宗元在《答韦中立论师道书》中指出:"孟子称'人之患在好为人师'。由魏、晋氏以下,人益不事师。今之世,不闻有师,有辄哗笑之,以为狂人。"甚有,宋朝郑思肖在其著作《心史》中的惊人阐述:"一官、二吏、三僧、四道、五医、六工、七猎、八民、九儒、十丐。"可见,该时期教师身份地位的沦落。

再次,自中华人民共和国成立到 20 世纪 80 年代,教师在这一时期所扮演的主要是"公仆"的社会角色。所谓公仆,是指为公众服务的人,是中华人民共和国官员的新形象。教师被视为具有忘我精神、奉献精神的服务者,在当时人力、物力、财力都极度匮乏的情况下,国家只能以教师的奉献换来教育的发展,以教师的牺牲减轻国家的经济负担,从而促进教育和整个社会的发展。而作为公仆的教师通常具有以下特征:一方面,甘于清贫,心系学生,甚至抱病坚持工作,有"我不下地狱,谁下地狱"的奉献精神,是人民群众心中光荣而伟大的教师。正如中国版乡村女教师王生英,纵使因幼时患脊髓灰质炎落下残疾,仍以顽强的意志扎根山村 30 余载,为了让山区孩子更好地学习登门授课,并将自己的家改造成"复式教室"。另一方面,具有"无我"的高尚品质,甚有"师生情大于亲情"的说法,且该时期涌出了一个又一个生动的公仆形象,如蜡烛、春蚕、园丁等,反映出教师的一种"无我"的精神。正如中国著名人民教育家于漪,坚持教文育人,从学生实际出发,坚守"在讲台上用生命唱歌"的教育理念,被誉为"精心育人的一代师表,潜心教改的一面旗帜"。纵使教师重要、伟大,教师职业光荣,但在鼓励教师具备服务意识与牺牲精神的同时,也不能人为地拔高教师作用,更不能以牺牲教师个体的基本利益为代价。② 为国家和人民服务的意识和牺牲精神值得弘扬,但切不能以牺牲教师的职业基准为前提。

最后,20 世纪 90 年代以来,教师的社会角色发生了深刻变化,尤其是作为教学人员的教师,在理论和实践领域都被视为具有专业属性的专业技术人员。1994 年,我国开始实施《中华人民共和国教师法》,规定"教师是履行教育教学职责的专业人员",第一次从法律角度确认了教师的专业地位。1999 年,《中华人民共和国职业分类大典》首次将我国职业归并为八大类,其中教师(教学人员)则属于"专业技术人员"一类。我国学者对教师专业素养的探讨主要集中在教师职业信念、教师知识结构、教师能力体系、教师的教育理念与教师职业道德五个方面。

综上可见,在不同时代,教师的社会地位受政治、经济、文化发展的影响而呈现不同的特征。

(2)现代高等教育中教师的角色

首先,高校教师是教育教学人员。《中华人民共和国高等教育法》规定"高等学校应当以培养人才为中心,开展教学、科学研究和社会服务",即高校在人才培养、科研和

---

①张宁娟:《中西教师文化的历史演变》,《教师教育研究》2006 年第 2 期。

②同上。

社会服务三大任务中,应以教学为本。① 高校教师将科学知识、技能传授给学生,帮助学生身心健康发展,促进学生的专业成长和全面发展,通过各种课程和学术活动把学生培养成社会需要的高级人才。欧洲大学倡导的"自由教育"和美国大学倡导的"通识教育"就是要把大学生培养成全面和谐发展的、个性凸显的创造型人才,不单要"成才",更要"成人"。在大学中,教师是与学生接触最密切的人,对学生的人格塑造、知识发展、能力提升和职业选择或人生规划起着关键的作用。② 就此而言,教师作为教育者的责任重大,理应把教育者的角色放在一切工作的第一位,处理好教育教学同科学研究、社会服务之间的关系,有效落实我国教育立德树人的根本任务。

其次,高等教育教师是科学研究者。自1809年柏林洪堡大学创建以来,科学研究就已成为大学的中心工作之一。研究任务也对高等教育教师发展产生重要影响,学术科研成果和科研经费数额成为对高校教师评聘和评价最重要的指标或标准。但评价机制看重的是论文的数量和层次、科研项目的档次和经费数额,至于其具体效果如何、社会效益如何,不是考核的内容。相应地,研究者也成为高等教育教师的代名词。③ 由于高等教育的专业性强,高等教育教师的教育教学也必须体现高深学问的理论与实践价值。换言之,高等教育教师必须具备高深的学问和崇高的人格,否则难以胜任大学教育者的角色。因此,高等教育教师必须同时也是一个研究者。正如,雅斯贝尔斯所言:"最好的研究者才是最优良的教师。只有这样的研究者才能带领人们接触真正的求知过程,乃至于科学的精神。只有他才是活学问的本身,跟他来往之后,科学的本来面目才得以呈现。通过他的循循善诱,在学生心中引发出同样的动机。只有自己从事研究的人才有东西教别人,而一般教书匠只能传授僵硬的东西。" ④ 并且,在大数据高速发展的时代背景下,信息技术对教育发展产生着愈发深刻而重要的影响。高等教育教师须秉持终身学习的理念,紧跟时代步伐,把研究所获得的最鲜活的学术知识带到大学课堂,引领学生富有想象地对高深学问进行探讨,让学生在知识的熏陶中砥砺品性、增进智慧。

最后,高等教育教师是服务者。高等教育教师作为服务者,有两层含义:一是为社会发展贡献才智,促进物质文明的发展;二是为社会发展贡献思想,引领社会正义与公平,成为社会代言人。⑤ 一方面,从教师的社会性来说,服务社会是教师专业内在的职责和精神,即为社会主义建设培养德、智、体、美、劳等方面全面发展的建设者和接班人,为我国高等教育发展培养一流人才;另一方面,高等教育教师的学术性也要求其从事学术知识的应用活动,将学术理论成果及时地转化为社会科技发展的生产力。因此,高等教育教师也是一个服务者,开展相应的科技成果转化、人才培训、学术报告、发

①李荣华、朱古月、弋顺超:《高校教师教学与科研互构的文献综述》,《教育教学论坛》2019年第47期。

②李云鹏:《论大学教师的角色冲突》,《教育学术月刊》2012年第4期。

③同上。

④雅斯贝尔斯:《什么是教育》,邹进译,生活·读书·新知三联书店,1991年,第152页。

⑤李云鹏:《论大学教师的角色冲突》,《教育学术月刊》2012年第4期。

展规划、政策论证、咨询建议等活动，为地方和国家经济发展做出相应贡献。实际上，教师作为服务者获得的回报往往也是丰厚的，不仅能得到相应的物质回报，还能收获一定的教育影响力和社会声望。另外，高等教育教师在运用学术知识开展社会服务的过程中还能发现实践和学术理论无法解决或还未发现的问题，从而激发教师进一步开展综合学术研究的潜力和动力。与此同时，教师通过开展社会服务而发现的相应问题或现象可以成为不错的教学案例或素材，从而引导学生关注学术理论向生活实践转化。纵使服务者的角色在社会价值、个人价值以及经济价值上会对高校教师产生巨大吸引力，但大学教师切不可为了扮演这类角色，而忘记了本职工作和基本角色——教育教学和教育教学工作者。

2.高等教育教师的任务

与高等教育教师的角色相对应，高等教育教师的任务也包括三个方面，即教育、科研和社会服务。

(1)作为教育者的任务

教育者是大学教师最基本的社会角色，培养人才是大学教师的第一要务。而其教育任务，主要分为“教学”和“育人”两大板块。

一方面，高等教育教师要履行其教学义务，传授知识，引导学生掌握学科专业的基础理论、基本技能和技巧，培养和发展学生的智力和能力，是高校教师的基本职能。而随着社会的高速发展以及我国高校扩招计划的相继落实，高校教师的教学职能也在随之不断变化。首先，高校教师从课堂“独奏者”转向“伴奏者”。教师在传统教育中以知识的独占者和传授者的身份被看作知识权威。① 当下，大数据高速发展，教师不再是高深知识的独占者，学生亦可以通过互联网等信息技术了解到最新、最全的学科资讯。并且，信息技术的快速更迭对高等教育传统教学也产生了巨大冲击。高校教师必须跟紧时代步伐，革新自我的教育教学理念和课堂教学方式，满足大学生真实的课堂学习需求。其次，高等教育教师从“知识的传播者”向“智能开发者”转化。当下，以开发智力、培养能力为主的新型教学模式正在取代传统的以教授已有知识为主的教学模式。② 教师不仅需要具备扎实的知识教学能力，还需具备唤醒或激发学生实践创造潜力的能力，帮助学生认识自我、发展自我、实现自我，具备未来社会发展所需的必备品格和关键能力。再次，高等教育教师从单纯的“指导者”转向“指导与合作者”。③ 因此，高等教育教师在教学时应转变其传统的“教师中心”理念，把握大学生的身心发展特点，尊重其兴趣爱好与合理需求，创新教学方法与评价手段，着力培养学生的批判性思维、创造能力、反思能力、问题解决能力等可迁移能力，促进学生真正高效地学习。

---

①刘雅静、孙世明:《高等教育理论与实践》，山东大学出版社，2005年，第236页。

②同上。

③同上。

另一方面，高等教育教师要履行育人义务，为我国高等教育实现立德树人的根本任务提供必要的智力支持。高等教育教师要厘清我国高等教育“为谁培养人，培养什么样的人以及如何培养人”的问题。《中共中央、国务院关于全面深化新时代教师队伍建设改革的意见》中指出：“当今世界正处在大发展大变革大调整之中，新一轮科技和工业革命正在孕育，新的增长动能不断积聚。中国特色社会主义进入了新时代，开启了全面建设社会主义现代化国家的新征程。”故而，我国高等教育教师作为社会未来栋梁的培养人更应为国家的人才质量把好关，培养有社会主义觉悟的新时代杰出青年。因此，高等教育教师绝不能把教书和育人割裂为二。早在《礼记》一书中就已指出：“师也者，教之以事而喻诸德者也。”德国教育家赫尔巴特也认为：“教学如果没有进行道德教育，只是一种没有目的的手段。”并且，高等院校的“双一流”建设也需教师牢牢把握立德树人这个根本方向。“我国高等教育肩负着培养德智体美全面发展的社会主义事业建设者和接班人的重大任务，必须坚持正确政治方向。高校立身之本在于立德树人。只有培养出一流人才的高校，才能够成为世界一流大学”。[①] 可见，高等教育教师应履行教书育人的义务，转变陈旧的教育教学观念，通过思政课程建设、党组织建设、心理健康教育、辅导员队伍建设等方式关心学生的成长发展，以身作则，为大学生健康发展树立一个良好榜样。

(2)作为研究者的任务

大学教师作为研究者，指的是大学教师不仅要传授已有的优秀人类文化和科学文化知识、技能，还要进行科学研究，创新知识、发展文化。作为研究者的大学教师有相应的责任与任务。这种责任与义务可以从多方面来描述。首先，高等教育教师应遵守科学研究道德，践行实事求是的科学原则，在科学研究的过程中严格遵守相应的学术规范和道德，为大学生的科学研究树立学习的标杆；其次，高等教育教师应坚持科学服务于人类的方向，即高等教育教师的科学研究成果不仅要促进科学理论的革新完善，还能转变成相应的科学生产力，促进社会生活的发展进步以及全人类的繁衍生息。高校教师需要通过科学研究不断提高自己的学术水平，掌握科研规律和治学方法，丰富教学内容，在提高自身科研能力和增加科研产出的同时，也要帮助学生培养科研意识、提升科研能力。

(3)作为服务者的任务

随着时代的发展，高等教育与社会经济发展、科技进步有着愈发密切的联系。教育，尤其是高等教育作为社会大系统的一个有机组成部分，应该充分发挥为社会服务的功能。据此，大学教师在教育教学与科学研究之余，应努力促使个人的学术研究、科学创新成为推动文化繁荣、社会进步的重要动力。作为社会服务者的大学教师，要承担社会服务者所应承担的社会责任与使命，其责任的核心就是通过社会文化批判而促进社会文化的发展，通过大学教育培养能适应未来社会发展的新时代人才，通过科学

①王荣、李联明：《“双一流”建设重在立德树人》，《清华大学教育研究》2017年第5期。

研究成果与实践结合而促进社会的进步。因此,作为现代大学的教师,不仅要在大学校园组织教学、参与科研,还要以“学者”“专家”的身份参与社会活动,运用自己所掌握的科研成果,通过学术报告、科技咨询、人才培养、校企合作、国际合作、创新创业等方式推进科研成果转化为社会生产力,为社会的发展和进步服务。然而,不恰当的社会服务会危害纯正的学术研究。美国哈佛大学前校长德里克·博克就指出:“大多数人担心的是,技术应用开发项目会模糊大学作为知识和学术探索中心的义务,因为它会使学术研究事业带上一个强有力的新动机——追求商业效益和经济效益。”①而更深刻的忧虑则在于,大学与企业之间的这种新关系是否会使科学失去其自由,使大学的理念和理想发生异化,“技术转让领域新出现的问题之所以令人不安,不仅仅是因为它可能会改变大学内学术研究的惯例,而且还因为它对学术研究的中心价值观念和理想构成了威胁”。② 可见,在社会高速发展的时代背景下,高校教师的职能任务受到多种因素的影响,还需高校教师正确对待、合理选择。

3. 高等教育教师劳动的特点

高等教育教师劳动的特殊性主要表现为内容的专业性和高深性、过程的复杂性和创造性、成果的不易评价性、时空的无限性和形式的多样性、群体性等。③

(1)高等教育教师劳动内容的专业性和高深性

大学是知识传递和生产的场所,高等教育教师承担着知识生产与传递的责任。大学教学内容不是笼统的知识,而是分门别类的专业知识,具有专业性和高深性;大学教学内容具有前沿性、实践性和探索性,于科学理论的基础上探寻宇宙的奥秘;大学教学内容具有一定的个别性和不确定性,其研究成果是生成的、建构的,而不是预设的;大学教学内容具有组合性、地方性、实践性,是核心知识与地方知识的结合,其教学设计、教学实施与地方生产实践需要联系紧密;大学是“传递和创造高深知识和方法的社会机构”,大学教学内容就是“各民族中比较深奥的那部分文化的高深思想和有关技能”。因此,大学的教学内容并非一般的知识,它具有专业性和高深性的特征,是在一般文化知识、技能基础上形成的,不仅包括最新科学技术成果,还包括各种学术流派和学术观点以及需要进一步研究和探讨的问题。

(2)高等教育教师劳动过程的复杂性和创造性

马克思认为,简单劳动是指不需经过专门训练,一个身体健康的人即可从事的劳动。复杂劳动是指需要经过专门的培养和训练,掌握了一定的知识和技能的人才可以从事的劳动。而高等教育教师的劳动对象是大学生、研究生,培养的目标是高级的专门人才,其教育工作具有学术性和探索性,这就决定了高等教育教师劳动过程的复杂

①李云鹏:《论大学教师的角色冲突》,《教育学术月刊》2012年第4期。

②德里克·博克:《走出象牙塔——现代大学的社会责任》,徐小洲、陈军译,浙江教育出版社,2001年,第160页。

③张柏清、孙泽文:《论大学教师的劳动特点》,《教育与职业》2006年第5期。

性和创造性。①

高等教育教师劳动具有复杂性，这是因为：第一，高校教师的劳动对象是具有思想、情感、理性以及一定的生活经验、科学文化知识和抽象思维能力的青年或成人。故而，学生来源、经历、年龄不同以及在生理、心理发展及知识水平等方面存在的差异，形成劳动对象的复杂性、多样性以及劳动过程的艰巨性和不确定性。如若高校教师没有积淀足够的教学经验和深厚的专业知识，很难应付学生日益个性化、多元性的学习需求。第二，高等教育教师劳动的职责是多方面的。既要教书，又要育人；既要传授知识，又要发展学生的智力、能力；既要使学生在毕业后能适应社会发展的需要，又要使他们适应现有的社会关系和社会生活方式。这些复杂繁重的职责要求教师必须紧跟时代步伐，关注社会发展的现实需求，通过自身艰苦细致的劳动去培养推动社会发展的未来人才。第三，高等学校教师劳动的能力需要是复杂的。高校教师不仅需要掌握该学科领域的专业知识和科研能力，还必须具备相应的知识转化能力。这不仅要求高校教师具备相应的教学、科研能力，还要具备一定的社会交际、群体协作能力，从而更好、更快地将自己的科研成果推广、宣传出去，达到产学研结合的理想状态。第四，高等学校教师的劳动具有时空无限性的特点。实则，高校教师要充分认识、掌握、改变其劳动对象，把人在发展上的无限可能转化为教育目的、培养目标要求的现实性，其所需付出的实践精力是难以估算的。② 因此，高校教师还需以身作则，以自身的实践行动和综合能力给学生做积极的示范。

高等教育教师的劳动具有创造性。随着社会的发展与知识经济时代的来临，大学教育中的新情况层出不穷，各种文化和学术观点相互激荡，要求教师工作具备一定的创造性，从而去面对新情况、新挑战。具体而言，高校教师劳动的创造性主要体现在以下三个方面：第一，教师向学生传递的科学文化知识和生产技艺具有深、广、新的特点，这要求高校教师必须站在自然科学和社会科学研究的前沿，不仅要在教学和科研中掌握、运用本学科有关的新知识、新技艺，而且还要主动探索创新本学科领域自己感兴趣的新知识、新技艺。第二，教师向学生传授知识、培养学生各种能力的过程中，也需要开展创造性工作。教育对象的个体差异要求教师既要遵循高等教育和教学的一般规律和原则，又要根据学生的具体情况创造性地使用不同的教学方法，有目的、有计划地引导学生独立进行思维活动，充分发挥学生的创新性思维、情感和意志，帮助其将所学知识转为智力和能力。第三，高校教师的专业发展需要学术创造力作为智力支撑。高校教师的职称评定、绩效考核都要求高校教师进行科研创新，以革新科学技术和文化，推动国家政治、经济、文化与科技的发展。正如，世界上许多有突破性的科学理论和尖端技术是大学教师提出的，许多关键性的应用科学技术问题也是由大学教师解

---

①方展画：《高等教育学》，浙江大学出版社，2000年，第118页。

②刘雅静、孙世明：《高等教育理论与实践》，山东大学出版社，2005年，第240页。

决的。①

(3)高等教育教师劳动成果的不易评价性

高等教育教师的劳动成果主要是学生的发展和科学研究成果。人的成长和发展需要一个过程,所谓“十年树木,百年树人”,作为促进学生发展的高等学校教师的劳动具有长效性。大学生在校期间的成长进步很难用量化的方式测评,而且并非所有科研成果的效用都能立竿见影。大学生的培养质量不仅体现在其大学时光中,更体现在其毕业后漫长的人生中。科研成果对学科发展的理论关照以及投入社会实践转为科技生产力的过程也具有长期性。可见,高等教育教师劳动成果具有不易评价性。评价高等教育教师的工作既要考虑学生的发展现状和未来潜力,又要考虑其科研成果的潜在效益和社会价值。因此,高校教师管理者不能过分追求精细量化的管理方案,更不能轻易地对教师的劳动做出肯定或否定的评价,而应体现定性和定量相结合的原则,完善高校教师职称评定制度,不挫伤教师劳动的积极性。正如2018年《中共中央、国务院关于全面深化新时代教师队伍建设改革的意见》指出:“推动高等学校教师职称制度改革,将评审权直接下放至高等学校,由高等学校自主组织职称评审、自主评价、按岗聘任。条件不具备、尚不能独立组织评审的高等学校,可采取联合评审的方式。”

4.高等教育教师劳动的素质要求

第一,崇高的师德。“学高为师,身正为范”,我国历来有重视师德的传统,高等教育的教师需要具备崇高的师德,以对学生和其他社会成员起到榜样作用。教师要有忠诚于教育事业的奉献精神,方能更好地激发学生对自己专业学习的认同、对自己未来职业的热情和崇高的使命感。教师在个人品格上要自信、坚毅、正直、诚实、谦虚、廉洁、守纪,只有这样才能给学生留下好印象,从而培养学生的健全人格,落实立德树人的根本任务。

第二,广博的文化知识和精深的专业知识。具有广博文化知识的教师才能把学生引向未来的人生之路。知识渊博的教师往往更能赢得学生的信赖和爱戴,不仅其能拓展学生的精神世界,还能激发学生的求知欲。② 与此同时,精深的专业知识不仅能帮助教师更好地进行科学研究,促进其个人专业发展,也能帮助学生深刻理解所学专业,从而激发其学习内驱力,进行相关的学术研究。因此,从事高等教育的教师既需要广博的文化知识,也需要有精深的专业知识。

第三,过硬的科研和实践能力。科研是高等教育教师的基本任务之一,教师知识的更新和对学生的培养都需要教师在科研上有所成就,因此过硬的科研能力是高等教育教师的基本素质之一。同时,高等教育教师社会服务者的角色,也要求其具备相应的社会服务的能力,积极参加社会调查和社会实践,参与相应的校企合作项目,努力提

---

①徐辉、季诚钧等:《大学教学概论》,浙江大学出版社,2004年,第49页。

②王维红:《试论高校教师的基本素质》,《职业时空》2006年第10期。

高运用理论分析、解决实际问题的能力。

第四，良好的身心素质。在现代生活节奏日益加快的时代背景中，高校教师唯有具备强健的体魄、旺盛的精力，才能胜任长时间、高强度的教学、科研工作以及社会服务工作。除了强健的体魄和旺盛的精力，高等教育的教师还需要具备良好的心理素质，包括创新精神、协作精神、心理承受能力、坚强的意志、顽强的毅力和交际能力等。①

5. 高等教育教师的社会责任

高等教育作为教育一个重要的组成部分，与整个人类社会的发展，包括政治、经济、科技、文化等方面密切相关，并在这个层次上形成它的目标、规划、结构，表现出它的功能、性质、地位。为了履行其功能，高等教育的实施主要是通过设立各级各类高等学校来进行的。对高等教育的功能讨论，有的学者认为高等教育的功能只是"开发和培养人的智力和能力"，也有的学者认为是"发展人的素质，提高人的价值"，然后再由人到社会上去外在表征其功能。但那是间接的，教育的对象是人，教育的功能只能是"培养人"。另一种对立的观点认为，高等教育有政治的、经济的、文化的、思想的、科技的等多种功能。② 而高等教育教师作为其功能发挥的实施主体，有着自身特有的社会责任，对高等教育和未来社会的发展起着举足轻重的作用。

社会责任所体现的是基于社会分工所产生的社会对置身于其中的不同社会成员应尽义务的不同期待和角色要求。个体的社会责任直接源于不同的社会分工，特定的社会分工角色决定了相应的社会责任。社会责任所体现的就是分工角色所产生的，社会对置身于其中的不同社会成员应尽义务的不同期待和要求。③目前，我国社会正处于社会主义现代化转型加速时期，面临着深度、广度和难度三重难题。社会转型直接关涉社会的各个方面，包括政治、经济、文化、价值观念和生活方式等方面的变迁与发展。无疑，我国社会急剧转型的时代背景需要高等教育教师以专业知识分子的身份参与到对于这些公共问题的商讨之中，对这个转型过程进行研究，体现出专业知识分子应有的公共关怀，为社会发展做出应有的贡献。因此，高等教育教师需要基于自身的存在方式和角色要求承担起应有的学术使命，践履相应的社会责任。

二、高等教育教师的专业发展

高校教师是高校中最重要的人力资源，也是实现高质量高素质人才培养的重要前提条件，而教师的专业发展是提升高等教育水平的重要手段。

---

①杨德广：《高等教育学概论》，华东师范大学出版社，2010年，第105页。

②梁德军：《高等学校社会职能与高等教育社会功能的概念和关系之辨析》，《广州广播电视大学学报》2002年第3期。

③刘楠：《论高等教育研究者的社会责任》，学位论文，湖南师范大学，2015年，第1,29页。

1. 高等教育教师专业发展的内涵

专业(profession)一词最早是从拉丁语演化而来的,原意是公开表达自己的观点或信仰。汉语中的"专业"指"专门从事某种学业或专门的学问"。社会学上指"通过特殊的教育或训练掌握了已经证实的认识、科学或高深的知识,具有一定的基础理论的特殊技能,从而按照来自特定的大多数公民自发表达出来的具体要求,从事具体的服务、工作,借以为全社会利益效力的职业"。[①] 而社会学家卡尔·桑德斯认为:专业是指一群人从事一种需要专门技术的职业,需要特殊智力来培养和完成的职业,其目的在于提供专业性的服务。总的来说,对于专业的认定,国际上通常有三条公认的标准:第一,其成员的服务实践有系统的理论做依据,有专门的技能做保证,有不断的研究做支撑;第二,其成员把服务对象的利益放在首位,有严格的职业道德规范;第三,其成员的行为不受外力的限制,有专业性的自主权。[②]

1966 年,联合国教科文组织在《关于教师地位的建设》中提议:教师应该被当作一种专门职业,是一种必须经过严格训练且持续不断地研究才能获得资格的职业类型。1986 年,在国家统计局、国家标准局联合发布的国家标准《职业分类和代码》中,教师职业被列在"专业、技术人员"这一大类中。自此,教师同律师、医生、工程师等一样,开始明确成为一种专业。

而专业发展作为高等教育教师自我完善、提高职业素质和职业地位的一个动态、发展、终身的学习过程,是提高高等教育教师素质、修养和技能的重要途径。[③] 对高等教育教师专业化的内涵可以从静态和动态两个角度加以理解。从静态角度来看,教师专业化是指教师职业的"专门化",是指教师职业在由普通职业向成熟专业发展的过程中所处的状态和性质,像医生、律师那样作为一种专业得到社会的普遍认同;从动态角度来看,教师专业化是指高等教育教师在整个专业生涯中,职业群体的整体素质、教育教学工作的专业化水平以及专业地位不断提升的过程。前者强调发展的状态和结果,后者强调发展的过程。教师专业发展是教师内在专业结构不断更新、演进和丰富的过程,[④]是教师由非专业人员成长为专业人员的过程。

2. 高等教育教师专业化的必要性

"社会职业有一条铁的规律,即只有专业化才有社会地位,才能受到社会的尊重。如果一个职业是人人可以担任的,则在社会上是没有地位的。教师如果没有社会地位,教师的职业不被社会尊重,那么这个社会的教育大厦就会倒塌,这个社会也就不会

---

①高晓清:《从经验性实践到专业性实践——从教师教育的发展历程比较看教师的实践性特点》,《教育研究》2009 年第 2 期。

②袁锐锷:《教师专业化与高素质教师:经验、理论与改革实践》,广东高等教育出版社,2007 年,第 13 页。

③刘恩允、韩延明:《大学教师专业化的内涵、问题与对策》,《教育发展研究》2007 年第 11 期。

④叶澜、白益民、王枬等:《教师角色与教师发展新探》,教育科学出版社,2001 年,第 226 页。

进步。”[①]教师属于一个专业领域，需要经过专业训练才能胜任，需要专门的任职资格，教师的专业化是一种必然，是教师本身的职业特征和时代发展的必然要求。

第一，知识与信息时代的必然。在知识与信息爆炸的时代，知识与信息海量化使社会个体的学习负担加重，需要在知识学习方面投入更多的时间与精力。在日益庞杂的知识储备以及细胞分裂般的知识更新面前，所谓的“通才”成了“蜻蜓点水者”或科普工作者的代名词，传统的“学徒式”知识生产方式已经变得难以为继。[②] 由此，在海量的知识与信息面前，专业化是必然的，因为人不能掌握所有的知识和技术。在知识生产上，我们已经无法如亚里士多德等人一般成为“百科全书”式的人才，因此，分门别类地进行专业化工作更符合时代的要求。这要求高等教育教师不断发展自己在学术工作中的业务能力和对职业前途的驾驭能力，以提升自己在学术生产中的竞争力。

第二，高等教育教师角色的需要。随着社会的进步，以知识为基础的职业阶层成了劳动力增长最快的部分，这也在某种程度上助推教师的专业化发展。高等教育教师既是教育者，又是科研工作者和社会服务者，在文化知识生产、构建和传承中的作用也是越来越大，“专家社会”要求他们必须走向专业，所以他们在保存、传授、更新、创造文化知识的活动中日益成为“专家”。而高等教育教师作为知识分子，其权力的本质在于，他们掌握了一定的文化资本，而这些文化资本又需要专业人员经营。所以，随着文化资本在人类社会发展中的作用日益重要，高等教育教师必须是接受过专业化训练、有着较高专业素养的专业工作者。[③]

第三，学科分类与专业细分的结果。随着知识积累过程的加速推进，知识的形态和疆域也在不断地分化和调整，哲学包容涵盖一切知识成果的局面被打破。当某些专门知识领域发展到比较成熟的程度，就摆脱哲学怀抱，自立门户，寻求自主发展。人类的知识“图景”也由哲学独霸天下的大一统格局向具体学科领域分疆而治发展。[④] 在学科门类庞杂、专业分类越来越细化的今天，高等教育教师在其工作道路上更倾向于在某一个具体学科领域纵深地成长，这就是学科分类细化与专业细化的结果。

3.高等教育教师专业化的途径与策略

高等教育教师的专业发展是一个动态的过程，教师在其成长过程中由对岗位的适应渐渐转向称职，再慢慢发展成为成熟且有创新能力，高等教育教师需要在这个过程中保持积极进取的学习劲头，为成为一名合格的高等教育教师而努力。

(1)建立职前职后“一体化”的高等教育教师专业发展体系

教师专业化不是某一阶段的突击性工作，而是一个长期、连续、不断提高和完善的过程。一次性的教育显然不能适应教师整个教学生涯的发展需要，需要建立职前培

①顾明远：《教师的职业特点与教师专业化》，《教师教育研究》2004 年第 6 期。

②张馨芳：《大学教师专业化简论》，学位论文，中南民族大学，2010 年，第 16 页。

③张馨芳：《大学教师专业化简论》，学位论文，中南民族大学，2010 年，第 17 页。

④刘捷：《专业化：挑战 21 世纪的教师》，教育科学出版社，2002 年，第 16 页。

养、入职教育和职后提高“一体化”的教师专业化发展体系。当前高校教师教育职前职后“一体化”还存在不少问题，成为制约高校教师专业发展的重要桎梏，诸如管理体制分割、教育观念错位、教学资源互用差、师资队伍不兼容、教育实践课时设置缺失等。高校教师职前职后“一体化”的落实，还需建立“一体化”教师教育管理机构，组建“一体化”的教学团队，构建“一体化”的课程体系。①

(2)培训学习与自我学习相结合

事物的发展需要内因和外因相结合。《礼记·学记》：“君子既知教之所由兴，又知教之所由废，然后可以为人师也。”这句话道出了教师职业培训的重要性，又曰：“君子知至学之难易，而知其美恶，然后能博喻。能博喻，然后能为师。”这表明教师成长乃是一个不断循序渐进的学习过程。但是，在长期的教师成长过程中不能将对教师的培训作为教师专业化的唯一途径，培训只是一种外在的推动因素，教师只有将培训内容理解、内化并融入自己的教学实践中并不断反思，才可能实现专业化。就此而言，缺乏教师主动参与而被动适应的培训失去了专业化的根本意义。加之，当前我国高校师资队伍庞大，力量比较薄弱，教师培训师资不足，资金有限，因此单单依靠教师培训和中短期进修或者学历教育很难从根本上解决教师发展问题，更满足不了如此庞大的教师队伍的再教育问题。因此，高校教师还需主动谋求自主发展，通过自主学习，不断提高自身专业素质、教学与科研水平，从而实现动态、循环、可持续发展。②

(3)加强校本教学发展

2011年，教育部、财政部颁发的《关于“十二五”期间实施“高等学校本科教学质量与教学改革工程”的意见》中，将加强高校教师教学能力作为提高人才培养质量的重要举措，明确提出要“引导高等学校建立适合本校特色的教师教学发展中心”，“重点建设一批高等学校教师教学发展示范中心”。因此，促进教师快速成长与发展成为高等教育改革与发展面临的重要问题。有学者结合教师教学发展中心工作实际，对照高校教师职业发展的划分理论，遵循教师的成长轨迹，经充分调研，反复论证后，提出了具有校本特色的教师教学发展“七步走”计划：第一，以教学培训为引领，促进教师领悟教学；第二，以教学交流为重点，促进教师研讨教学；第三，以教学名师为师范，促进教师反思教学；第四，以教学评优为动力，发挥校本教学评价的优势，促使教师热爱教学；第五，以优质资源为依托，促进教师优化教学；第六，以教学评价为抓手，促进教师改进教学；第七，以基于学习产出的教育模式(outcomes based education，缩写为 OBE)为理念，促进教师改革教学。③而校本教学评价作为以学校为中心或以学校为主体，充分发挥学校在教学评价中的作用，通过对学校各方面工作的评价，以促进学校发展的一种

---

①陈立万、杨丽娜、陈强等：《地方高校师范教育职前职后“一体化”培养模式探索》，《中国成人教育》2018年第24期。

②王洪林：《教师自主发展：实现高校教师专业发展的有效途径》，《教育探索》2010年第11期。

③周亚芳：《高校教师教学发展“七步走”校本模式实践研究》，《赤峰学院学报(汉文哲学社会科学版)》2016年第12期。

评价活动，[①]对教师专业发展具有引领作用。当下，校本教学评价主要是以学校为主要评价主体，以二级院系为主要评价对象，以教学工作状态为主要评价内容，以数据审核为主要评价方式，以提高人才培养质量为主要评价目标，是高校内部教学质量监控的有效途径。[②]

(4)建立合理的评定制度

我国应建立大学教师专业标准，实行严格的大学教师资格评定制度。大学教师专业化的一个重要方面是要建立严格的大学教师教育资格认定制度。一方面，政府和教育行政管理部门要尽快制定相关的评价规章和条例，并设立专门的大学教师教育资格认定机构来研究和制定大学教师资格标准，负责对高校教师进行资格认定，确保教师教育质量的不断提高。另外，应采取有效措施，鼓励有条件的综合性大学发挥自身的优势，举办教师教育专业，推进教师来源的多元化。另一方面，要制定严格的大学教师准入制度，采取有效措施，吸引大批热爱教育事业、愿意从事教师职业的高素质优秀人才到大学工作。同时，大学教师资格认定工作要坚持高标准，通过全面考核，具备大学教师资格，有在大学进行教学的能力，具有大学教师职业道德的人，才能让其加入大学教师队伍中来。

(5)构建专业学习共同体

在强调合作、交流、共享的时代背景下，教师专业发展备受关注，而专业学习共同体又是解决教师专业发展的有效途径。构建大学教师专业共同体对于提升教学团队的专业凝聚力和教学竞争力具有重大意义。在高等教育综合改革不断深化的背景下，高等教育教师专业共同体呈现以下特征：具有一致性的价值愿景，拥有共享性的资源，会进行经常性的反思，推崇民主化的氛围，通常是自发性的组织形式。其中，高校教师专业学习共同体的价值愿景，主要趋向于追求促进教师专业发展，助力学生学习及发展，谋求学校学习型文化的形成。不过，当下高校教师专业学习共同体还存在组织功能的片面性、组织主体的不平等性、组织考核的功利性、反思的局限性以及合作文化缺失等问题。对此，高校教师专业学习共同体还应当以提升教育教学质量、促进教师专业发展为目标，完善运行机制，创设教师专业合作文化氛围，建立学习共同体组织的共同愿景，建立发展性的教师评价考核制度，以教育法规和教学规程为行为规范，实现教师群体专业水平的提升。[③]

---

①黄崴、贾汇亮：《校本评价：理念与方法》，《教育理论与实践》2004年第4期。

②刘初生、金继承、蔡首生：《以院系评价为主的高校校本教学评价模式探究——以湖南工业大学为例》，《大学教育科学》2012年第6期。

③万哨凯：《高校教师专业学习共同体研究》，《中国成人教育》2017年第1期。

第二节 高等教育的学生

高等教育的学生，又称大学生，是高等教育的对象，同时也是高等教育的主体。

一、高等教育的学生——大学生

高等学校的主要任务就是培养学生，促进学生成长，以认识学生的生理心理特点为基础，因材施教，使学生实现全面发展。大学生的身心发展特点有以下几个方面。

1. 生理发展特点

第一，身体特点。多数大学生处于青年期，生理变化不再如幼儿期和童年期显著，其身高、体重、胸围、肌肉、骨骼等都已几乎接近成年人的标准。

第二，脑的发展。大学生大脑的重量达到成人的水平，整个大脑皮质的 α 波和 β 波之间斗争逐渐结束，神经纤维的长度和分支一般不再增长。大脑的结构和机能日益完善，兴奋和抑制过程基本平衡，第二信号系统活动已经明显占了优势，为逻辑思维的发展提供了坚实的物质基础。

2. 大学生的心理发展特点

第一，抽象思维。这一时期的大学生认识能力大为发展，抽象逻辑思维已占主导地位，并且具有一定的辩证思维能力。抽象思维是人们在认识活动中运用概念、判断、推理等思维形式，对客观现实进行间接的、概括的反映的过程，属于理性认识阶段。大学生经过基础教育阶段的学习，知识越来越丰富，抽象思维获得迅速的发展。这主要表现在大学生在思考和解决问题时能辩证地对待周围的一切，不会轻易盲从别人的意见。但是，由于大学生社会阅历浅、生活经验少，抽象思维缺少现实的支撑，还带有一定的片面性。主要表现在比较固执、感情用事、爱冲动、比较偏激和过分自信。

第二，情绪情感。大学生情绪、情感日益丰富，爱国主义和集体主义情感、理智感和美感逐渐形成。大学生自身生理、心理方面已经基本成熟，充满青春活力，大学的学业压力不是很大，所以他们有更多的时间与人交往，其情感体验日益丰富、情感发展逐渐完善。同时，由于许多大学生离家在外，开始独立的生活，这让他们更加深刻地体会到对父母的感情和对同学、朋友的珍惜之情，情感体验更为丰富。另外，爱情的出现对大学生的心理发展产生着巨大影响。虽然，大学生控制情绪的能力也在不断由弱变强，但如果受到比较强烈的刺激，他们往往不太容易掌控好自己的情绪，情绪波动比较大。

第三，自我意识。大学生自我意识明显增强，个体意识倾向日趋成熟。自我意识，指人对于自己以及自己与他人、社会的关系的认识。大学生正处在社会化的末期，希望自己的聪明才智能够得到社会和他人的承认，不喜欢别人对自己指手画脚、干涉指责，或者继续把他们当作未成年人对待，这是大学生自我意识进一步增强的反映。由于自身知识、能力和经验等的不足，他们对事物的认识表现出一定的片面性，往往加上幻想的色彩，不能较好地切合实际。

第四，意志水平。大学生的意志水平有提高，但不稳定。多数大学生能逐步自觉地确定自己的奋斗目标，有时间紧迫感，并能够根据自己的目标制订行为计划，排除困难去努力实现奋斗目标。独立生活、自由学习更是锻炼了大学生的意志力。但是其意志发展水平又是不稳定的，这主要表现在大学生有时候还不能形成良好的行为习惯，想的和做的不能达成一致，在做一些比较重要的决定时优柔寡断，特别需要师长的意见。

3. 影响大学生心理发展的因素

大学生在高等教育阶段会产生一些心理上的变化。虽然影响大学生心理发展的因素较多，但归根结底，不外乎主客观两个方面因素的影响和作用。①

(1)主观方面

生理的成熟是大学生心理发展的基础，它使得大学生的智力发展达到高峰，情绪情感日趋稳定，并逐渐达到人格的成熟。除了生理的成熟，大学生自身的生活经历，特别是成功和挫折的体验对大学生的身心发展起着至关重要的作用。思想观念亦是大学生心理发展的重要内容，正确的世界观、人生观和价值观是人的心理健康中的最积极、最活跃的因素，对大学生的健康成长起着重要的导向作用。反之，消极的、不正确的思想观念则会阻碍大学生的心理健康与发展。

(2)客观方面

我国正处于社会的转型期，社会的变化对大学生的影响非常强烈，特别是现在大众传媒的影响日趋显著。在客观影响因素中，家庭的因素和学校的因素对大学生的身心发展起着重要影响。在大学生进入社会之前，其个人发展很大程度上受家庭环境和父母言行的影响。如果家庭成员注重平等、尊重、自由、宽容，互为榜样，彼此信任鼓励，会对大学生的心理发展产生积极的影响。学校教育是有目的、有计划和有组织的，它对人的心理发展起着极为重要的作用，对学生的心理发展有着非常重要的意义。

① 傅树京:《高等教育学》，首都师范大学出版社，2007年，第88页。

二、高等教育学生的当代特点

1. 高等教育学生的学习特点①

大学生的学习是一个庞大而复杂的运作体系，涉及因素多，时间跨度长，专业门类细，学习手段多样，难以全面概括。有学者指出，当代大学生的学习具有知识的专业性、外延的开放性、运作的自主性、求解的探索性、运用的实践性和个体的差异性等特征。

第一，学习知识的专业性。高等教育是专业教育，学习具有较高层次的职业定性。专业性不仅体现在大学的学科体系、课程结构、教学内容、教学实践和学习方式方法上，而且还体现在培养大学生的知识结构、智力结构、能力结构和心理品质结构"四大结构系统"中。

第二，学习外延的开放性。开放性是现代教育的一大特征，同时又是现代大学生学习的一大特点。开放性体现在正常课堂教学以及学习的多途径、多渠道、多方式性等方面。拓展学习内容，掌握博大精深的知识、技能，提高综合能力，这是由大学活而不乱、松而不疏的特殊管理方式，以及宽松的学习环境、充裕的教学资源、宽裕的学习时间等因素决定的。

第三，学习运作的自主性。自主性就是大学生独立自主地学习，在大学学习某一阶段，自觉地确定学习目标，决定个人发展方向，制订学习计划，采取有效措施加以实施。其目的是在教师的指导下，努力提高自己独立获取知识的能力，训练独立思考问题的能力，进行独立发展尝试，为将来迎接挑战、独立胜任工作打下基础。

第四，学习求解的探索性。这种探索既包括学习和接受前人总结出来的已有知识和经验，继承前人先进的科学文化和技术，还包括探索人类已发现但未解决的问题以及未知领域。

第五，学习运用的实践性。培养大学生的实践能力和创新精神是大学教育的目标和任务，也是社会发展对大学教育提出的客观要求。实践活动是大学生学习活动的重要组成部分，大学生除了掌握书本知识，完成课堂教学任务外，更要参加社会实践活动，突出实践性，在社会实践中检验知识、丰富知识、应用知识、深化知识、发展知识。

第六，学习的个体差异性。上述五者多为当代大学生学习所共有的特点，教师在进行学习指导时，除必须把握其共性特点外，更要注意他们彼此间的差异性，即个性化特征。

---

①畅肇沁:《大学生学习特点探究》,《山西师大学报(社会科学版)》2010 年第 5 期。

2. 高等教育学生的时代特征①

当代大学生存在文化撞击造成价值观念冲突、敢于承担责任但缺乏吃苦能力、拥有极强的自信心但规则意识较弱、有较强的能力但过于急功近利、信息多元化导致怀疑心理等时代特征。

第一，文化撞击造成价值观念冲突。从我国实行改革开放以来，我国不断加强与世界上其他国家的交流与合作，极大地促进了国际人口流动和思想文化交流。一方面，我国的传统文化逐渐被传播到世界各地，使世界对我国文化、政治等方面有了一定程度的了解。另一方面，国外文化大量涌入，对我国的传统文化进行不断冲击。因为国外文化与我国文化在制度、观念等方面有着巨大的差异，而大学生思想还不够成熟，欠缺人生阅历，对外来文化的好坏不能做出准确的判断，极容易受到外来不良文化的影响。并且，大学生缺乏对外来文化与中国传统文化整合的能力，因此，各种文化的交集、思想的碰撞容易使部分大学生产生一定的心理冲突，主要体现在价值观的动荡不居方面。

第二，敢于承担责任但缺乏吃苦能力。深圳市学联和深圳部分企业联合发起了关于 90 后成长与责任的网络投票调查，调查得到了积极的响应和反馈，调查结果显示：认为自己应当承担社会责任的 90 后比例占到了八成以上；有七成的 90 后参与调查者相信自己会成为未来社会发展的主要力量；有接近一半的 90 后表示政治环境因素与自己的成长密切相关；认为自己存在强烈的社会责任感的 90 后占到了 43%；愿意投入到无报酬的志愿者活动和义工活动中的 90 后达到 61%。可见，当代大学生有较强烈的社会责任感。然而，由于当代大学生出生在物质条件丰富的经济社会，社会发展和谐稳定，其吃苦体验较为欠缺，导致当代大学生比较缺乏吃苦精神，在遇到困难时的心理承受能力较弱。

第三，拥有极强的自信心但规则意识较弱。针对 90 后大学生，中国强年报与新浪网联合开展了当代大学生的关键词调查活动，该次调查活动一共搜集到了 3006 份调卷，其中“自信”一词排在首位，支持率为 55.3%。可见，当代大学生不仅有着十足的个性，而且对自己有着极大的自信心，他们乐于接受新事物，并不断对传统和权威进行挑战。因为在当代大学生中，独生子女的比重大，加之父母在培养过程中偏向于溺爱，故导致其个性十分突出，有着强烈的优越感，甚至存在过于自信而导致的自负现象和思想与行动出现一系列矛盾等。他们依赖法律，相信法律的力量，在自己合法权利被侵害时，知道如何利用法律武器来保护自己，然而自负和极强的个性容易导致他们违反规定，对于外界对他们的关心和帮助不能很好地了解。并且，在对事情的规划方面，大学生的自主意识十分突出，甚至在做事情的时候有可能越过规则底线。

第四，有较强的能力但急于求成。在当代大学生的成长过程中，物质条件和膳食

---

①黄琮斌：《当代大学生的特点与高校的学生管理研究》，《亚太教育》2015 年第 6 期。

营养都较为丰富，加之各方面的知识和艺术培养，促使他们的智商较以前的同龄人有了较大的提高。他们对于新事物的接受能力较强，愿意投入对新事物的研究中，在思考问题方面，思维敏捷。而另一方面，当代大学生更为关注自己的切身利益，某种程度上显得急躁、功利。正如有学者对当下高校育出之人的“空心化和功利化”的批评，认为一些大学正在培养一些“精致的利己主义者”。①

第五，信息多元化加大信息筛查难度。随着科学技术的不断发展，大学生获取信息的渠道已从单一的纸媒、电视转向网络媒体，互联网、手机、电脑成为当代大学生获取信息的主要工具。信息渠道的多元，使得学生获取信息的速度更加迅速，信息量也更大。但是，在海量的信息中，不乏充斥着对学生成长不利、破坏社会稳定的信息，这些信息与学校的教育是相互抵触的，而学生对于信息的分辨能力较弱，这就容易导致学生出现怀疑心理。

第三节　高等教育的师生关系

高等教育的师生关系是联系高等教育教师与高等教育学生之间的纽带，作为高校中最基本的、最重要的关系，高等教育的师生关系影响着教师工作与学生学习的积极性，对高等教育自身的发展有着重要的促进作用。

一、高等教育师生关系的概述

高等学校的教师和学生之间的关系是高等教育中最基本、最重要的关系。教育教学活动是在师生交往中形成的一种生命活动，而师生关系则是其具体的表现形式，教育以学生的发展为最终目的。

1.高等教育师生关系的内涵

师生关系是指教师与学生在教育教学过程中所结成的相互关系，包括彼此所处的地位、作用和相互对待的态度等。② 师生关系可以被概括为教师和学生在共同的教育和教学活动中，通过相互的认知、情感和交往而形成的人际关系。从教育学的角度看，师生关系是整个教育活动有效开展的基石，它直接影响着教育教学的过程与效果。

2.高等教育师生关系的特点

教师和学生的关系受教育目的、任务制约，是在教育过程中为完成一定的教育任

①李晓华、袁晓萍：《高校立德树人的时代内涵和实践路径》，《高等教育研究》2018年第3期。
②全国十二所重点师范大学：《教育学基础》，教育科学出版社，2002年，第133页。

务，以“传道、授业、解惑”为中介而形成的一种特殊的社会关系。师生关系是整个社会关系的一个组成部分，具有一定的社会价值。不同的政治经济制度和道德风尚都将影响师生关系。在大学教育情境中，教师和学生的交往主要是在教学活动中，并且以师生之间的信息传递、交流和沟通为前提，这使得高等教育的师生关系具有以下特点：①

(1)民主与平等

高等教育史上，师生关系的演变经历了教师中心、学生中心和师生平等的发展过程，高等教育的师生关系趋向于民主与平等。教师不再是知识的权威，教师和学生在知识的占有量和前瞻性的差距正在缩小，教师与学生之间可以平等讨论、双向学习，既是学习上的朋友，也是知识探求道路上的伙伴。

(2)“一对多”的关系

大众教育时代的到来使得高等学校招生规模一再扩大，师生比例进一步拉大。在高校教师数量有限而学生数目剧增的背景下，高校师生关系形成了“一对多”的新特点，讲座式授课成为大学教学的主流形式。

(3)现实与虚拟相结合

随着科学技术的发展，网络成为普遍的交往媒介。师生之间的交往甚至教与学都借助于网络媒介。学生可以充分利用校园网络，从教师的电子教案中学习，教师可以通过相关教学平台布置作业、批改作业、安排研究课题，以及进行与教育相关的各项活动。教育教学活动以网络为载体，师生关系由单一的现实状态变为现实与虚拟相结合。

3. 高等教育师生关系的类型

师生关系不是单纯的社会关系、人际关系或心理关系，而是一个复杂的关系结构体。这个关系结构体包含：特定的工作关系、自然的人际关系和深层的社会关系。这些不同的关系在不同的场域有着不同的内涵与特征。场域本是法国社会学家布迪厄分析社会结构的一个基本单位，他认为，在高度分化的社会里，社会世界是由具有相对自主性的社会小世界构成的，这些社会小世界就是具有自身逻辑和必然性的客观关系的空间，而这些小世界自身特有的逻辑和必然性也不可成为支配其他场域运作的那些逻辑和必然性。

第一，教育场域的师生关系。教育场域的师生关系是指在课堂、学校等教育场域形成的教师与学生的关系。而教育场域的师生关系是师生关系结构形成的前提，没有教育场域的师生关系，就没有其他场域师生关系的发生。另外，教育场域的师生关系是教与学的工作关系(教学关系)，带有明显的职业性质，师生通过教学活动的组织、开展，共同达成一定的社会和教育目标，是一种体现高等教育功能属性的关系。

---

①艾兴：《高等教育学》，重庆出版社，2014年，第218页。

第二，情感（心理）场域的师生关系。情感（心理）场域的师生关系是伴随着教育过程并影响着教育活动的进行，通过内心体验和感受建立起来的情感（心理）关系。情感（心理）关系受到师生个体非理性因素的影响，具有鲜明的个性特征。良好的情感（心理）关系对教学关系起到推动作用，民主、亲切、轻松、和谐、合作的师生情感关系有利于教学效果的提高和师生个性品质的提升。然而，师生的情感关系不是一般人际关系中的情感，必须建立在教学关系基础之上。

第三，法律（伦理）场域的师生关系。其中，法律场域的师生关系是指在相关法律法规下教师和学生双方权利与义务的关系。在法治社会，法律法规具有强制的约束力，大学师生关系的法律意义越来越丰富。而伦理场域的师生关系是指教师和学生的伦理关系是历史文化、价值观念和社会规范、职业道德的体现。

第四，日常生活场域的师生关系。日常生活场域的师生关系是一种人与人之间的关系。它是一种存在关系，是一种你—我关系。在这种存在方式下，人是一个具体的、活生生的存在物。它所关心的不是关系的外在功能，而是生活意义。它在一定程度上超越了制度意义的师生，是人与人的相遇，教师和学生都是完整意义上的人。此外，日常生活的师生关系也具有人际关系的基本特征。

第五，不同场域师生关系的联系。师生关系是一个结构体，不同场域的师生关系实际上相互联系、相互依存、相互渗透，在现实中是彼此交织在一起展开的。不同场域的师生关系又是相互独立的，要分清场域，区别处理。

二、高校和谐师生关系的构建

师生关系作为学校中最重要的人际关系，不仅是构成教育的基本条件，而且是一种极为重要的教学变量，时刻对教学活动的进程和效果产生深刻的影响。无论是教育理论研究者还是教育工作的实践者都认同：良好、协调、符合社会发展需要的师生关系是有效进行教育教学活动的必要条件和重要保证，对教师和学生的交往能力、人格特点等也有着潜在的影响。①

1. 高校和谐师生关系的内涵②

和谐的师生关系应该是教师和学生在人格上是平等的、在交互活动中是民主的、在相处的氛围上是和谐的。其宗旨是本着学生自主性精神，使他们的人格得到充分发展，其核心是师生心理相容，心灵上互相接纳，形成师生之间真挚的情感关系。高校和谐师生关系是大学这一特定环境中的特殊人际关系，其主要目的在于创造一个宽松、祥和、文明、健康的良好育人环境，从而使师生关系稳定、感情融洽、配合默契，以调动

---

①李壮成：《新型大学师生关系及建构》，《达县师范高等专科学校学报（社会科学版）》2005 年第 3 期。
②向彦：《浅谈高校和谐师生关系的构建》，《四川文理学院学报（社会科学）》2007 年第 4 期。

各方面的积极性，团结合作，有效地克服师生交往中出现的困难，这样就能产生强大的凝聚力和向心力，使教师教有所值，学生学有所悟。

和谐的高校师生关系的基本内涵包括以下几方面：一是要体现平等性，师生都是作为完整的人进行交往的，不存在谁高谁低、谁强谁弱、谁制服谁、谁控制谁的现象，尤其是教师，必须要尊重学生的自尊心，保障学生应有的权利，使其能以与教师平等的身份参与教学过程。二是要体现民主性，要打破传统师生关系的专制性质，破除师生之间的支配与被支配关系，尊重学生对学习和自身发展的选择和设计权，满足学生多元化、个性化的发展需要。三是要体现共享性，这种共享既是文化共享，即教师作为有教育者身份的人把知识、智慧、思想、经验等文化成果提供给而不是传授给学生，师生双方通过对话沟通获得新知，共同提高；也是责任共享，即师生共同承担教学任务，共同为教学成败负责；更是精神共享，即师生相互传递、理解和感受同一种精神体验。通过这几种共享，师生可真正成为同舟共济的人。

2. 高校构建和谐师生关系的意义

苏联教育家赞可夫说："就教育工作的效果来说，很重要的一点就是要看教师和学生之间的关系如何。"和谐的师生关系是创建和谐校园的基础，它能促进人与人之间相互信任、相互尊重，促进师生道德素质的提高，为高校民主法治建设、公平公正原则的实施提供基础。在广大师生和学校的共同努力下，和谐的高校师生关系将成为一种巨大的教育力量，成为学校无形的教育资源，能够促进教育质量的提高，培养出更多更好的高层次人才，为建设和谐社会做出积极贡献。总体来说，高校构建和谐师生关系的意义主要体现在有利于达成教育教学目标、促进师生心理健康和实现教育和谐三个意义上。

第一，有利于提升教学效果。师生关系和谐，两者处于一种平等、信任、理解的状态，营造的和谐、愉悦的教育氛围能提升教育效果，激发学习兴趣和学习动机。教师也容易受到学生的尊重和爱戴而更加热爱教育工作，最终在师生双方的愉快合作中高效地完成教育教学任务，实现教育教学目标。

第二，有利于促进师生心理健康。教学是一种艰苦的劳动，需要教师和学生全身心的投入。因此，师生关系是否和谐不仅影响着教育教学活动的有效性，还影响着师生的心理健康。对教师来说，教师的工作是繁重的，传道、授业、解惑是一种精细、刻苦的精神劳动。而培养一代新人的工作需要教师长期、紧张的劳动，这本身就是一种创造性的劳动，需要教师付诸巨大努力。如果师生关系不和谐，教师则容易对其职业产生消极情绪，并逐渐消磨其教学热情。相反，如果学生在课堂上给予积极的配合，教师受到大家的尊敬和信赖，则能增强教师的自尊自信和荣誉感。从学生来说，在教学过程中，教师热爱学生、尊重信任学生，师生间保持着亲密和谐的人际关系，学生则会自尊自信，心情轻松愉快，心理也容易得到健康发展。相反，学生在教学中总是受到教师的训斥、批评和冷遇，师生关系恶化紧张，学生则易产生自卑、恐惧、焦虑等不适心理。

第三,有利于实现教育和谐。教育的和谐是指古今中外许多教育家所追求的人类教育活动的最高境界。无论是孔子、苏格拉底、柏拉图和亚里士多德,还是现代的许多教育家们都对和谐教育做出了深刻的论述。师生关系是教育活动赖以展开的基础,它影响着教育教学活动的进程和效果,是学校的教育计划能够得以最终实现的载体。从教育的实践意义上来讲,建立以和谐为价值追求的师生关系既是教育功能的内在要求,也是实现和谐教育的基础和前提。

3. 高校和谐师生关系的表现形式

高校和谐师生关系的表现形式主要体现在:平等关系是形成和谐师生关系的基础、民主关系是形成和谐师生关系的关键、合作关系是形成和谐师生关系的内在要求三方面。

第一,平等关系是形成和谐师生关系的基础。平等的师生关系是建立良好的师生关系的基础,也是建立民主、合作的师生关系的前提。首先,这种关系中的师生在人格上是平等的。在教学过程中,教师要尊重学生,把学生作为有独立人格的个体和教育的主体来对待,师生间更易达到精神领域的统一。其次,要形成一种相对平衡的教与学的关系。高校师生之间的交流应建立在平等的基础上,师生之间没有绝对的服从和服务关系,而是在民主、平等的基础上,立足于各自立场,互相促进,互相提高。

第二,民主关系是形成和谐师生关系的关键。高效师生关系既然是一种平等关系,那么在实践中也应该表现为一种民主关系,这种民主关系主要体现在教学及管理工作中。传统的师生关系在某种程度上排斥师生交往的民主平等性,教师总是带着社会赋予他们的职业俱来的特权,在人格上凌驾于学生之上,以种种"神圣"的借口,心安理得地强制学生学习,而对学生在性格、兴趣等方面表现出的自我发展的趋势总是用种种方法去防范。[①] 显然,我们需要改变传统的专制教学与管理作风,实施师生相互配合、共同参与的民主管理。培养学生自我约束和自我管理的能力,变被动接受管理为主动参与管理,让学生成为各自活动的真正主人,从而增加师生之间的亲和力和心理融洽度。

第三,合作关系是形成和谐师生关系的内在要求。合作师生关系是一种建立在平等、民主关系基础之上的相互协调、相互帮助的关系。这种合作关系不仅包括课堂合作,而且还包括课外合作。这种关系要突破传统教学中的"师命生从"模式,代之以互相帮助、互相赏识的合作模式。教师由知识的拥有者和传授者的角色向学生的指导者、合作者和咨询者的角色转变,学生也由唯命是从、被动接受知识的角色向积极主动地学习者和探究者的角色转变。

---

①鲁洁:《教育社会学》,人民教育出版社,1990 年,第 163 页。

4. 高校和谐师生关系的构建

构建高校和谐师生关系，不仅有利于实现教育教学目标，有利于促进师生心理健康，还有利于实现教育和谐。因此，高等学校、教师和学生三方应共同努力，着力构建高校和谐的师生关系。

第一，从学校层面来看。高等院校应进一步提高对构建和谐师生关系的重要性、紧迫性的认识，把加强师德师风建设，构建和谐师生关系作为学校改革与发展的重要内容。具体来说，一是要通过制定相关的政策和措施，建立和谐师生关系的引导机制和奖惩机制，将教师课堂教学、课外指导、深入学生等要求规范化、量化，并作为教师晋级晋职、评优的考核指标和条件之一，努力在学校范围内营造构建和谐师生关系的氛围；二是要建立学生与教师联系制度，要从制度上保证师生有一定的交往频度，使师生的思想在交往中交流、碰撞和整合，以改变传统师生关系仅仅在课堂上见面的局限性，尽力扩展师生交往的渠道，促进师生的互相沟通和认同。①

第二，从教师层面来看。一是要彻底转变教育观念。传统师生关系受制于传统的权力观，教师在师生交往中拥有绝对的权威。要构建和谐的高校师生关系，作为起着主导作用的教师应把学生视为真正平等意义上的、独立的"人"，坚持以人为本，尊重学生、理解学生、关心学生，进一步缩短师生间的心理距离。和谐师生关系中，教师占有主导地位，是决定师生之间距离、沟通师生情感的关键因素。既有广博的专业学识，又有颇丰的研究成果；既有丰富的教学经验，又有高超的教学艺术；既教学有方，又育人有成的高素质教师，更能以自己高尚的人格魅力和独特的课堂教学魅力深深地吸引学生，真正成为学生心目中欣赏、钦佩、崇拜的老师，进而为构建和谐师生关系打下坚实的基础。

第三，从学生层面来看。一是理解教师在获取知识方面的有限性，尊重教师的劳动，在教学、生活、为人处世等方面主动、真诚、坦白地与教师交换意见，加强彼此沟通。二是要积极主动地与教师交流。从时空上讲，师生交往的时间越多、空间越广、范围越大，越有利于师生相互的交流、沟通和了解，也就越有利于和谐师生关系的建立。

和谐师生关系是构建和谐社会、和谐高校，促进人和谐发展的重要纽带，而和谐师生关系的构建则是一个需要多主体共同参与、彼此尊重、相互理解、真诚沟通的教育过程。

---

①汪小凤、冯文全：《论高校和谐师生关系的建构》，《扬州大学学报(高教研究版)》2006 年第 2 期。

本章小结

现代高等教育中教师作为教育者、研究者和服务者而履行其社会责任,承担其教育、科研和社会服务的责任。高等教育的学生,是高等教育的受教育者,有其成长的生理发展和心理发展特点。高等教育师生关系的类型则应所处的场域不同,分为教育场域的师生关系、心理场域的师生关系、法律场域的师生关系、伦理场域的师生关系以及日常生活中的师生关系,而和谐师生关系是高等教育关系的理想追求,能提升教育教学效果、促进师生心理健康、有利于实现教育和谐,平等、民主和合作关系是形成和谐师生关系的重要因素。和谐师生关系的构建应从学校、教师和学生三个层面去开展,破解师生相处难题,提升高等教育质量。

复习与思考

论述题:

1. 阐述高等教育教师的任务。
2. 阐述高等教育学生的时代特征。
3. 试析高等教育教师劳动的特点与其社会责任有何内在联系。
4. 试析大学生的学习特点与高校教师专业发展有何联系。
5. 论述高校教师如何基于大学生的身心特点促进其全面发展。
6. 论述何种因素是新时期构建高校和谐师生关系的关键?

第五章

高等教育的德育

道德普遍地被认为是人类的最高目的，因此也是教育的最高目的。

——赫尔巴特

要 论 提 示

- 高等教育德育有其特有的时代内涵和意义，是落实高校立德树人根本任务的重要途径。
- 高等教育德育主要通过思想政治教育、党组织建设、辅导员队伍建设和心理健康教育等方式去贯彻高校的德育理念。
- 高等教育德育尚存在不少问题，应顺应时代发展的趋势和高校德育实施的具体情况逐个解决。

第一节　高等教育的德育原理

高校教育包括德智体美劳完整的五育体系，而德育一直被摆在高校教育的优先战略地位。德育关系到“培养什么样的人”“为谁培养人”这个根本问题，是高等教育的基本方向和首要任务。

高等学校德育的要素内涵

1.高等教育德育的概念

德育作为一种实践活动很早就存在，但是“德育”一词是近代以来才出现的。18世纪七八十年代，德国哲学家康德把遵从道德法则培养自由人的教育称为“moralische erziehung(道德教育，简称德育)”或“practicsche erziehung(实践教育)”。与康德同时代的裴斯泰洛齐似乎也使用过“德育”概念。这表明，在18世纪后半叶，西方已经形成了“德育”这一概念。而“德育”一词在20世纪初传入我国，后经王国维、蔡元培等人阐释后在我国教育界广泛使用。[①] 因为文化背景和实践经验的不一致，中西方德育在概念的界定上存在区别。例如，我国教育界用“训育”“教导”“训导”等词作为“德育”的别称，而这些词在西方很少被使用。古代德育、近代德育和当代的德育也有着不同的特色。在古代，道德同社会意识的其他方面是相互融合的，它们共同存在于传统习俗之中。在近代，随着生产和社会生活的划分以及社会关系的复杂化，道德成了一个相对独立的体系，但同政治、法律、宗教等其他社会因素相互影响、相互渗透。

---

①黄向阳：《德育原理》，华东师范大学出版社，2000年，第2—3页。

在当代，我国德育多数情况下指的是“大德育”，德育的内容主要包括政治教育、思想教育和道德教育。“大德育”与当前我国发展实际相吻合，与当前国际教育的改革趋势相一致。① 半个世纪以来，我国德育外延发生了一些改变。20 世纪 80 年代，我国德育从“德育即政治思想教育”转变到“德育即思想政治教育”，思想教育从政治教育中分化出来。②

目前学术界关于德育概念的研究较多，但它仍然存在争议。有学者认为，德育是教育者按照一定的社会要求，有目的、有计划地对受教育者施加教育影响，使其形成教育者所期望的思想品德。③ 有学者认为，德育是教育者根据一定社会和受教育者的需要，遵循品德形成规律，采用言教、身教等有效手段，通过内化和外化的作用，发展受教育者的思想、政治、法制和道德几方面素质的系统活动过程。④ 有学者认为，德育是教育工作者组织适合德育对象品德成长的价值环境，促进他们在道德认知、情感和实践等方面不断构建和提升的教育活动。⑤ 总而言之，学术界对德育概念具体理解的不同点主要集中在两个方面：第一是德育包括哪些主要内容，第二是德育的过程应该如何去理解。

高校德育是整个德育体系的重要内容，它以青年学生为教育对象，在学校生活中的道德教育必然要和政治教育、思想教育发生种种联系，绝对纯粹和独立的道德教育是不存在的。⑥ 高校德育是高校的德育工作者，根据社会发展的形势和要求，在已有的社会道德规范基础上，充分尊重大学生的实际需要、个性特征，通过采取不同的教育方式和教育手段，制定相应的德育目标，将德育理论内化为大学生自身道德素质的过程。⑦ 抑或高校德育是高等教育工作者按照社会主义高等教育的要求，有目的、有计划、有组织地对大学生进行政治思想、道德规范、法律意识、心理品质等方面的教育，通过全面系统的教育，使受教育者形成扎实的政治理论修养，高尚的思想道德情操，自主的遵纪守法意识，良好的心理品质素养。笔者认为，高校德育是高校教育工作者在尊重大学生身心发展规律的前提下，按照社会主义高等教育的要求，有目的、有计划、有组织地对大学生进行政治思想、道德规范、法律意识、心理品质、理想信念、生涯指导等方面的教育，使受教育者通过全面系统的教育形成扎实的政治理论修养、高尚的思想道德情操、遵纪守法的公民素养、健康积极的心理品质素养。

2. 高等教育德育的时代内涵

高校德育发展是传统高校德育向现代高校德育转变发展的过程。我国高等教育

---

①黄向阳：《德育原理》，华东师范大学出版社，2000 年，第 8 页。

②黄向阳：《德育原理》，华东师范大学出版社，2000 年，第 6 页。

③南京师范大学《教育学》编写组：《教育学》，人民教育出版社，1984 年，第 230 页。

④鲁洁、王逢贤：《德育新论》，江苏教育出版社，2010 年，第 247 页。

⑤檀传宝：《德育原理》，北京师范大学出版社，2006 年，第 6 页。

⑥黄向阳：《德育原理》，华东师范大学出版社，2000 年，第 7—8 页。

⑦张娅婧：《新时期高校德育教育实效性研究》，学位论文，山东大学，2015 年，第 6 页。

德育是在中国传统道德精髓的基础上、以科学理论为指导、以立德树人为目标而采取的顺应时代发展趋势的道德教育方式和手段。

(1)高等教育德育建立在中国传统道德精髓的基础上

我国是一个非常重视道德教育的国家,素有"礼仪之邦"之称。德育在我国教育史上一直占有非常重要的地位。中华民族建构了一套成熟的,涉及个人伦理、家庭伦理、国家伦理以及宇宙伦理的道德价值与规范体系,对振奋民族精神、增强民族凝聚力、协调社会秩序等发挥了极其重要的作用。与此同时,我国还形成了以学校为核心的德育机构与制度和一套完备的德育理论,其中蕴含着许多思想精髓,诸如德才兼备、以德统智的总体取向,修己达人、中和一贯的人生追求,寓理于事、化民成俗的实施策略,躬行践屡、自律自省的修养路径,对中国当下的德育发展具有重要影响。具体如下:①

其一,德才兼备、以德统智的总体取向。德才兼备、"必仁且智"(《春秋繁露·必仁且智》)是中国古代一贯的教育追求和人才标准。

其二,修己达人、中和一贯的人生追求。修己达人是指从加强自我修养出发,通过"忠恕之道",推己及人,"修己以安人",共同达到理想的道德境界。

其三,寓理于事、化民成俗的实施策略。寓理于事是指利用中国传统的直觉形象思维特点,通过自然社会现象、日常生活事例以及比喻、寓言、故事和说唱等表达方式,来说明抽象的道德规范和道德原理,使人感觉亲切生动,易于接受,终生难忘。化民成俗指习俗以潜移默化的方式塑造着人的经验、行为和品德,对个体的道德行为起着规范和制约作用。

其四,躬行践履、自律自省的修养路径,对中国当下的德育发展具有重要影响。躬行践履不仅是道德修养的必经环节,也是道德品质形成的标准。

其四,躬行践屡、自律自省的修养路径,对中国当下的德育发展具有重要影响。

(2)高等教育德育以科学的理论为指导

改革开放以来,我国德育理论的发展同我国的精神文明建设、中国特色社会主义现代化建设的理论密切相关。大体可以分为三个阶段:②

第一阶段是精神文明建设理论指导下的高校德育理论。改革开放初期,邓小平明确提出要把培养社会主义"四有"新人,即"有理想、有道德、有文化、有纪律"的社会主义新人,将提高中华民族的思想道德素质作为社会主义精神文明建设的根本目标。并且,十一届三中全会之后,在坚持德智体全面发展的基本原则下,高校把培养又红又专的人才作为高校德育工作的中心任务:高校恢复系统的马克思主义理论课,充分发挥马克思主义理论在人才培养中的指导作用;开始对大学生思想特点和教育规律开展研究,通过开展社会实践活动、榜样教育等不断丰富和发展高校德育的理论和实践。③

---

①李剑萍、路书红:《中国传统德育的精髓》,《中国德育》2008 年第 9 期。

②张娅婧:《新时期高校德育教育实效性研究》,学位论文,山东大学,2015 年,第 10 页。

③同上。

第二阶段是中国特色社会主义文化建设理论指导下的高校德育理论。着眼于我国社会主义现代化建设的新形势，提出“建设中国特色社会主义文化”的文化发展战略和“三个代表”重要思想。至20世纪90年代，我国逐步实现由计划经济向社会主义市场经济的转变，高校大学生价值取向走向多元化。怎样实现高校德育和中小学德育的一体化、系统化，确定什么样的德育大纲和德育发展战略问题，成为这一阶段高校德育发展理论所要解决的焦点问题。① 正如，2005年颁布的《教育部关于整体规划大中小学德育体系的意见》提出整体规划大中小学德育体系的总体要求：“使大中小学德育纵向衔接、横向贯通、螺旋上升，不断提高针对性实效性和吸引力感染力，更好地促进青少年学生健康成长。”

第三阶段是社会主义核心价值体系建设理论指导下的高校德育理论。在该阶段，党中央领导集体提出了建设社会主义和谐文化的思想和深化社会主义核心价值体系为根本推进社会主义文化建设的思想。② 2016年12月7—8日，在全国高校思想政治工作会议上，党和国家针对高校的德育工作提出了一系列新思想、新观点、新论断，以及指导新形势下做好高校思想政治工作的纲领性文献，对高校德育现代化工作具有重要的现实指导意义。新时期高校的立身之本在于立德树人；扎实办好中国特色社会主义高校；因事而化、因时而进、因势而新；传道者自己首先要明道、信道。③ 伴随改革开放的逐步深入，大学生的价值观和思想呈现出多元化和多样化的特征，给高校德育工作带来了极大的挑战，高校应加强德育基础建设，拓宽高校德育的文化领域，增强高校德育的文化底蕴。④

(3)高等教育德育以立德树人为目标

2016年，全国高校思想政治工作会上指出：高校思想政治工作关系高校为谁培养人、培养什么样的人以及如何培养人的根本问题。要坚持把立德树人作为中心环节，把思想政治工作贯穿教育教学全过程，实现全程育人、全方位育人。

“立德树人”是对人才培养规律的精辟概括和深刻总结。深化高等教育改革，推进教育现代化必须围绕“立德树人”这个中心环节，准确把握立德树人的基本内涵。“立德树人”从字面上理解，即立德和树人。所谓“立德”，指树立德业。《左传》载：“太上有立德，其次有立功，其次有立言，虽久不废，此之谓不朽。”意思是说人生最高的境界首先是完善人格、实现道德理想，其次是事业追求、建立功业，再次是著书立说、传播知识。何谓“树人”？其意思是培养人才。《管子·权修》：“一年之计，莫如树谷；十年之计，莫如树木；终身之计，莫如树人。”这段话用对比的方法深刻论述了人才培养对于国家发展、社会进步所具有的重大意义。经过语言演化，后世把立德和树人并列使用，成为一个词语。立德在前，强调立德是树人的前提和基础；树人在后，强调树人是立德

①张娅婧：《新时期高校德育教育实效性研究》，学位论文，山东大学，2015年，第10页。

②同上。

③杨金铭：《高校德育现代化研究》，学位论文，哈尔滨师范大学，2017年，第70—72页。

④张娅婧：《新时期高校德育教育实效性研究》，学位论文，山东大学，2015年，第10—11页。

的指向和目标。而在当代高等教育的具体语境中,教育工作者可从以下四个方面理解和把握立德树人的基本内涵。

首先,“有德行”是立德树人的灵魂旨归。德行,指的是一个人所具有的理想信念、道德修养、人格品质的总称,也就是一个人所信奉和践行的价值观念。把“有德行”作为立德树人的灵魂旨归,是人类社会教育实践经验和教训的深刻总结。其次,“有才学”是立德树人的重点目标。才学,指的是一个人所掌握的实际本领和学问。现代高等教育培养的人才,必须是掌握现代科学文化知识的高素质人才。现代大学分科设系的形成,一个重要的目的就是为了推进知识创新,为了培养更多掌握专业知识和技能的人才。现代科学知识日新月异,知识的专业化程度越来越高,青年学子唯有掌握真才实学,方能更好地迎接社会的挑战。再次,“有根基”是立德树人的基本要求。根基,是指一个人所持有的文化立场和家国观念。一个合格的高素质人才,一定是一个有“根”的人、有“魂”的人,知道自己的人生应该在哪里用力、对谁用情、如何用心、做什么样的人。高等教育要立德树人、培养出合格的人才,就必须夯实青年学子成长与发展的“根基”问题。最后,“有格局”是立德树人的重要内容。格局,是指一个人的认知能力,体现一个人的胸襟和眼界。现代高等教育培养的人才,应该有“大格局”“大情怀”,具有世界眼光和对全人类的悲悯情怀,既不是“精致的利己主义者 ”,也不是“狭隘的民族主义者 ”。高等教育工作者应帮助大学生摆脱狭隘的民族主义,真正站在全球的角度、全人类命运的角度去思考问题,思考人生,思考未来。

立德树人作为新时期高等教育的时代使命和根本任务,对推进我国高等教育改革创新具有重要意义。一方面,高等教育德育以立德树人为目标,更加明确了社会主义教育的本质。社会主义教育是为全体社会成员提供更好的受教育机会,是为社会主义建设事业培养建设者和接班人。立德树人使得社会主义教育的本质更加明确了,它是新时期党的教育方针的拓展和体现,是新时期教育改革的新指向。从教育内容上来说,立德树人强调不仅要对受教育者进行知识传授,而且要引导受教育者对善的憧憬和追求;在教育理念上,要坚持知识传授、能力培养以及价值观塑造三者高度融合,教化学生以德立身。另一方面,高等教育德育以立德树人为目标,某种程度上也细化了大学生的培养目标。立德树人不仅指出了培养大学生之“德”的重要性,同时也对大学生的教育和培养的任务、目标、方法等做出了内在的规定。立德之“德”所包含的中华民族传统美德以及世界文明之德等是大学生培养的主要内容,要引领大学生学习并践行社会主义核心价值观所蕴含的美德。同时,对大学生的培养目标定位不应局限于规范性的道德,还应上升到德性道德教育,教育他们不仅要知晓和接受社会道德准则和规范,还应成为一个有着深厚道德修养的人,在推进主流道德社会化的同时,关注个体的精神价值存在。①

---

①徐梦雅:《立德树人视域下高校德育实践路径探究》,学位论文,吉林大学,2019 年,第 13—14 页。

3. 高等学校德育的意义

高校德育对大学生思想道德素质的整体提升具有重要意义。一方面,系统的高校德育有利于大学生社会主义核心价值观的塑造。核心价值观承载着一个民族、一个国家的精神追求,是推动社会进步最持久、最深层的力量。党的十八大以来,党中央对培育和弘扬社会主义核心价值观提出了一系列新要求。高校应积极将社会主义核心价值观融入大学生的人格塑造中,滋养心灵,陶冶情操,砥砺品行,使大学生真正成为社会主义核心价值观的传承者、践行者和守护者。① 另一方面,高校德育有利于提升大学生作为新时代社会公民的道德水平。高等学校是大学生进行系统道德教育的重要阵地,肩负着培养社会主义接班人的重任,而大学生的道德水平如何则直接影响未来社会公民素质的高低,进而直接关乎民族的兴衰,影响社会和谐与长治久安。针对当代大学生公民道德价值倾向功利、道德选择困惑、道德理论认同与具体实践行为脱节等现象,对大学生进行公民道德教育,是加强和改进大学生思想政治教育的任务之一,对于促进社会和谐具有重要的意义。②

高校德育对高校自身高质量发展具有重要意义。一方面,高校开展德育工作有利于提升高校教学水平。从目前高校教育来看,不断提高高校教学水平和教学实效性是高校教育的重要任务。为了保证这一教育任务的实现,单纯依靠加强理论知识教育很难起到积极的效果。因为大学学习在某种程度上对学生的自学能力要求很高,需要学生具有较强的主观能动性和自我约束力。因此,开展有效的德育能间接保证理论知识教育的有效开展。另一方面,高校开展德育工作有利于深化高校教育改革。为了满足社会对人才的现实需要以及提高高校教育的发展质量,高校开始了自上而下的改革,旨在通过内部改革推进高校教学质量的持续提高,进而实现培养社会急需人才的目的。因此,从目前高校教育改革的角度来看,高校开展德育工作是促进高校教育深化改革的必要方式,对高校而言具有重要意义。③

高校开展德育工作有利于推动整个教育发展。随着我国高校扩招政策的实行,在校大学生的数量逐渐增多,如何培养学生的整体素质,满足社会对复合型人才的需要,成为高校教育的重要任务之一。而在目前高等教育发展过程中,德育工作所占的比重越来越大,德育工作的作用也逐渐显露出来,从高等教育的整体发展来看,德育已经成了推动整个教育发展的必要措施。因此,高校在开展文化课的同时,应努力做好德育工作,全面提高德育质量,从根本上提高大学生的道德素质,满足素质教育的发展要求,使高校德育成为推动高校教育发展的重要助力因素,为中国特色社会主义发展培养优秀人才。

---

①刘川生:《用社会主义核心价值观塑造大学生健康人格》,《中国高等教育》2015 年第 11 期。

②高雅:《论当代大学生公民道德建设》,《现代经济信息》2017 年第 19 期。

③张大斌:《高校开展德育教育的必要性》,《前沿》2013 年第 4 期。

第二节　高等教育德育的组织形式

2019年，中共中央办公厅、国务院办公厅印发《关于深化新时代学校思想政治理论课改革创新的若干意见》，指出我国高等教育应“全面贯彻党的教育方针，解决好培养什么人、怎样培养人、为谁培养人这个根本问题，坚持不懈用习近平新时代中国特色社会主义思想铸魂育人”。当下，高等教育德育工作主要从思想政治理论教育、党组织建设工作、大学生心理健康教育以及高校辅导员队伍建设四个层面展开。

一、思想政治教育

思想政治教育在高等教育德育中具有至关重要的意义和价值。思想政治教育包括理论、方法和实践几个层面，思想政治教育理论和思想政治教育方法最终要通过思政工作实践去实现，通过教学、思想政治教育工作来将马克思主义理论与社会主义核心价值观等思政内容传播给学生，让学生能够按照社会主义建设者和接班人所要求的世界观、人生观、价值观和道德观而进行思想行为的修炼和塑造。当下，高校的思想政治教育内容在原有基础上增加了廉洁、公民意识、生态文明、社会主义法治观、社会主义核心价值体系等方面。①

新时期，在市场经济多元化和信息社会等诸多因素的强烈冲击下，调整思想政治教育的内容，拓展思想政治教育的途径，加大思想政治教育的力度，提高思想政治教育的时效性成为高校开展大学生思想工作的主要着力点。具体而言，可采取以下策略，从而提升新时代大学生思想政治教育工作的有效性。

高校思想政治教育是人文关怀与科学精神高度融合的工作，②但是“思想政治工作如果过分地强化对人的管理功能，这种管理功能的工具理性越是‘科学’和完备，就越会使人的对象化得到加剧，使人与自己的本性越来越疏远和分离。”③因此，在高校创新人才培养工作中，思想政治教育要回归大学生的“真实”校园生活，还原个体“成长”所处环境的本真面貌。思想政治理论课要以高度的责任感和敏锐性把握大学生关注的政治话题，引导大学生的理性成长；学生工作部门要以饱满的人文情怀切实关注大学生的思想困惑、心理波动及其与校园环境的融合，回应大学生的核心关切，保证大学生的创新性人格具备优良的外部发育环境；高校要逐步引进和培养一支稳定的专业心理学教师团队，扩充思想政治教育队伍，延展思想政治教育内涵，开展深度辅导和一

①谢安邦：《中国高等教育研究新进展·2010》，华东师范大学出版社，2012年，第271—275页。

②王云海、王宇航：《高校创新人才培养与思想政治教育创新策略》，《国家教育行政学院学报》2013年第2期。

③赵跃先：《新形势下的思想政治教育创新探索》，《马克思主义研究》2012年第6期。

对一的咨询,积极开展创新人格培养机制的学理研究与实践探索,对大学生开展普遍的创新型人格教育,为他们成才奠定稳定的心态成长基础。这样能有效提升思想政治教育的有效性和专业性,增强其与创新人才培养工作中教育科研活动的交叉性、共融性和互益性。

高校应提高思政课教师队伍的整体水平,为思政教师充分参与人才培养提供智力支持。思想政治教育是教育工作的重要内容,而高校思政教师队伍的建设水平,往往决定了思政教师的教学水平,进而影响学校的教育质量。因此,加强高校思政教师队伍建设,是提高高校教育质量,促进学生全面发展的必然要求。然而,当前高校思想政治教育教师队伍的建设还存在着很多问题,如教学意识不到位、教学手段落后、师资队伍的水平得不到提高等,都制约了高校思想政治教育的实效性。因此,高校应提高对思政教师队伍建设的重视程度,制订相应的培训计划以提升高校思政教师的综合素质,建立起完善的管理体制来规范学校思政工作的开展。① 另一方面,高校要改变目前创新人才培养工作由专业教师独挑大梁的局面,以制度保障思政课教师尤其是学生工作队伍全程参与目标设计、过程培养和日常管理等环节,积极发挥两支队伍在思想教育和道德教育等方面的传统优势,形成创新人才培养的高效集成力量。如西安交通大学已经设立8个本科生书院,突出跨学科和全面发展的理念,拥有一批在大学生思想政治教育领域具有丰富经验的学生工作人员,突出学生自主管理和学生活动在人才培养中的特殊作用,形成了常任导师、学业导师、兼职导师三支队伍在各个层面发挥育人作用的全新格局。这就弥补了创新人才培养仅突出科研学术素质培养的缺陷,实现了高校创新人才培育工作对大学生学习、生活的全过程覆盖。

课程思政是“解决好各类课程和思政课相互配合问题”的有益探索,深入推进课程思政,要树立系统性思维,加强顶层设计和整体谋划,在价值导向、目标协同、动力支持等方面多维并进,不仅要发挥思想政治理论课在价值引领中的核心作用,而且要根据不同学科、课程的内容特点和教育教学特点,在把握好与思想政治理论课同向同行的方向和原则前提下,找准课程育人的着力点,充分挖掘各门课程的思想政治教育元素,调动师生参与课程改革的积极性、主动性和创造性,实现全员全课程育人。② 其中,在价值导向上,课程思政的价值意蕴突出表现在其秉持课程育人在高校立德树人工作中的核心作用,挖掘每一门课程的思想政治教育元素,发挥所有课程、所有教师的育人功能和职责,实现课程育人的全覆盖;在课程目标上,课程思政的改革目标是建设以思想政治理论课为核心、以综合素养课程为支撑、以专业课程为辐射的高校思想政治教育课程体系,其“不是简单增开几门课程,也不是增设几项活动,而是把价值观培育和塑造,通过‘基因式’融入所有课程,将思政教育贯穿于学校教育教学全过程,将教书育人的内涵落实在课堂教学主渠道,让所有课程都上出‘思政味道’、都突出育人价值,让立

①卢粉艳:《加强高校思想政治教育教师队伍建设的思考》,《经济研究导刊》2017年第10期。
②王振雷:《论高校课程思政改革的三维进路》,《思想理论教育》2019年第10期。

德树人‘润物无声’”[①]；在动力支持上，课程思政要整合个体教育力和系统教育力不同层面的教育力量，前者以个体的人为分析单位存在，旨在促进个体生命的发展与成长，后者“包括社会各系统中存在的教育影响力与教育系统内的教育作用力，即不同系统中存在的不同教育力，还包括作为一个完整系统中整体意义上存在的教育力”[②]，旨在从意识、态度、能力等方面构筑教育责任的程度和结果。由此，思政课教师可以利用自身优势投入课程思政的改革创新中，于教育教学活动中渗透思想政治教育要求，延展思想教育覆盖面，奠定创新人才成长的思想与认知基础。

校园文化可从道德维度、情感维度和能力维度全面提升大学生的综合素养。第一是道德维度。通过举办党团活动和主题班会等活动，引导学生树立社会主义核心价值观；通过规范学生在课堂教育过程中的学术表现和日常行为，积极鼓励他们自觉参与到课堂教学管理和日常管理工作中，引导他们形成良好的自律意识和学术道德。第二是情感维度。通过开展心理咨询和常识讲座，提高学生的心理素质，充分开发他们的内在潜能，培养学生乐观向上的心理品质，使学生不断正确认识自我，增强其调控自我、承受挫折、适应环境的能力，培养学生健全的人格和良好的个性心理品质，使其焕发创造精彩人生的勃勃热情。第三是能力维度。通过素质拓展和社会实践活动，增强学生的团队合作能力和集体归属感，使其建立密切的同学关系，培养组织领导力；通过志愿服务，提倡互助利他精神，引导学生树立与人为善、平等尊重的理念，培养其强烈的社会责任感和良好的公民素质；通过企事业单位实习，为学生提供专业见习的机会，开阔学生视野，为其积累实践经验，引导学生树立职业发展目标，增强发展规划意识。[③]

二、党组织建设工作

大学生党组织是高校基层党组织的一个分支，是处在教育教学工作第一线的党组织机构，因而其整体功能的发挥直接影响到党的各项思想方针与政治举措落实到高校基层的成效，关系到立德树人根本任务和社会主义的办学方向，也关系到基层党组织规范化建设和党组织内生的创造活力。高校基层党组织的功能主要有政治功能、服务功能、导向功能、育人功能、保障功能、评价考核功能等等。总的来看，绝大多数学者认同基层党组织功能主要包括政治功能、服务功能两个方面。在新时期加强大学生党建工作，不仅有利于执政党自身建设的开展以及培养社会主义合格的建设者，还能提升大学生思想政治素养，优化大学生成长成才的现实路径。

大学生党组织功能是由政治功能、服务功能和考核评价功能构成的整体系统，各

①虞丽娟：《从“思政课程”走向“课程思政”》，《光明日报》2017 年 7 月 20 日。
②叶澜：《社会教育力：概念、现状与未来指向》，《课程·教材·教法》2016 年第 10 期。
③王云海、王宇航：《高校创新人才培养与思想政治教育创新策略》，《国家教育行政学院学报》2013 年第 2 期。

功能之间必须相互配合，才能促进整体功能的有效发挥。

其一，以提升组织力为重点，凸显大学生党组织的政治功能。党的十八届五中全会提出要加强党的各级组织建设，强化基层党组织整体功能。大学生党组织是政治组织，是党在基层的战斗堡垒，是党的领导延伸到基层的重要载体。大学生党组织要坚持把党的政治建设摆在首位、落到基层。首先，旗帜鲜明讲政治，加大对思想政治理论的学习，提升大学生党组织的政治领导力。高校党建工作应以提升组织力为重点，突出政治功能，把高校基层党组织建设成为宣传党的主张、贯彻党的决定、领导基层治理、团结动员群众、推动改革发展的坚强战斗堡垒。其次，凸显党支部书记的价值与作用，提升群众凝聚力。党支部书记作为基层党组织的领导者，其思想政治理论水平和能力对党支部整体功能的发挥至关重要。高校党建工作应选拔一批信念坚定、素质优良、作用突出的人到支部书记工作岗位上来，发挥榜样力量，增强党组织的凝聚力。再次，要坚持以大学生党组织存在的问题为导向，提升自我革新能力。基层党组织应正视自身存在的问题，借助党支部民主评议等途径，以改革创新的精神，着力解决自身存在的问题，不断增强党内政治生活的政治性、原则性、战斗性。①

其二，加强新时代高校基层服务型党组织建设，把服务摆在更突出的位置。中央组织部负责人谈中共中央办公厅印发《关于加强基层服务型党组织建设的意见》时指出，建设基层服务型党组织，把服务摆在更加突出位置，把学习、服务、创新有机统一于基层党组织建设全过程，为实现党的建设目标奠定了坚实基础。加强基层服务型党组织建设，是高校党建工作应对新环境变化、推进高校转型发展、促进师生成长、维护校园和谐稳定的必然要求。高校加强基层服务型党组织建设，应当在更高层面认识党的服务宗旨、高等教育的服务使命，为服务型党组织建设奠定坚实的理论与思想基础。站在执政为民和科教兴国高度，树立服务思想、坚持服务思维，把握服务方向、提升服务能力，遵循党的建设规律和高等教育发展规律，拓宽服务思路、优化服务内容和方式方法，以服务为领导和管理的主要内容与方式，使服务内化为组织属性，外化作行为方式，紧密联系高校党建和办学育人实际，以服务性指导服务型，以服务型增强服务性，不断优化“服务型”党组织建设。② 另外，围绕服务这个核心，统筹推进“三型”党组织建设。在“三型”党组织建设中，学习型、服务型、创新型紧密联系、相辅相成，因此要“把学习理念、服务理念、创新理念贯穿于执政党建设的全过程”③，做到统筹兼顾、协调推进。

其三，以完善制度体系为抓手，强化大学生党组织的考核评价功能。首先，高校应建立健全基层党建工作考核评价体系，落实基层党建责任制，这是做好基层党建工作，发挥党组织考核功能的重要保障。“高校基层党组织规章制度需要从新时代的新特

---

①刘丙宝:《新时代进一步强化大学生党组织整体功能的策略研究——以上海海洋大学为例》,《智库时代》2019年第22期。

②孙琦、张象林:《新时代加强高校基层服务型党组织建设策略》,《思想政治教育研究》2019年第1期。

③虞云耀:《牢牢把握党的建设总目标》,《求是》2013年第3期。

征、新要求、新任务出发，以习近平新时代中国特色社会主义思想为指导进行再梳理，以呈现更加全面，更加具体、更加科学的规范化制度形态，提高基层组织力。”①大学生党组织在完善制度体系建设方面，必须严格执行“三会一课”、组织生活会、谈心谈话、对党员进行民主评议等党的组织生活基本制度，创新创立党员发展质量保障制度，不断强化新时代大学生党组织的考核评价功能。其次，大学生党组织也要接受上级党组织的监督和评议，以自我革新的精神，不断改善工作方式，发挥作用。再次，落实基层保障制度和基层党建工作责任制，确保基层党组织有人管事、有钱办事、有场所议事、有制度理事，确保基层党建各项工作落实到基层和支部。新时代大学生党组织具有政治、服务、考核评价功能，各功能之间相互融合，紧密相连，共同构筑大学生党组织整体功能的架构。

三、大学生心理健康教育

近年来，各种“校园心理危机事件”频发，大学生心理健康教育问题日益受到重视和关注。我党在全国高校思想政治工作会议上强调：要坚持不懈促进高校和谐稳定，培育理性平和的健康心态，加强人文关怀和心理疏导。② 在新形势下，高校必须积极探索大学生心理健康教育新模式，大力加强心理健康服务，提升大学生的心理健康素养，着力构建中国特色高校学生心理健康教育服务体系。

1.当代大学生心理健康存在的主要问题及原因

近年来，大学生的心理健康越来越受到关注。国家出台了一系列改进高校大学生心理健康教育的相关政策；各级各类高校相继设立了心理健康教育咨询机构，开设了有关心理健康教育的课程和讲座；有很多教育工作者致力于心理健康教育的理论研究和实证调查，积累了丰富的经验，心理健康知识得以在大学生中普及，很多学生在遇到心理困惑时会主动寻求帮助。但是，由于我国正处于社会转型期，教育体制改革，经济全球化发展，网络科技突飞猛进，社会竞争更加激烈，无一不影响着当代大学生，他们所面临的学业压力、就业压力更大。总的来说，当代大学生的心理健康问题主要存在于以下四个方面。

第一，社会适应能力差。社会环境与学校环境会有一定反差，部分大学生缺乏生活适应能力和心理调节能力，社会适应能力较差，导致步入社会后不能很好地适应社会环境。第二，学习问题。进入大学后，部分大学生对于大学宽松的学习环境感到不适应，容易放松自己，学习目的不明确，学习态度不端正，学习方法不正确，导致学习效率低下，甚至出现部分学生期末考试不及格的极端现象。第三，社交障碍。受中国应

---

①刘丙宝：《新时代进一步强化大学生党组织整体功能的策略研究—以上海海洋大学为例》，《智库时代》2019 年第 22 期。

②《习近平：高校立身之本在于立德树人》，《新华每日电讯》2016 年 12 月 9 日。

试教育等的消极影响，高中教育更加注重个人学习，学生对人际交往关注较少，而进入大学后，部分大学生由于在人际交往中缺乏必要的沟通交流技巧，缺乏人与人之间基本的尊重理解。少部分学生会自我封闭，个性孤僻，不善交际，缺少知心朋友，常感孤独、寂寞、抑郁。第四，异性交友问题。进入大学后，部分大学生会开始向往美好的爱情，但是由于缺乏必要的爱情教育，未能形成正确的恋爱观、爱情观。感情挫折，情感纠葛较多，对个人学习影响较大。①

当代大学生心理问题的产生主要有以下四个方面的原因。其一，社会环境原因。随着社会的发展，当今社会对大学生提出了更高的要求，使他们承受着巨大的心理压力，加之网络信息对大学生的影响比较大，在大学生无法明确分辨其危害性时，将会影响大学生的身心健康。其二，家庭原因。当代大学生大部分是独生子女，可能由于家庭的放纵溺爱，缺少挫折教育，从小就养成我行我素的行为习惯，依赖性强，意志比较薄弱，缺乏责任感、必要的工作能力和协作精神。其三，学校原因。大学教育环境与大学生理想中的差距较大，使学生感到大学生活乏味无趣，容易出现抑郁情绪，若没有及时采取有效的措施对他们进行疏导，则可能会使他们出现更多的心理问题。其四，大学生自身原因。部分大学生高中时与人交往较少，不善于与人打交道，形成了孤僻、自闭的性格特征，而往往一个人的个性特征决定了这个人的心理承受能力，影响着这个人的心理健康状况。②

2. 大学生心理健康教育的现状及问题分析③

心理健康教育是培养身心健康、人格健全，具备坚强心理素质的大学生的重要教育载体。随着时代的发展变化，尤其是互联网以及现代通信设备的大范围普及，当代大学生的心理健康问题趋于复杂化，出现了一些新情况、新问题，传统高校心理健康教育工作的有效性受到一定程度的影响。总的来说，我国大学生心理健康教育主要存在以下四个方面的问题。

第一，对心理健康教育的重视程度不足、认识不到位。目前，虽然我国大部分高校都在积极针对大学生的心理健康问题开展心理健康教育与咨询工作，但对于大学生心理问题及高校的心理健康教育，很多人在概念、观点、认识方面并不是很一致，存在一些分歧与误区，这在一定程度上使得高校心理健康教育工作的有效开展受到影响。不少教师以及学生对于心理问题的认识比较片面，简单地将心理问题归于心理障碍、心理缺陷等，不能以正确的态度对待存在心理问题的学生。而在心理健康教育方面，由于对新形势下大学生的心理特点、心理变化规律等缺乏足够的认识和研究，大学生心理健康教育在高校虽然普遍开展，但形式化现象比较严重，多数情况下并不能真正解决大学生的心理健康问题，尤其是心理健康教育在高校其他学科领域中的渗透几近于

---

①刘杰：《高校大学生心理健康教育研究》，《农家参谋》2019 年第 18 期。

②同上。

③王丽卿、赵凌飞：《试论新时期加强大学生心理健康教育的途径和方法》，《心理月刊》2020 年第 2 期。

无，这在很大程度上影响了高校心理健康教育的成果输出。

第二，大学生心理健康教育的师资力量不足。由于对大学生心理健康教育的认识不到位、重视程度不足，很多高校在心理健康教育师资队伍建设方面较为滞后，师资力量不足成为高校心理健康教育工作中的一个突出问题。这一问题主要表现在两个方面：一是心理健康教育执业教师的数量不足，很多高校仅配置了有限的专业心理健康教师，与学校心理健康教育的需求严重不匹配；二是心理健康教师的专业素质与能力难以满足工作实际需求。由于专业心理健康教师资源不足，不少高校的心理健康教师是从其他学科转岗而来，心理学及心理健康教育背景不足，也缺乏专业的培训，这在很大程度上使得心理健康教育流于形式。缺乏高素质且具有专业背景的心理健康教师及专业心理咨询人员是当前高校心理健康教育发展的一个关键问题。

第三，大学生心理健康教育工作内容不全面，工作方法与手段单一。大学生心理健康教育具有较强的理论性与实践性，是一项较为复杂的系统工程。当前，我国高校的大学生心理健康教育，在教育内容方面并不全面，不少高校都将心理健康教育视为学科教育，注重心理健康知识的传授，片面地将心理健康知识的传授等同为心理健康教育，这在很大程度上使高校心理健康教育的实效性受到影响。另一方面，不少高校心理健康教育工作者并不具备专业背景，以兼职居多，工作方法和手段单一，一味地说教，将心理健康咨询工作简单地视为聊天谈心，不能很好地将心理学专业知识、技能运用到心理健康教育实际工作之中。针对大学生的心理问题，教师常缺少对引起这些心理问题的原因分析，难以真正解决大学生的心理问题，工作浮于表面、流于形式，而从高校整体层面而言，也缺少对大学生心理问题的排查、管理、干预与评估机制，使得高校心理健康教育工作的实效性大打折扣。

第四，大学生心理健康教育缺乏时代特色。进入 21 世纪，网络在很大程度上改变了现代人的生活、社交、工作、学习等方方面面，成为时代特色。在目前的高校心理健康教育工作中，传统的教育模式与方法仍是主流，这使得大学生心理健康教育缺乏时代特色，网络、多媒体等现代信息技术手段在大学生心理健康教育中的应用还比较少。网络是目前高校大学生们生活、学习不可或缺的重要组成部分，但部分高校仍没有充分意识到网络对大学生心理健康教育的重要作用及意义，没有把握住网络对大学生心理健康教育工作开展所提供的机遇，这在很大程度上影响了高校心理健康教育工作的有效性。

3. 增加大学生心理健康教育的途径

(1)把心理健康教育与思想政治教育有机结合起来

思想政治教育是高等教育的重要组成部分，在提高大学生思想品质与综合素质、能力方面具有重要的作用。思想政治教育与心理健康教育虽然在教育目标方面各有侧重，但两者在教育的根本目标上是一致的，即促进大学生身心的健康发展，为社会培养思想正确、心理健康的高素质人才。高校心理健康教育与思想政治教育在很多方面具有重叠,且在教育的方法与手段方面也有共通之处。新时期大学生所表现出来的一些心理问题,多与信念淡化、价值观扭曲有关。因此,解决新时期大学生的心理问题,提高大学生的心理素质,其根本还是要帮助大学生们树立正确的人生观、世界观与价值观,即高校心理健康教育应当与思想政治教育相互融合,形成有效的互补机制。基于此,高校应积极寻求思想政治教育与心理健康教育融合的途径与方式,将心理健康教育逐步融合到思想政治教育工作体系当中,形成融合两者优势作用的新型教育模式。①

(2)拓展高校心理健康教育的途径与方法

传统高校心理健康教育的主要方法是开展心理咨询与心理辅导,帮助大学生解决遇到的心理困扰等问题,对于产生心理障碍的学生,也可以及时发现、及早治疗,形式上主要包括个别咨询、团体辅导、心理与行为训练、热线电话等,在解决大学生心理问题方面具有良好的效果。但除此之外,高校心理健康教育还应根据当代大学生的行为特征与习惯,积极拓展心理健康教育的新途径、新渠道,如充分利用网络新媒体,如微博、微信、博客等,广泛开展在线心理咨询与辅导,帮助大学生们解决学习、生活中出现的心理困扰等问题。

(3)加强心理健康教育的队伍建设

高校心理健康教育工作要取得长远的稳定发展,加强教师队伍的建设是重中之重。首先,应加强高校心理健康教育师资队伍结构的优化,大力吸引心理健康教育专业人才,以专职心理健康教师为骨干,兼职教师为补充,建立起一支专兼结合、优势互补、结构合理的心理健康教育师资队伍。其次,对于高校心理健康教育工作中的大量兼职人员,尤其是辅导员与班主任,应加强心理健康教育专业技能的系统化、专业化培训工作,不断提高心理健康教育兼职人员的专业技能与理论知识水平,使之能够更好地发挥应有的职能作用,帮助大学生们解决生活、学习中的实际问题、具体问题,提高心理健康教育的针对性与实效性。再次,除提高心理健康教育师资队伍的专业素质外,还应注重师资队伍自身的心理健康问题。教师队伍的心理健康状况,对其心理健康教育工作的开展具有重要的影响,只有具备良好人格因素的教师队伍,才能更好地在教育实践中对学生产生积极的影响,起到更好的激励、熏陶和榜样示范作用,推动心理健康教育工作更好地开展。②

四、高校辅导员队伍建设

2006 年 9 月,教育部正式实施《普通高等学校辅导员队伍建设规定》(即教育部令第 24 号),该规定为辅导员队伍职业化、专业化建设提供了政策依据。伴随着新时代

①王丽卿、赵凌飞:《试论新时期加强大学生心理健康教育的途径和方法》,《心理月刊》2020 年第 2 期。
②同上。

经济社会的发展和高等教育改革的需求，对辅导员队伍建设提出了众多的新任务和新要求，亟须新的辅导员队伍建设制度的出台。在此背景下，教育部对教育部令第24号进行了修订，并于2017年10月正式施行修订后的《普通高等学校辅导员队伍建设规定》，对于促进新时代辅导员队伍建设和辅导员职业化、专业化水平的提高提供了重要的制度保障。①

由此可见，加强高校思想政治教育工作要整体推进包括辅导员队伍在内的高校思想政治工作队伍建设。高校学生辅导员是开展大学生思想政治教育的骨干力量，是学生在校期间学习生活的全面导师，高校辅导员队伍建设的优化是高校落实中央关于"全面贯彻党的教育方针，落实立德树人根本任务"的前提，是高校大学生思想政治教育工作提高实效性的关键。②

1.新形势下加强高校辅导员队伍建设的重要意义③

其一，加强高校辅导员队伍建设，是高校全面贯彻落实党的十九大精神的基本要求。党的十九大报告中明确指出：要全面贯彻党的教育方针，落实立德树人根本任务，发展素质教育，推进教育公平，培养德智体美全面发展的社会主义建设者和接班人。高校辅导员是开展大学生思想政治教育工作的骨干力量，是大学生在校期间日常教育管理工作的组织者和实施者，他们是大学生的人生导师和健康成长的知心朋友，在高校育人过程中发挥着重要作用。加强高校辅导员队伍建设，是新时期高校全面贯彻落实党的十九大精神，落实立德树人根本任务的基本要求，是全面贯彻党的教育方针，加强和改进大学生思想政治教育，维护高校和社会稳定的重要基础之一，对培养社会主义合格建设者和可靠接班人具有十分重要的意义。

其二，加强高校辅导员队伍建设，是加强和改进大学生思想政治教育工作的重要研究课题。教育部《普通高等学校辅导员队伍建设规定》(2017修订)明确指出：专职辅导员具有教师和管理人员双重身份，辅导员是开展大学生思想政治教育的骨干力量，是高等学校学生日常思想政治教育和管理工作的组织者、实施者、指导者。高校加强和改进大学生思想政治教育工作是一项长期的、系统的工作，需要全校各个部门的通力合作，需要社会各个方面的协同配合。高校辅导员是与学生接触最多的老师，肩负着高校学生思想教育和行为管理的重要职责，更是学生成长成才的引路人。高校思想政治工作的具体实施很大程度上是通过基层辅导员来实现的，辅导员自身的工作能力和综合素质在很大程度上决定了其思想政治工作的实际效果。加强高校辅导员队伍建设，提升辅导员队伍的整体水平，开拓辅导员工作的新局面，是新形势下加强和改进大学生思想政治教育工作的重要研究课题。

---

①王佩弦：《新时代高校辅导员队伍建设研究——基于教育部43号令和教育部24号令的文本比较研究》，《中国校外教育(下旬刊)》2019年第12期。

②李敏：《高校辅导员队伍建设存在的问题及对策研究》，《教育教学论坛》2019年第43期。

③同上。

其三,加强高校辅导员队伍建设,是促进大学生成长成才的重要保证。辅导员是大学生在校期间接触最多的老师,从新生入学教育、新生军训到大四考研、就业、毕业离校,从宿舍管理到学业管理,从心理健康教育到思想政治教育,从普通学生的日常管理到学生干部、学生党员管理,都离不开辅导员的指导和管理。辅导员的人生态度、思想品质、人格魅力和工作方式等都会对学生产生很大的影响。同时,学生在校期间会遇到各种各样的问题,如学业问题、心理问题、人际交往问题、恋爱问题和择业问题等,学生遇到问题时首先想的是找辅导员倾诉和解决,辅导员的专业知识和解决实际问题的能力直接关系到学生现实问题的解决,甚至会改变学生的一生。所以,加强辅导员队伍建设,优化辅导员队伍素质,才能使辅导员真正成为学生思想的引路人、学生学习的楷模、学生生活的指导者,真正成为学生的良师益友。建立一支熟悉大学生成长成才规律,了解青年大学生心理特点,具备丰富的思想政治教育实践经验,结构合理、优势互补的辅导员队伍,对大学生成长成才极为重要。

2. 加强和改进高校辅导员队伍建设的对策①

其一,重视高校辅导员队伍建设,明确高校辅导员工作职责。首先,高等学校应当坚持"学校教育,育人为本;德智体美,德育为先"的原则,把辅导员队伍建设列入学校教师队伍建设和党政管理干部队伍建设的总体规划中,制订相关办法和配套措施切实将规划落到实处。其次,落实辅导员岗位的配备要求。高校应在每年核定校内教职工编制时,专门对辅导员编制进行核定,按照1∶200的比例设置本、专科生辅导员,学生人数少于200人的学院,应至少配备1名专职辅导员。研究生总数超过200人的学院,至少配备1名专职研究生辅导员。再次,进一步明确辅导员的工作职责,科学界定辅导员的身份定位。高校辅导员的工作还应以思想政治教育为主,将思想政治教育工作贯穿于学生的日常管理、思想教育以及社会实践活动中,而不是教学活动的"服务员";辅导员是为学生服务的,但不是学生各方面服务工作的"联络员"。明确辅导员与学校各职能部处的职责,各部门分工合作,使辅导员有更多的时间和精力,从事大学生的思想政治教育工作,并不断总结经验,提高工作效率。

其二,健全高校辅导员职后培训,推进辅导员队伍专业化发展。首先,各高校应将辅导员的培训纳入学校教师干部的培训规划中,聘请专业的教育培训机构,完善培训层级,对处于职业发展不同阶段的高校辅导员进行有针对性的培训。② 各高校应设立相应的经费,制订辅导员培训规划,整合校内校外资源,坚持常规培训与专题培训相结合,对辅导员进行政策理论、文件精神、法律法规、思想政治教育、心理学、多媒体技术、党建知识、学生职业生涯规划、学生宿舍管理、学生社团管理等方面的专门培训,建立培训的长效机制。其次,鼓励辅导员继续深造,提高专业素质。有计划地安排辅导员

① 李敏:《高校辅导员队伍建设存在的问题及对策研究》,《教育教学论坛》2019年第43期。
② 刘军:《高校辅导员队伍专业化与职业化建设研究》,学位论文,西南大学,2012年,第40—42页。

进行脱产、半脱产或在职培训进修，选拔优秀辅导员定向攻读硕士、博士学位，不断提高辅导员队伍的思想政治素质、业务工作能力和专业化水平。再次，鼓励辅导员进行科学研究。各高校应积极创造条件，支持、鼓励辅导员结合大学生思想政治教育的工作实践和思想政治教育学科的发展开展科学研究，选拔优秀的专业素养高的辅导员承担大学生思想政治教育、形势政策教育、大学生职业生涯规划、毕业生就业指导等相关课程的教学工作，鼓励所有辅导员开展高校思想政治工作课题的研究。最后，鼓励辅导员进行考察调研。每年定期组织辅导员到兄弟院校进行调研考察，开阔眼界，拓宽工作思路，提升业务素质。

其三，规范辅导员选拔，优化辅导员队伍结构。首先，完善选拔程序，严把辅导员入口关，切实将政治素质过硬、热爱辅导员工作、有责任心的同志选聘到辅导员工作岗位上，切实保证选留辅导员的质量。其次，建立完善的发展机制，拓宽辅导员未来发展的出路，提高辅导员的职业认同感。坚持稳定为主、流动为辅的原则，通过完善辅导员队伍建设的相关政策，提升辅导员的职业认同感，使辅导员岗位招得进人，更留得住人。同时，畅通辅导员岗位出口，鼓励人员流动，使辅导员队伍在动态流动中保持相对稳定。再次，辅导员选聘时应注重选聘具有一定专业知识背景的人员，尤其是具有马克思主义、思想政治教育、教育学、管理学和心理学等学科知识背景的专业人员，改变辅导员队伍学科结构不合理的现状。最后，优化辅导员队伍年龄结构。在选聘辅导员时，要综合考量年龄结构，保障辅导员队伍年龄结构的科学性。

其四，完善辅导员队伍保障机制，改善辅导员待遇。首先，设立辅导员岗位津贴，使他们的实际收入不低于同等职务教师的中上水平。根据工作需要，改善辅导员尤其是新入职辅导员的住宿条件，减轻其生活压力，帮助其全身心地投入大学生思想政治教育工作中去。其次，各高校可结合学校特点和实际情况，在辅导员职称评聘方面予以倾斜，学校既可以按照辅导员职称评审标准评聘思想政治教育学科或其他相关学科的专业技术职务，也可以根据工作年限和实际表现晋升相应的职务待遇，对连续从事辅导员工作满一定年限的辅导员，可通过设立非领导职务岗位，解决他们的职级和待遇问题。按照教育部在辅导员专业技术职务评聘中“岗位单列、序列单列、评议单列”的指导意见，一类岗和二类岗的晋级或晋升办法可参照现行专业教师系列的专业技术岗、其他专业技术岗或行政管理人员同一档次执行。如此，所学专业与工作岗位内容相符，有利于在职人员长期深入发展专业，辅导员队伍的专业化、职业化发展道路才能通畅、长远。

其五，改进辅导员考核体制，灵活评价。为规范对辅导员的管理，激励和促进辅导员认真履行岗位职责，不断提高政治素质和业务水平，积极主动、创造性地做好本职工作，有必要建立科学合理的评价体系和良好的竞争环境。根据业务内容可将辅导员划分为两个不同的类别：一类是主要从事教育研究、专业咨询的专业技术岗位，如思想政治教育、心理健康教育、法律事务咨询、青年发展研究、职业发展研究、科技文化活动指导等；一类是主要从事管理、服务的专业技术岗位，如宿舍管理、资助管理、奖惩管理、档案管理等。因此，在设计考核评比指标时，应该分类制定、分类考核。辅导员考核考评应坚持客观、公平、公正、公开，目标考核与过程考核相结合，学生评价、院系考核与学校考评相结合，定量考核与质性评价相结合等原则，最大限度地提高辅导员的工作积极性。[①] 另外，各高校应将辅导员表彰纳入学校教育工作者表彰奖励体系中，按一定比例评选，统一表彰。树立辅导员先进典型，宣传优秀事迹，充分肯定他们在学校建设中的贡献。

第三节　我国高等教育的德育改革

在当今经济全球化、网络信息化、文化多元化和教育国际化背景之下，高校德育对大学生社会主义核心价值观的塑造以及社会公民道德水平的提升都起着重要作用。

一、我国高校德育发展现状

1. 高校德育发展的总体特征[②]

首先，关注学生全面发展共同目标下的多元化追求。德育目标的设定反映了高校对学生思想意识、道德品质、理想信念等方面的要求，我国德育的根本目的是实现学生的全面发展，培养合格的社会主义建设者和接班人。相比于其他国家，我国高校德育目标的政治性和选拔性表现得比较明显，多以满足社会需求为导向。其次，培养学生良好道德品质基础上的多方面兼顾。各国高校德育所涉及的都是政治、思想、道德方面的内容，包括人类的共同品质，如乐观、友爱、诚实、勇敢、信念、健康人格等等，自然我国也不例外。我国高校德育外延广泛，包含了思想政治教育、法治教育、品德教育以及心理教育等多个领域，注重学生的德智体美劳全面发展。再次，显性、隐性教育双重作用下的多样化教学。显性教育是各国高校德育的主要方式。德育方法是实现德育目标的必要条件，也是影响德育效果的重要因素。以有效的方法将德育内容内化于教育者心中，再外化于行为举止，是各国高校德育共同追求的目标。我国高校德育的主要方式仍为课堂教学和理论灌输，通过对概念的讲解等学理性的阐述将内容直观地呈现给学生。除了显性的德育课程，如课外活动、社会实践等隐性教育也是高校德育的重要手段。我国高校近年来也逐渐对隐性教育模式加大了关注，并尝试开展各式各样的主题教育活动，教育载体也从单一的课堂教学发展为多种新颖的载体形式，但教育过程仍侧重理论解读，未能真正发挥出隐性教育区别于显性教育的本质作用。

---

① 刘军：《高校辅导员队伍专业化与职业化建设研究》，学位论文，西南大学，2012年，第47—48页。

② 舒豪、李玉琴：《国际视域下我国高校德育改革策略研究》，《江苏高教》2020年第1期。

2. 高校德育改革面临的现实挑战

高校德育改革面临的挑战主要表现在四个方面。其一，大学生的成长环境在某种程度上会加大高校德育工作难度。大学生存在诚信道德意识弱化、诚信道德缺失等现象，给高校思想政治教育工作带来较大挑战。这主要是因为这些大学生出生在全面发展的新时期，多是独生子女，从小生长在较为优越的环境中，被视为家长的掌中宝，对父母有较强的依赖性，在思想方面多以自我为中心。他们在家庭中享受着最优厚的待遇，可一旦进入大学环境，却很难在短时间内转变以自我为中心的思维模式，可能难以与他人进行良好沟通和交流，同学间容易发生摩擦。其二，网络文化中的西方文化对高校德育改革的不良影响。信息技术和网络技术不断发展，人们早已经步入互联网时代，高校德育的开展必须借用互联网的优势，这样高校德育才能紧跟时代发展的脚步。对于如何将网络资源与专业课程教学进行有效融合，使自身养成良好的道德素质，大学生常感到非常的茫然。在互联网络中充斥着很多西方资本主义不良思想，还有一些宣扬色情、暴力的不良信息。大学阶段正是学生良好人生观、价值观养成的关键阶段，这些不良网络信息的冲击，对大学生的全面发展造成了很深的影响，高校德育改革也面临着很大的挑战。① 其三，大学生对政治政策、时事形势等缺乏关注。有调查显示，部分大学生关注时政的程度较低，国家主人翁意识较弱，缺乏一定的使命感和责任感。其四，受大学毕业后就业等因素的影响，部分大学生过于务实，在学业、就业、理想追求上具有功利性。随着我国高校扩招的落实以及大学毕业生数量的迅增，当代大学生承担着巨大的就业压力，在某种程度上会加剧高校德育改革的难度。因为有的学生步入大学的主要目的就是希望通过上大学掌握一门技能，在某一领域有所发展，掌握可以在复杂社会环境中生存的本领。他们愿意通过奋斗去实现理想生活，但与此同时他们过度务实与功利的行为举止背后也透露其理想信念的局限性，在某种程度上有碍高校教育工作者对其社会主义核心价值观的培养以及社会公民素养的提升。

二、制约我国高校德育改革的重要瓶颈②

第一，未能高度重视德育的层次性与适应性，造成德育目标单一且笼统。高校德育目标的设定决定了高校德育的发展方向。随着时代的发展和社会的进步，道德体系也必然受政治、经济、社会等因素影响而发生改变，这就要求高校德育目标也需要相应地做出调整，以适应和服务于社会现实发展的需要。当下，我国经济的快速增长和社会的急剧变迁对高校学生成长成才有着更高的标准和更严格的要求，高校德育在培养大学生理想信念的同时，更应重视学生自身心理需要和品格健全。德育目标的确立不

①涂桂华:《我国高校德育教育改革的挑战及其应对》,《黑龙江畜牧兽医》2017年第4期。

②舒豪、李玉琴:《国际视域下我国高校德育改革策略研究》,《江苏高教》2020年第1期。

仅应满足社会发展的需要，也应当考虑教育对象自身发展的诉求，而我国高校德育目标在适应个体发展需求方面仍有欠缺。一方面，我国高校德育目标设立的政治化倾向比较明显，重点关注学生的社会主义理想信念的树立，可能会忽略学生独立人格的塑成和价值判断能力的培养。另一方面，受客观环境的影响，同一年龄阶段的学生的思想道德水平参差不齐，而我国高校德育长期以来习惯以统一的模式和统一的方法来教育学生，可能难以兼顾学生个体之间的差异性和多样性。高校在德育目标的设置上显示出以绩效为导向、缺乏层次性、急于求成的问题，对于德育目标达成的衡量标准一般以期终考核成绩和德育课程的出勤率为参考项，参考因素单一，评价标准刻板，客观上忽略了品德形成的过程，德育的效果难以巩固，学生也容易在这种德育模式中被动地追求理论的谙熟和考核的高分，并不在意自己是否养成良好的个性心理和独立的思考能力。

第二，缺乏对德育全面性与发展性的深刻认识，导致德育内容固化且滞后。自中华人民共和国成立以来，德育在不断发展的过程中形成了外延宽泛的“大德育”概念。虽然德育内容丰富，但我国高校德育内容以马克思主义理论为建构基础，对思想教育和政治教育较为重视，在法治教育、心理教育、传统文化教育等方面则相对薄弱。譬如，作为我国德育的重要组成部分，我国传统德育内容在高校德育中愈加难觅其踪。我国数千年历史和璀璨文化孕育的优良德育传统是当代高校德育的宝贵财富。而我国高校德育内容中对传统文化提及较少，对德育传统更是鲜有涉及，缺乏历史与文化底蕴的德育内容犹如空中楼阁，让学生难以形成认同感与归属感。除此之外，心理健康教育在我国德育内容中的缺失也尤为明显。我国的心理咨询和心理健康教育起步晚，体系尚不完善，在排解学生心理问题、提高学生自助能力、加强学生人格教育等方面难以发挥实质性的作用，以至于学生在心理健康方面知之甚少，也缺少对人格的自我培养与自我健全的意识。以上种种问题，显示出我国高校对德育的定位仍不明晰，且德育内容长期缺乏更新。长此以往，这会导致德育的实际内容趋于狭隘、滞后，学生对于德育内容模糊不清，甚至将德育与思想政治教育混为一谈、对德育内容产生“框架大，实质空，难以接受”等印象。

第三，未能有效发挥显性教育与隐性教育的互补作用而带来德育张力不足。一方面，传统显性教育效果减弱。单一的自上而下的德育模式虽然在短期内有立竿见影的效果，但随着学生知识的增长和独立思考判断能力的提升，学生对那些简单粗暴的教育方法则可能产生抵触情绪，导致德育效果弱化，最终难以达成高校德育的既定目标。另一方面，隐性教育仍然不成熟，难以把握形式与内容之间的关系。我国高校长期以来对隐性教育缺乏重视和深入研究，容易将课堂之外的教育手段笼统地称为隐性教育，以此作为隐性教育的标签，这往往会导致教育实践活动浮于表面、流于形式。课堂外教育不等于隐性教育，将隐性教育直接等同于课外实践活动也是极为肤浅的观点。隐性教育是指教育者将教育内容渗透进学生的学习过程，让学生在意会过程中得到思想启迪与精神感召的一种教育方式，具有明显的情感指向。而“实践活动”一词只是课堂教学外教育行为的统称，若将隐性教育与实践活动两者简单等同，便是对隐性教育概念和意义的曲解，以这种错误解读作为指导思想进行隐性教育，无法从本质上将隐性教育与显性教育区别开来，使得显性教育披上了隐性的“外壳”，隐性教育有名无实，自然无法达到德育的理想效果。

三、推进高校德育改革的创新举措

其一，遵循教育规律和人的成长发展规律培养创新人才。德育是培养人才品格的关键，能塑造人才坚定的精神追求、强烈的责任感与高尚的行为准则，为人才提供推陈出新、实事求是、和而不同的智慧与才能。德育作为教育的有机组成部分，构成了社会成员发展成长的特殊形式。德育与其他一般知识教育不同，它是人类价值在德育对象知行中的体现。一般的自然科学知识的传授与教育对象自身特性的联系并不是很紧密，但德育的过程在很大程度上依赖并作用于德育对象自身的特殊性，它的最终效果是对象自身价值取向与德育知识的统一。如果德育的内容、形式与德育对象的成长需要、所达到的认知水平等相匹配，就会促使德育对象“悦纳”并产生共鸣，从而产生德育效果，与知行共振。所以，要在研究德育对象的特性、需要等元素的基础上，引导、调动德育对象的内在积极性与主动性，使德育与德育对象的思想道德需要更好地契合。①

其二，调整德育目标引领高校德育体系构建。我国高校教育的根本任务是“立德树人”，高校德育应该在坚持社会本位的同时，进一步保证大学生个体本位的合理需求和价值取向，建立以学生为本，以价值观为导向的教育体系，使个体本位与社会本位的价值取向在矛盾与融合中，逐步整合出更合理的适应社会状态与满足个人发展需求的价值观念。高校德育不是少数人的德育，而是面向全体学生的德育，“精英文化遗产不会自动地、同样地对所有接受它的人都有利”。将我国高校“带有选拔性质”的德育目标调整为“普及，提升能力型”的德育目标，充分考虑学生个体之间的差异性，制订贴合学生实际情况的德育计划，施行过程中更多关注整体道德水平的提升，能更好体现高校德育对学生群体的适切性。另外，我国高校德育应摒弃唯目的论，避免对德育质量和长远影响视而不见，而应将注意力向具体的德育过程转移，将德育目标系统分层，循序渐进，提升学生对德育内容的理解程度、把握程度、认可程度以及最终的实践效果，从而提高学生的整体道德水平。构造良好的德育环境，这种环境反过来会影响学生自我学习及自我消化过程，达成环境与学生个体相互影响的良性循环。②

其三，依托多学科知识推动高校德育内容创新发展。首先，在当今经济全球化、网络信息化、文化多元化和教育国际化背景之下，高校德育只有与时俱进，借助其他学科知识的启发功用，运用交叉学科的合力作用，方能不断提高青年学生德育工作的针对

---

①冯刚：《国际化视野下高校德育的创新发展》，《中国高等教育》2011 年第 1 期。

②舒豪、李玉琴：《国际视域下我国高校德育改革策略研究》，《江苏高教》2020 年第 1 期。

性和实效性,促进青年学生的全面发展。其次,高校德育对象的新变化要求高校德育借助多学科知识,科学分析和准确把握青年学生思想观念领域的新变化,既需要充分运用传统德育知识,更需要借助多学科知识加以考察。再次,高校德育内容的新拓展决定了高校德育必须在交叉学科视阈下,依托多学科知识不断创新和发展高校德育内容。与此同时,当下信息网络技术形成的新环境也给高校德育工作带来了全新的挑战和机遇,必须着力优化和清朗网络环境,改进和提升网络信息境遇中德育的针对性和实效性。这也需要高校德育有效借鉴和吸纳其他学科知识,积极寻求化解之道。对此,高校德育需吸收多学科知识,拓展更为完善的德育内容。一方面,这需要高校科学优化高校德育的传统内容,重视青年学生思想道德的发展、人文素养的提升、身心健康的健全、人格品性的养成等内容,积极探索个体心理特征和人格品性发展,深入研究群体和个体价值观念、共同心理的形成和发展规律。另一方面,高校德育还需切实拓宽高校德育的鲜活内容。高校德育应关注青年学生的德育的新挑战、新机遇和新需求,大力完善和拓展德育内容,以社会主义核心价值观统领高校德育理论宣传和实践工作,在坚持和完善传统教育内容的同时,着重加强和改进新形势下的社会主义教育、爱国主义教育、传统文化教育、民族精神和时代精神教育、公民道德教育、生态文明意识教育、网络公民意识和伦理道德教育等内容,引导青年学生在自觉做中国特色社会主义坚定的信仰者和忠实的实践者的同时,学习和提升有效应对时代变化所应具备的品格和意志、能力和知识。①

其四,改良创新德育手段,提升高校德育实效。以课堂教育为主要形式的显性教育依然是我国高校德育的主要途径。针对显性教育模式僵化和隐性教育泛形式化等问题,我国可借鉴西方国家高校的做法,开设多种主题的德育选修课,譬如针对德育传统、民主法治建设以及心理健康建设等主题,配合"两课"教育,对学生开展全方位、立体式的教育,增加学生的文化底蕴,帮助、引导他们从主观上重视德育理论的传授,加强他们对内心世界的改造和优良道德品质的自我培养,继而在行为上表现出诚实、友善、勤奋等良好品质以及热爱祖国、愿意为党和人民奉献自我的崇高理想信念。与此同时,高校还应继续加强隐性教育手段的创新,注重隐性教育活动的质量,摒弃形式化的实践活动和打着隐性教育的幌子,仅把课堂搬到室外的伪隐性教育形式,减少口号性、学理性的讲解,多关注学生的情感变化,把握学生的思想动态,在适当的时候加以情绪上的引导,让学生触景生情,加强自身在教育氛围中的代入感,将对教育内容的认同感内化为稳定的心理状态,在生活中自觉践行其作为未来的社会主义合格建设者和可靠接班人的职责。②

其五,建设能实现理论和实践创新的高素质队伍。马克思指出:道德的基础是人类精神的自律。高校德育能否担负起面向世界和植根本土的双重责任,关键在于能否

① 刘煜昊、寇清杰:《依托多学科知识推动高校德育创新发展》,《中国高等教育》2017 年第 7 期。
② 舒豪、李玉琴:《国际视域下我国高校德育改革策略研究》,《江苏高教》2020 年第 1 期。

建设一支能够实现理论和实践创新的高素质德育工作队伍。这支队伍要有高度的政治责任感和发展马克思主义的神圣使命感，要有扎实的理论功底，还必须具备改革创新的时代精神和适应复杂形势的实践能力，要能够把理论和实践结合起来，把握变化着的时代特点，研究发展中的实际，解决实践中的问题，因为中国高校德育的创新发展不仅是应对外来的考验和挑战的需要，同时也是在通过自身的丰富和发展为国际化视野下的人才培养以及人类文明的进步做出自己应有的贡献。[①] 高校德育工作者可借助职后培训平台，结合德育实践经验，力求将德育理论转化为高校德育实践创新，实现高校德育个性化和创新化。

本章小结

高等教育德育是高校有目的、有计划、有组织地对学生进行政治思想、道德规范、法律意识和心理品质等方面的教育，它吸收中国传统道德精髓，以科学理论为指导，以立德树人为目标。高等教育德育主要通过思想政治教育、党组织建设、辅导员队伍建设和心理健康教育等方式展开。遵循教育规律和人的成长发展规律培养创新人才、调整德育目标引领高校德育体系、依托多学科知识推动高校德育内容创新发展、改良创新德育手段提升高校德育实效、建设能实现理论和实践创新的高素质队伍等角度，全方位、全过程改进我国高等教育德育工作、提升我国高等教育德育质量。

复习与思考

一、简答题：

简要阐述高等教育德育的组织形式。

二、论述题：

1. 试析新时期高校进行德育工作的时代意义。
2. 试析当代大学生德育问题产生的原因。
3. 试析思政课程与课程思政的联系与区别。
4. 论述当前我国高校德育的困境及原因。
5. 论述高等教育工作者如何借助新媒体开展德育工作。

①冯刚：《国际化视野下高校德育的创新发展》，《中国高等教育》2011年第1期。

第六章

高等教育的课程

课程是一种特别复杂的对话。

——威廉·F.派纳

要 论 提 示

- 课程是教学的主要内容，是高等教育的中心问题。
- 课程设置是高等学校教育理念、人才培养目标和规格的集中体现，也是保证人才培养质量的关键环节。
- 课程实施是指课程计划付诸实践的过程，不同的价值取向形成不同的实施模式。
- 高等教育课程改革是高等教育改革的重要内容和重要组成部分。

第一节　高等教育课程的概述

当今世界正处于百年未有之大变局，高等教育也正处于深刻的变革之中。面对发展的新时代，在课程建设中强化与时俱进意识、创新学术话语体系、提升高等教育课程质量，是未来高等教育课程发展面临的艰巨任务。

一、高等教育课程的界定与内涵

课程是教育活动的中心问题，是开展教育教学的主要载体。研究高等教育课程，首先要对高等教育课程的含义有一个基本认识。

1. 高等教育课程的定义及内涵

“课程”一词最早见于唐朝，孔颖达在《毛诗正义》中对“奕奕寝庙，君子作之”(《诗经·小雅》)进行注释：“以教护课程，必君子监之，乃得依法制也。”但此“课程”与今天的课程含义相差甚远。宋代教育学家朱熹在《朱子全书·论学》说道：“宽著期限，紧著课程”。这里的课程指功课及其学习的范围、程度、时限、进程等。陈侠先生在其著作《课程论》中解释：“课，指课业，就是现在说的教育内容；程，有程度、程序、程限、进程的意思。”①中国台湾学者也提出：“课，计也；程，式也。合之，为定式授事。”②在西方，课程(curriculum)一词最早见于英国教育家斯宾塞的论文《什么知识最有价值》，来源于拉丁文“racecourse”，意为“跑道”，这里的“课程”包含有教育者要学习的学科总和及其进程的安排。随着近代对课程研究的深入，课程的著作汗牛充栋，课程的定义也众说

①陈侠：《课程论》，人民教育出版社，1989 年，第 12 页。
②台湾师范大学教育研究所：《高等教育》，伟文图书出版社有限公司，1979 年，第 313 页。

纷纭。张华将课程定义大致分为三种：课程作为学科；课程作为目标或计划；课程作为学习者的经验或体验，[①]并具体指出了不同的课程定义的不足之处。

我国学者对高等教育课程的定义各种各样，如谢安邦对课程的定义有狭义和广义之分。狭义的课程是指被列入教学计划的各门学科，及其在教学计划中的地位和开设顺序的总和。广义的课程则是指学校有计划地引导学生获得预期的学习结果而付出的综合性的一切努力。[②] 薛天祥则认为高等教育的课程，一方面是知识传播的媒体，另一方面更是知识生产、创新的"胚芽"，涉及人的教育和发展的各个方面。[③] 而王伟廉从"教育是一种有目的的活动"出发，并结合我国高等教育当前的研究状况和实际状况，认为课程是指学校按照一定的教育目的所建构的各学科和各种教育教学活动的系统。[④] 该定义指出，课程是有目的的，不是自然发生的；课程是一个有组织的体系，而不是杂乱无章的；课程是囊括学科体系和其他有目的的教育教学活动体系的广泛概念。本书采纳该定义，认为高等教育课程是指各级各类高等学校按照一定的教育目的所建构的各学科和各种教育教学活动的系统。

2. 高等教育课程基本特点

与基础教育、职业技术教育等其他层次和类型的教育相比，高等教育有其自身特点和发展规律，高等教育课程也具有鲜明的特点，具体表现在以下几个方面。

第一，高等教育课程具有明显的专业性。一方面高等教育课程大多以知识为导向，以学科为经纬，综合学校、社会以及个人需要进行科学的组织与安排，使得高等教育课程具有明显的专业性质。张楚廷曾就专业和课程的关系做过精辟的论述：设置一个专业，就需要设计一套课程，形成课程体系。反过来，要设计好课程体系，才能办好一个专业。专业比课程有相对的稳定性，如果说专业是骨架子，那么它的血肉就是课程，甚至专业的灵魂是课程。另一方面，高等教育课程的专业性还体现为课程内容的特殊性。高校课程内容与科学文化知识具有特殊的关联，它总是处在科学文化知识发展的前沿上，不断删除陈旧落后的知识内容，又不断补充那些专门化了的知识领域的最新进展，这一点同普通中小学和各种中等职业学校的课程截然不同。

第二，高等教育课程的内容具有前沿性。科学技术是不断发展的，社会是不断进步的，这要求高等教育在课程内容上要不断更新，不仅要充分吸收最前沿的科学技术成果，同时要培养学生对不同观点进行评判的能力。课程的内容与知识息息相关。无论我们讨论哪一层次的教育，都离不开知识这一核心概念，课程是对值得传授的知识形态的界定。现代社会曾经被界定为学习社会、知识社会或工业社会，现代社会的多样性、复杂性要求知识的多样化、革新化，这也必然要求高等教育课程内容的革新化和

---

①张华：《课程与教学论》，上海教育出版社，2000年，第67—68页。

②谢安邦：《高等教育学(第2版)》，高等教育出版社，1999年，第235页。

③薛天祥：《高等教育学》，广西师范大学出版社，2001年，第232页。

④王伟廉：《高等学校课程研究导论》，广东高等教育出版社，2008年，第5页。

前沿化。

第三,高等教育课程重视能力培养,具有探究性。高等教育是高层次的教育,学校不仅要传授学生知识,更要注重培养学生科学探究的能力和素养。当今社会,知识更新速度越来越快,因此,王伟廉指出,高校课程的目标就不得不从一般的传授现成的知识转向以培养能力为主要目的。① 这里的能力不仅指学生的自学能力,还包括学生应该具备的检索能力、探究能力、更新知识的能力以及创造力。另外,教师在课程的整个教学过程中也常常渗透了自己的科研历程和思维方式,以激发学生的探究欲望。② 因此,课程也使高校教师自身的科学探究能力和专业素养得到提升。

第四,高等教育课程结构具有复杂性。从纵向看,课程囊括专科课程、本科课程、研究生课程等,呈现出多层次性和多规格性;从横向看,课程囊括专业基础课、专业选修课、公共基础课及公共选修课等,呈现出各学科之间的复杂性。高校课程的形式也是多样、复杂的。如讲授课、讨论课、实验课、实习(生产实习、教学实习)、社会调查、生产劳动、毕业论文、毕业设计等等。除上述特点外,高等教育课程还具有综合性、国际性、动态性和校本性等。

二、高等教育课程的分类与功能

1. 高等教育课程常规分类

根据不同的划分标准,课程分为不同的类型。此处主要简单介绍以下几种课程划分方式。

根据课程的地位,高等教育课程分为必修课和选修课。必修课是指为了保证特定专业的学生达到一定时期社会所要求的基本规格而统一开设的课程,主要包括思想政治理论课、外语课、体育课、专业基础课和文化基础课等,是高等教育课程的主体部分,也是人才培养质量规格统一的重要保证。选修课是指学校所开设的允许学生根据自己的愿望和条件所做出一定选择的课程,目的是因材施教,充分发挥学生的兴趣和专长,这不仅有益于学生知识面的扩大,同时有益于学生专业面的拓宽。选修课根据性质又可分为专业选修课和公共选修课等。当前高等教育课程改革的主要趋势是适当增加选修课课程比重和课时比例,相应降低必修课比重。

根据课程的功能,高等教育课程分为专业课程与通识课程。专业课程是为学生提供专业基础理论、基本知识和基本技能所开设的课程,旨在让学生掌握本专业的基本知识和技能,提高学生的专业素养,培养一定专业领域的高级专门人才;③通识课程是为大学生提供的一种共同的、综合的、非专业性的、非功利性的、非职业性的、不直接为

---

①王伟廉:《试论高校课程与文化科学知识的关系》,《现代大学教育》2001年第1期。

②季诚钧:《大学课程概论》,上海教育出版社,2007年,第6页。

③李孟辉:《高校课程研究》,上海交通大学出版社,2012年,第8页。

职业做准备的知识和态度的基础性课程，旨在使学生既具有广博的知识又具有高尚的人格；既具有深厚文化底蕴又具有批判性思维；既具备一定的生活和工作所需要的能力和情趣，又具备关爱他人、关爱社会、关爱自我的人文精神和情操。[①]

根据课程的表现形式，高等教育课程可以分为显性课程和隐性课程。显性课程是指学校课程计划中明确规定的学科，也是高等教育的主要教学内容，是为实现一定教育目标，有目的、有计划、有组织地设置的课程，具有理性的特点。隐性课程是指学校课程计划中未明确规定的课程，使学生潜移默化学习到经验，具有非理性的特点。

有学者认为高等教育课程可以划分为微观课程和宏观课程。微观课程是指高等教育体系中各自独立的教学科目或学科，例如人文社科类中西方哲学、世界通史等，旨在促进各科系的教学内容紧跟时代的发展；宏观课程是指培养人才的课程总体，这种课程总体既可以指某系或专业的课程体系，也可以指整个院校某类共同课程的课程体系，如师范院校的教育科学课程、工程系的基础课程体系等。

除此之外，高等教育课程还可以按照学科种类分为自然科学课程、社会科学课程、思维科学课程、艺术学科课程等；按照学科功能可以分为基础课程、专业基础课程、专业课程等。

2. 高等教育课程的功能

课程的功能是指课程在一定环境中所发挥的作用，环境包括学校内部环境和社会环境。课程在学校内部所发挥的作用，可以称为课程的内部功能或育人功能；课程在社会中所发挥的作用，可以称为课程的外部功能或社会功能。[②] 育人功能和社会功能统称为课程的一般功能。高等教育课程为促进学生生动活泼地成长和发展服务，为满足社会对人才的需求服务。

谈到课程的功能，就不能不谈到教育的功能，两者是一致的。在一定意义上说，课程之于教育，就是实现其功能的工具，教育的功能决定着课程的功能，这是二者关系的根本。[③] 一般来说，大学具有三大功能：人才培养、科学研究和社会服务。因此，高等教育的课程也具有人才培养、科学研究和社会服务三大功能。但是，有一些学者就高等教育的育人和社会服务两大功能而言，认为如果人们强调高等教育的社会服务功能，那么高等教育课程的设计和实施必然侧重于社会服务功能；如果人们强调高等教育的人才培养功能，那么高等教育课程的内容、教学就会着重发挥人才培养的功能。高等教育改革中，高校课程功能由固定的、静态的、一元化的向动态化、综合性、多层次非均衡的转变，由知识本位、学科本位向能力本位和培养学生社会责任感和正确价值观、健全人格等转变。

---

①田水泉：《我国高校课程建设存在的问题与建议——从高校中观课程类型、功能及其关系的视角》，《中国成人教育》2010年第12期。

②朱德全、易连云：《教育学概论（第2版）》，西南师范大学出版社，2017年，第239页。

③丛立新：《课程论问题》，教育科学出版社，2000年，第99页。

第二节　高等教育课程的设置

课程设置是指学校开设的教学科目、科目之间的结构关系和各科目的学分与学时比重的分配。课程设置必须符合培养目标的要求，它是一定学校的培养目标在一定学校课程计划中的集中表现。高等教育课程的设置，是高等学校教育理念、人才培养目标和培养规格的集中体现，是保证人才培养质量的关键环节，同时也是高等教育改革的突破口。课程设置是一项复杂的工作，它集中反映了各级各类高等学校的教育目标和专业培养方向。通过课程设置，可以建立高等学校专业课程之间的联系，建立实现人才培养目标所需要的知识体系和方法体系。因此，高等教育课程的设置应该与科学技术和社会发展、高等学校教育理念以及学生自我发展相适应，遵循高等教育课程设置的基本原则，避免盲目性、随意性，充分反映时代特征和高等教育的特点。

一、高等教育课程设置的原则

高等教育课程设置要充分体现时代特征、基本同情以及一定的社会文化价值，同时要符合学生自身发展需要。因此，高等教育课程设置应当遵循以下几项基本原则。

1.立德树人的价值导向

高等教育课程设置的最终目的是育人。2014 年，《教育部关于全面深化课程改革落实立德树人根本任务的意见》正式印发。该意见提出要研制“各学段学生发展核心素养体系，明确学生应具备的适应终身发展和社会发展需要的必备品格和关键能力，突出强调个人修养、社会关爱、家国情怀，更加注重学生自主发展、合作参与、创新实践。”核心素养被置于深化课程改革、落实立德树人目标的基础地位。① 立德树人是高等教育课程设置的基本价值取向。此外，有学者将培养人分为几个层次：技术人、知识能力人、有文化教养会做人的人。其中，“有文化教养会做人的人”能够将知识转化为教养，既有宽厚的文化科学基础知识，又能对这些知识进行感悟，用道德智慧引领科学知识的应用，是高等教育追求的终极目的，体现了课程设置的“立德树人”基本价值导向。②

2.学生主体性原则

高等教育的基本目标之一是培养人才，因此高等教育课程应该以学生的发展与成

①施久铭：《核心素养：为了培养“全面发展的人”》，《人民教育》2014 年第 10 期。

②张忠华：《高等教育专题新论》，光明日报出版社，2013 年，第 373 页。

长为着眼点,课程设置应该为学生的发展与成长服务,体现教育以人为本的属性。高等教育课程设置不仅要关注整体学生的主体性,而且要关注学生个体的主体性。在促进学生个体主体性方面,除统一性课程外,高等教育课程应该增设个性化课程,构建多样化的课程体系,允许学生依据兴趣爱好和能力发展水平自主选择合适的课程。高等教育课程设置不仅要体现社会化的统一要求,也要体现主体性的差异,满足个体个性化的需求,把提高学生整体素质和发展学生个性紧密结合。高等教育课程不是教师的"一言堂",而是师生进行智慧碰撞和思想交流的平台。

3. 稳定性和灵活性相统一的原则

一方面,稳定的课程体系是保证课程成功实施的重要前提。一些高等学校没有相对稳定的课程体系,因此难以保证人才培养的质量与规格。另一方面,由于社会和科学技术的发展,高等教育课程的设置需要一定的灵活性,要紧跟社会发展和科学技术发展对人才的需求,灵活地进行调整,同时还要依据一定的规范和原则对高等教育课程体系进行优化,并适时修订课程内容。因此,要扭转过去那种呆板的、统一的课程计划,根据时代发展的统一要求,结合高等学校自身的特点与需要,开设多种各具特色的、符合学生发展需要的课程。

4. 合理性原则

课程设置合理性主要表现在课程结构和课程内容的合理。合理的课程结构是指课程开设的先后顺序合理,各课程之间衔接有序,能使学生通过课程学习与训练,获得某一专业的知识与能力。传统的高等教育课程设置,不同的门类、学科和专业之间壁垒森严,如人文社会科学课程与自然科学课程、综合交叉课程与学科专业课程、跨专业课程与单门知识课程。课程内容的合理具体表现为重视通识课程和专业课程内容的建设。有学者提出:我国大学课程除了数量庞大以外,另一个特点是内容艰深,其中有不少课程,只有少数教师对它们有较深的了解,课程与课程之间的沟通存在着较大的困难。① 要培养拔尖创新人才和跨学科的创造人才,就要在设置高等教育课程时,注重打造"品牌性"通识课程,尤其是综合性通识课程和跨学科通识课程,同时提升专业课程内容的深度、广度和前沿性。

5. 开放性原则

当前,我国高等教育课程的设置存在与社会发展脱节的现象,课程内容对前沿理论或成果的选择不够,课程调整仅仅表现为名称或内容的轻微变动,课程内容陈旧,课程设置方式呆板、固定。因此,为达到高等教育培养与时俱进的高素质人才的教育目标,课程的设置应当遵循开放性的原则。一方面,课程内容需要适时更新,及时反映科

---

①程钢、徐葆耕:《大学课程的理想》,《中国大学教学》2002年第10期。

学领域的前沿理论与成果，充分体现时代特征，使学生构建具有开放性的知识体系；另一方面，高等教育课程设置要紧贴社会生活实际，以培养学生适应社会、解决社会问题的能力与素质。正如巴内特指出的：当前世界是一个不确定的世界，学生的存有也不能固定在熟悉的版图，学习不只是跨越这个版图，而是要让学生开放不同的视野，这是不断“生成”的行动，学习要在流变中行进。因此，高等教育的课程设置应为开放的、多元的、行进的。

6. 整体优化的原则

高校要根据自身办学理念和育人特点对课程体系进行整体优化，包括课程结构和课程内容的整体优化。高等教育课程的结构和内容要与时俱进，不断更新完善，不断创新优化。课程结构的创新，不仅表现在对高等教育已有课程重新组合优化，还表现在对新课程的开发上，把符合社会发展需要的新课程纳入现有课程体系中，以更好地培养高质量、高规格专业人才。课程内容的优化是为了使高等教育紧跟时代步伐，适应社会和科技发展的需要。

课程内容的优化主要包括以下几点：第一，更新课程内容，删除已有课程中陈旧过时的部分，增添反映时代新思想、新知识、新技术和新需要的内容等；第二，增强课程的实践性，培养学生认识问题和解决问题的能力和素养；第三，改革课程设置，明确不同类型课程的分工，促进各学科课程之间的良性衔接，避免内容的重复，使课程与教学配套；第四，重视课程创新，既要关注新兴学科，又要密切联系社会需求和学生发展需要。2018 年 10 月 31 日，习近平总书记在主持中共中央政治局第九次集体学习时指出：“加快发展新一代人工智能是事关我国能否抓住新一轮科技革命和产业变革机遇的战略问题。”现在，“四新”（新工科、新医科、新农科、新文科）正在成为下一轮高等教育改革的先行者、探索者、引领者，反映在课程内容的不断优化革新上。

二、高等教育课程设置的方式

有学者指出，高等教育课程是制约高等教育质量的首要因素，因为课程通过系统地编排各学科教学内容和进程把人才培养的目标要求落到实处，把教育理想转变为教育实践。但对于在高等教育中如何开设课程，不同课程论者持有不同的观点，这里主要介绍两种课程设置的方式。

1. 分科设置

学科课程论和结构课程论者主张分科设置课程，认为知识世界是以多元化为特征的，不同学科的知识具有不同的结构，综合不同学科的知识是不可能的，因此主张分科设置课程，实现课程的专门化。分科设置课程有利于学生学习系统、充实、严谨的基础知识，但不利于学生对自然界和人类社会的全面认识，往往造成“只见树木，不见森林”的状况。而且分科过细,也不利于吸纳新的学科知识,限制了教学内容的更新。

2.综合设置或整体设置

活动课程论和综合课程论者主张综合设置或整体设置,认为一切事物存在于关系之中,存在于相互关联和意义的背景中,任何变化或事件都会引起整个模式的重新排列,因此,要让学生获得对世界真实而完整的认知,就必须通过整体的、综合的课程学习。综合课程贴近生活,贴近现实,有利于学生形成统一完整的世界图景,也有利于吸收新型的交叉学科的知识。由于这种课程面比较宽,内容比较多,因此比较适宜于概要性知识学习,不利于使其中所包括的每一门学科都保持独立而严整的学科体系。事实上,学科的国际化、综合化是学术研究发展的必然趋势,否则学术研究就不能获得发展,自然问题、社会问题就不可能得到解决。因此,要适应这样的发展趋势,学校课程也应走向综合,适当设置综合课程,以便与学术性分科课程一起,共同构成学校课程体系。①

课程的分科设置与综合设置反映了人类认识的两种基本方式,即分化与综合,这是哲学认识论的两个基本范畴。分化的方式注重探究事物本身的特征,注重了解特定事物的个性和特殊规律;综合的方式则强调事物之间的联系,不同事物之间的共性和普遍规律。② 无论是取消分科设置方式或分科设置唯一化,还是缺乏综合设置或综合设置不加限制都是不恰当的,合理的课程设置应当是分科与综合的统一。

课程的顶层设计是高校顺利达成培养目标的关键所在,也是有效推进课程实施的必要前提。一般说来,课程结构变化是高等教育课程改革最直观的体现,反映了高等教育的理念和价值取向。而课程结构清晰、学分比例设置均衡、修读规定严格灵活是世界一流大学课程设置的基本特征。因此,高校应该重视对课程的顶层设计,从整体上对本校或院系课程进行合理设置,推动高等教育课程体系的整体优化。

三、高等教育课程设置改革趋势

当前,发达国家为了培养出具有国际竞争力的新型人才,高度重视高等教育的改革与发展。高等教育课程设置改革的趋势主要有以下几种。

1.拓宽基础,加强普通教育

英、美、法等发达国家在大学课程结构改革方面,为拓宽基础、加强普通教育做出了许多卓有成效的尝试。如美国哈佛大学基于学生“对每一件事物都应当懂得一些,而对有些事物则应当懂得多些”的教育理念,建立了一种独具特色的课程——核心课

---

①曾继耘:《试论现代课程论的基本问题》,《山东师大学报(社会科学版)》1999年第3期。

②丛立新:《课程论问题》,教育科学出版社,2000年,第196页。

程，目的是引导大学生去“趋近于知识”。学校希望通过核心课程将学生培养成全面发展的通才型人才。英国基尔大学重视在基础学年(一般指入学第一年)全校共同必修的综合性课程——“西洋文明的发展”，为学生后来在主修学年的专业学习奠定坚实基础。法国综合性的大学主张“衣架式学习”，要求学生首先要具有像衣架那样宽厚的知识基础，然后才能进行精深的专业课学习。

2. 课题中心，实施课程整合

课程整合，即课程综合化，有学者认为：课程整合是指这样一种课程设计方式，它旨在增进个人与社会联系的各种可能性，通过围绕教育者和学生共同认为有价值的问题和事件来组织课程，而不去考虑科学领域的界限。丹麦阿尔伯格大学突破传统大学以学科为中心、实行分科教学的模式，实行“以问题为中心”(problem-centered)、“由课题来组织”(project-organized)的新课程体系，强调课程整合。

3. 优化结构，落实选修

当前，增大选修课程在课程体系中的比重已成为高等教育课程改革的普遍做法。例如，法国大学本科的选修课占四年总课程的比率为 40%～60%，美国麻省理工学院化工专业的教学计划(1951—1985 年)中，选修课课时占教学总课时的比率从 9%上升至 61%。①

4. 文理互渗，实施“全人教育”

美国麻省理工学院的本科课程体系中，人文、艺术、社会科学课程的地位显著。1984 年，美国人文学科促进会发表《挽救我们的精神遗产——高等教育人文学科报告书》，指出：当前高等教育过分满足于浅近的市场需要，使许多学生成为就业的机器，却忽略了他们作为人所应有的较高的人文修养、个性乃至独创精神。教育不仅仅要使人人学会“做事”，更重要的是使人学会“做人”。②

5. 面向未来，课程设置国际化、信息化

随着世界经济一体化进程的加快，信息化社会的进一步发展，高等教育课程设置趋向国际化和信息化，主要表现在以下四个方面：一是确立国际化的课程目标；二是设置国际化的课程内容；三是注重本土化的民族文化；四是重视外国语、信息课程建设，近年来，日本各大高校几乎都把“信息数据处理”作为全校必修课。

以上发达国家高等教育课程设置改革趋势，对我国高等教育课程设置的启示为：一是课程设置基础化，奠定学生终身学习的基础。我国等教育校课程设置需打破专业

---

①李孟辉：《高校课程研究》，上海交通大学出版社，2012 年，第 51 页。

②李孟辉：《高校课程研究》，上海交通大学出版社，2012 年，第 51—52 页。

间的森严壁垒，淡化专业间的界限，加强基础知识教育，使学生的知识结构由“纵向深入性”转化为“横向宽广性”，为学生的终身学习奠定良好的基础。二是更新课程内容，适应社会发展的需要。发达国家普遍把课程内容更新作为课程教学改革的关键问题，因此我国须不断深化教学改革，不断更新高等教育课程内容，及时把各领域的新知识、新理论、新观点和新方法充实到课程中，同时在设置课程时要做整体思考，防止课程之间内容的重复。三是增设选修课，发展学生兴趣爱好。社会发展程度越高，越重视人的发展，因此课程在统一要求的基础上需要关注学生的个性差异，充分发掘学生的各种才能。把选修课作为培养学生个性的重要途径之一，既满足学生不同的兴趣爱好，又能扩大学生的才能范围，实现学生的全面发展、高质量发展。四是推动课程综合化，培养学生解决综合问题的能力。传统的高等教育课程之间缺少应有的联系，相对独立，因此需要设置交叉性质的课程来衔接不同的课程内容，帮助学生融合相关课程内容，使学生既可以牢固掌握基础知识，又可以学以致用。

加拿大滑铁卢大学
课程设置详解

总之，我国高等教育的课程设置应该注重课程内容的更新，课程体系的完善，以满足社会对高素质人才的需求。

第三节　高等教育课程的实施

课程实施是指课程计划付诸实践的过程，它是课程达到预期目标的基本途径，是课程改革过程中的一个实质性阶段。课程实施在教学过程中实现，但教学不等同于课程实施，它不是课程实施的全部。高等教育课程的实施是将课程方案所规定的课程转化为课程实践的活动，是把知识经过高等教育课程转化为学生的各种能力素质的过程。它是实现预期的课程理想，达到预期课程目标的基本途径。① 课程实施是一个复杂的、动态的过程，课程改革必须关注课程实施过程，要提高课程改革的成效，就必须研究课程实施。

一、高等教育课程实施取向

课程实施的取向是指对课程实施过程本质的认识，以及支撑这些认识的相应的课程价值观。② 对课程计划和课程实施过程关系的认识不同，就会有不同的课程实施价

①李孟辉：《高校课程研究》，上海交通大学出版社，2012年，第55页。

②张华：《论课程实施的涵义与基本取向》，《外国教育资料》1999年第2期。

值取向。但是,高等教育课程实施的价值取向应具有一般性。当前,人们普遍认同的课程实施价值取向主要有以下三种。

1. 忠实取向

忠实取向认为,课程实施过程是忠实地执行课程方案的过程。忠实取向的课程实施所关注的焦点是课程方案在实践中的落实情况,其衡量课程实施成功与否的标准,则是课程实施过程中预定课程计划实现程度。忠实取向的基本特征集中体现在对课程、课程知识、课程实施以及教师角色的认识方面:高等教育的课程是由课程专家开发的,教育行政部门认可的,符合教育政策、方针的,是高等教育教学的方向、目的、内容;再由高等学校的教师实施这种课程;课程知识主要是在课堂之外由课程专家为高等学校的教师实施计划而设置的。忠实取向认为课程实施只是单向地实现课程计划的过程,因此,高校教师在课堂中实施课程计划,是课程专家所制订的课程计划的忠实执行者,致使原本紧密相连的课程与教学两者分离,让课程实施成为一个机械的、技术化的程序。此外,在实践中,课程并不总是被忠实地实施,因此忠实取向者认为,在课程实施过程中应当对教师的行为进行有效的支持和监督。

2. 创生取向

创生取向认为,课程实施过程是教师和学生在具体教育情境中,共同创造新的教育经验的过程。创生取向强调教师和学生在课程实施中和具体的教育情境中的主观能动性。创生取向者认为:课程不仅仅是预定的方案,而且应该包括教师和学生的经验;课程实施是课程开发的过程,课程由设计者、实施者和评价者共同开发与创造;教师不再只是按图施工的是施工者、按计划执行的执行者,而是课程的创造者、再构者;课程知识不仅仅是课程专家写进教材里的内容,还包括教师与学生互动所产生的认识与体验。

3. 相互适应取向

相互适应取向认为,课程实施过程是课程计划与具体的课程实践情境在课程标准、课程内容、组织模式等方面相互调整和适应的过程,其调整和适应包括两个方面:为适应具体实践情境和学生特点,对课程计划进行调整;为适应课程计划,课程实践情境可能发生变化。在相互适应取向下,课程具有一定灵活性,是共性和个性的统一,教师具有较大的选择权,可以对课程计划自主选择。相互适应取向者认为,我们应当重视教师和课程的功能,让教师成为积极的协调者和课程的共同决定者,这有益于发挥教师的积极作用,也有利于创造性地实施课程计划。

虽然相互适应取向把课程专家所开发的课程与学校、学生的实际情况相结合,但其本身仍具有模糊性,带有折中主义色彩,具体表现为:一方面兼具其他两种取向的优点,另一方面又同时具有它们的局限性。

在课程实施过程中，高校教师的科研能力、专业水平和素质对实施效果的影响非常大，要根据情况采取不同的课程取向。如果高校教师科研能力强、专业水平高、素质好，可以采取相互适应取向、创生取向；如果高校教师科研能力、专业水平、素质相对较弱，采取忠实取向可能更合适，并且要尽量使课程目标具体化、实施计划更完善，减少外部因素的干扰。

课程实施是高等教育课程改革研究的基本内容，体现高等学校的教育理念、教学条件和管理水平，对促进学生发展等重要的意义。高等教育课程实施要尽量避免两个极端：一种是墨守成规，完全按照课程设计者的意图和教材要求组织教学。另一种是自由发挥，完全不理会课程设计者的意图，完全抛开教学大纲和教材，“尽情”地进行课程实施。这两种倾向都不可取，应当避免。

二、高等教育课程实施的模式

基于高等教育课程实施取向的不同，课程实施的策略和模式也会多种多样，这里主要选择几种具有代表性的进行介绍。

1. 研究—开发—推广—采用模式

这种模式以课程实施的忠实取向为基础，把课程实施视为一种理想化和技术化的过程，按照“研究—开发—推广—采用”四个阶段展开。首先，通过研究确立课程与教学的基本价值取向以及指导员职责先后；然后，设计和开发出新的课程实施方案；接着，将新的课程方案传递至学校和教师；最后，教师采用新课程方案，将其整合到学校课程之中，无权对课程方案进行修改或调整。

2. 兰德课程变革动因模式

由于“研究—开发—推广—采用”模式的应用效果不佳，学者们开始质疑课程实施忠实取向的合理性。兰德社团于1973—1977年对美国政府资助的教育变革项目展开研究，这项研究统称为“兰德变革动因研究”。产生于该研究的兰德变革动因模式以课程实施的相互调适取向为基础，认为课程实施的关键是对既定课程变革计划做出适当调整，重视课程专家、教育行政管理人员、教师和社区等力量的密切合作、相互适应。该模式由“启动—实施—合作”三个阶段组成：在启动阶段，课程变革的发起者致力于让所有参与者能够理解和支持课程变革；在实施阶段，新的课程方案与学校组织之间相互调适；在合作阶段，所实施的课程方案已经成为现行课程体系的一部分，需要课程专家、管理人员、教师等多方面人员的密切合作。

3. 课程变革的情境模式

这种模式以课程实施的创生取向为基础，该模式基于以下三个假设：第一，课程知识包括情境知识,情境知识是教师和学生在教学实践中创造出来的;第二,课程变革体现在个体思想和行动等方面的成长和变化过程,而不是课程设计与实施的组织程序;第三,教师的课程实践基于对具体情境的感知,从而不断调整和创造新的课程。该模式强调了教师是课程知识和课程变革的创造者而不是接受者,可以通过探究性的教学实践而不断促进自身的专业发展。

除此之外,以课程实施创生取向为基础的组织发展模式认为,许多课程实施没有成功的原因在于过于强调课程实施中技术层面的推广应用,而忽视了实施过程中学校组织的发展与更新。

三、我国高等教育课程实施中的问题与对策

随着我国高等教育改革的不断深入,高等教育课程实施呈现出以下情况:

在课程观念上,课程实施作为课程与教学领域里一个重要方面,它既是课程开发的重要环节,也是实现课程目标的基本途径。但是,作为课程实施主体的教师和学生并没有充分认识课程实施的内涵和重要性。如"你认为课程实施是一个怎样的过程"这个问题,有的学生回答"它就是一个教师按照教学大纲,达到教学目的简单过程",而老师则认为"(它)就是按照学校的指示,给学生教授一门课程的过程,实际就是指一切教学活动"。以上都这反映出目前我国高等教育课程实施观念还存在不足。

在课程实施主体和策略上,一方面我国高等教育课程大部分实施活动都是在国家教育部的规定下开展,缺少因地制宜的策略。另一方面,当前我国高校教师大都仍然坚持忠实取向,在课程实施中既没有主动设计课程实施方案,也没有灵活地采取多种方式和手段来实施课程。高校教师缺乏一定的主体意识,他们在课程实施中多作为课程忠实的执行者,而不是课程经验的创生者。

课程实施的最终目的是促进学生个体发展,但是,目前在高校课程实施过程中,存在忽视学生需要的现象,没有为学生提供充分参与课程实施的机会和条件,这将有碍学生在整体优化的教学氛围中生动活泼地主动成长。如:

问:在具体的教学当中,你主动和老师互动、积极参与课程实施吗?

答:上这么多年学,我发现小学、初中是我最活泼、踊跃发言的时候,越大就越不愿意主动回答问题了,有的时候知道答案也不会主动说,况且老师也很少提问,我们班级有几个比较积极的,每次都是他们回答问题,除非老师主动问到我。

在课程资源的开发利用上,我国高校普遍存在教育资源的开发与整合能力不足的问题。例如,未充分发掘教师和学生的创新能力,未有效整合校内与校外、国家与地区以及校本教育资源,各类资源之间缺乏相互协调性等。而课程实施的顺利与否、实施效果的优劣都会受到课程资源条件的影响。

针对目前我国高等教育课程实施中出现的各类问题,有学者提出可以从课程信念、课程实施取向、课程实施方案、课程实施的参与主体以及课程资源开发等方面进行

改进，以促进我国高等教育课程实施的顺利进行，并取得良好的实施效果。

四、我国高等教育课程改革的主要措施

课程是实现教育目标的基本途径，而从世界各国经验来看，如果不进行课程改革，那么任何教育改革都将难以取得实质性的成效。

1. 我国高等教育课程改革的历史沿革①

有学者指出：高校课程改革作为一个动态的、历史的概念，不同时代有不同的特色。自改革开放以来，我国高等教育课程改革主要分为以下几个历史阶段。

(1)调整与恢复阶段(1978—1984 年)

20 世纪 80 年代，世界新技术的浪潮席卷全球，科学技术作为社会主义现代化建设的先锋生产力被人们逐渐重视，相应地，高等学校的教学改革在追赶科学技术发展方面受到普遍重视。这个时期的高校课程改革在借鉴中华人民共和国成立以来课程建设经验的基础上，参照 20 世纪 60 年代初的课程计划，结合形势发展需要，解决了高等教育“畸形发展，比例很不合理，文、法、商比重太小”的问题。在课程设置方面，精简内容、增加自学时间和选修课比重，加强实践性课程，并建立了考试、考查制度。在 20 世纪 80 年代初期，一些高校已经开始试行学分制。尽管这个阶段高等教育还没有形成系统化的课程改革方案，改革基本处于零散状态，但是高校的教学秩序恢复稳定，高等教育的课程改革开始走上正常轨道。

(2)积极探索与尝试阶段(1985—1992 年)

1985 年 5 月，《中共中央关于教育体制改革的决定》发布，明确规定了扩大高等学校办学自主权等。这将我国高等教育改革从宏观层面引入微观层面，极大地促进了高等教育课程改革的深入发展，主要表现在以下三个方面：一是课程由“浅隐科学”发展为“显性科学”；高等教育课程开始成为一个独立的研究领域；二是课程体系由以专业为单位的单一模式转向“3＋1”的综合立体模式；三是课程设置更具弹性和灵活性，选修课比重提高、种类增加，课程之间出现渗透。

(3)高潮与深化发展阶段(1993 年至今)

1993 年，中共中央、国务院印发《中国教育改革和发展纲要》文件，该文件指出：“要基本稳定基础学科的规模，适当发展新兴和边缘学科，重点发展应用学科。为了迎接世界新技术革命的挑战，要集中中央和地方等各方面的力量办好 100 所左右重点大学和一批重点学科、专业，力争在下世纪初，有一批高等学校和学科、专业，在教育质量、科学研究和管理方面，达到世界较高水平”。这一时期，我国高等教育课程改革不

---

①高有华、王银芬：《改革开放以来中国高校课程改革述评》，《当代教育论坛》2009 年第 10 期。

仅注重各结构要素的比例关系，注重各要素自身的优化，而且注重各要素之间的内在联系，如积极调整各专业门类的纵向结构，力求使基础学科与应用学科、传统学科与新兴学科、交叉学科与边缘学科之间在学生数量上保持一个动态的恰当比例关系 。

2. 我国高等教育课程改革的趋势

有学者从知识观转变的角度，探讨当代高等教育课程改革的原则、问题和措施。因为知识与课程紧密相关，知识不仅是课程的重要内容和载体，更是课程的主要目标之一。总体来说，当代高等教育课程改革呈现出以下时代特征与发展趋势。

(1)大众化

有学者指出：我国高等教育已由精英教育阶段进入大众化教育阶段，不仅仅是简单的量变，更会是深刻的质变。① 因此，在大众化教育阶段，我国高等教育改革呈现出以下基本趋势：一是注重课程的基础化。在知识经济时代，科学技术发展迅猛，新的科学成果不断出现，新技术、新方法不断产生，知识成倍增加。但是基础知识不容易老化，是整个知识体系中最稳定、最持久的。注重基础知识既是应科技知识更新之变，为终身学习、继续深造打下基础，也是应专业转化、职业和岗位变动之变，增强学生对社会生活的适应能力。二是凸显课程的发展性。在大众化阶段，我国高等教育课程改革的发展性体现在以下几个方面：在课程目标上，基本抛弃精英教育阶段以少数杰出者为教育对象，以及通过一次性教育培养高、专、深人才的课程目标，重新树立了面向大众的教育目标和以动态、发展为特点的课程目标；在课程开发上，以高校教师为开发主体，考虑学生的认知差异性和个性化需求，尽可能地充分挖掘、设计和开发课程资源；在课程内容上，基本摒弃主要考虑有效达到教学目的、学生对知识和技能的掌握，而较少考虑学生好奇心、兴趣的培养以及学生潜力的发挥的做法，在课程实施上，改变了精英教育阶段“教师中心论”的教学观念，贯彻公平价值取向，有教无类、教学相长，师生进行民主、平等的对话，真诚交流，最终实现双方的自我发展；在课程评价上，改变了精英教育阶段以单一课程考试为主要评价手段的终结性评价机制，逐渐建立一套将知识与理解、能力与技能以及情感态度作为评价维度的评价机制。三是重视课程的多样化。大众化教育阶段的高等教育，办学主体更加多元化，办学类型和人才培养规格更加多样化，学生的需求更加个性化。高等教育的多样化必然要求高等教育课程的多样化。

(2)现代化

高等教育课程的现代化是高等教育现代化的重要组成部分，主要表现为课程体系的开放性、课程设置的灵活性和课程实施的可控性等。要实现高等教育课程现代化，应当以人为本设计课程体系，注重培养人才的整体功能，重点关注学生的心理发展和

①李孟辉：《高校课程研究》，上海交通大学出版社，2012 年，第 160 页。

人格完善。正如中国科学院院士杨叔子指出的:大学的主旋律应是“育人”,而非“制器”。① 大学生应该做的事情有三件:第一,教会学生如何做人;第二,教会学生如何思维;第三,教给学生必要的现代科学技术和文化知识,以及应用现代科学技术与文化知识的能力。此外,要实现高等教育课程的现代化,一方面各高校要强化通识教育,拓宽课程体系基础,在一些美国高校的课程里,基础理论比例逐年增加,如麻省理工学院的基础课与专业课占据总课时的 85%,但专业课只占 15%;另一方面高校也要重视对学生统合思维的培养,设置课题中心课程等。

(3)综合化

强调课程的综合性、实践性、生活性和研究性,打破分科主义的界限,强调知识的整合与实际运用是世界高等教育课程改革的重要趋势之一。在众多模式中,德国的科学教育综合实践(practicing interation in science education)模式,日本的“综合学习时间”方案,英美倡导的并在世界上有着广泛影响的“科学－技术－社会”(science-technology-society,缩写为 STS)课程,②中国的素质教育课程、博雅课程、研究型课程与案例课程等共同掀起了一场综合取向的高等教育课程改革。人类已经步入一个高度综合化的时代,自然科学与人文教育、科学与教育的融合已经成为一个历史的必然,世界观和社会观、知识观与科学观、教学观与学习观的变化必将推动高等教育课程改革向着综合化的方向迈进。

(4)国际化

面向世界,开设国际化课程,是世界各国高等教育课程改革的一个重要趋势。世界各国在高等教育的目标中都提出要培养世界的本国人才,如“世界的美国人”“世界通用的日本人、富有国际性的日本人”等。因此,面对时代对新型人才的需求,我国高等教育必须要培养具有国际视野、国际意识型的新人才,高等教育的课程改革也必将具有国际化的时代特征。各大高校要重视国际主题的新课程的开设,重视国际区域研究学科的建设,关注外语课程的教学与研究等,以培养出能够敏锐察觉当今世界、处理世界事务、正确对待本土文明,具有广阔国际视野的高素质人才。

此外,我国高等教育课程改革还呈现出课程性质的职业化、课程方向的人文化、愈加重视隐性课程等发展趋势。

本章小结

本章阐述了高等教育课程的内涵,具有专业性、前沿性、探究性和复杂性四大特点,具有人才培养、科学研究和社会服务三大功能,一般分为必修课、选修课,专业课、通识课等;阐述了高等教育的课程设置遵循的六个基本原则,即立德树人的价值导向

---

①杨叔子:《是“育人”非“制器”——再谈人文教育的基础地位》,《高等教育研究》2001 年第 2 期。

②有宝华:《综合课程论》,上海教育出版社,2002 年,第 261—262,280—281 页。

原则、学生主体性原则、稳定性和灵活性相统一的原则、课程间均衡性原则、课程设置开放性原则和整体优化课程体系原则；论述了课程设置的两大方式，即分科设置和综合设置及其背后的哲学基础；阐述了高等教育课程实施的忠实取向、相互适应取向和创生取向，三种主要的课程实施模式，以及我国高等教育课程实施的情况；阐述了我国高等教育课程改革的历史沿革、时代特征和未来发展趋势。

复习与思考

一、简答题：

1. 请简述“高等教育”课程的内涵。

2. 高等教育课程有哪些分类，分类依据是什么？

二、论述题：

1. 请结合实际，谈谈高等教育的课程设置。

2. 试论述我国高等教育课程实施存在的问题和可行措施。

三、材料分析题：

清华大学副校长郑力：大学的核心是课程　改革最主要的是观念的转变

我们要解决的最大问题是培养什么人、怎样培养人的问题。我觉得对于整个教改，最重要的一个目标就是从原来的以“教”为中心转到以“学”为中心，改革最主要的是观念的转变，不是简单的改动课程，而观念的改变需要很长的时间。

……

“精简主修课程，教学生跨出校门一辈子也学不会的东西。”

《清新时报》：清华提出“建设以通识教育为基础，通识教育与专业教育相融合的本科教育体系”。目前清华提供的大多数通识教育课程都是人文社科类的课程，而较少有面向文科学生的理工科类通识课程。未来通识教育发展是否也会考虑推出更多这方面的课程？

郑力：通识教育源于古代西方的“七艺”（文法、修辞学、辩证法、音乐、算术、几何学、天文学）博雅教育。当时的培养特别强调辩论表达、思维思辨等基本能力，它的形式又以经典阅读、师生间的讨论辩论为主。近代通识教育的目的不是给学生一种职业训练或专业训练，而是通过几种基本知识和技能，培养一种身心全面发展的理想人格。从历史传承来讲，通识教育中文科课程占主导，但近代科学的作用越来越大，科学和工程技术也纳入到了通识教育的范围。从清华角度来讲，科学和工程技术类学科非常强，应该有能力开设高质量的科学和工程技术类的通识课程。

《清新日报》：通识教育与专业教育相融合的本科教育体系，学生的压力是否会增加，这对学生的学习状态有怎样的要求？

郑力：理想的状态是学生主修的课程门数减少，但每门课的学习量增加。现在很多学生一学期选40个学分的课程，在未来这完全不可能，因为没有一门课可以轻轻松松过去。如果你选40学分,一定会不及格。我们希望课程的课内外学时比能够达到1∶2,也就是课内一个学时,课外必须再有两个学时的学习量,这门课程才能学好。这样做,一方面强调学习的挑战性和深度,学一门课程,就把它学通学透,而不是一般性的了解,无须在大学因了解性的学习而浪费时间;另一方面,也不再过分强调知识的完整性,而是强调培养学生的学习能力,重点强调让学生掌握一生都需要的各种能力,而不仅仅是知识。这些都需要课内外学时共同作用。

……

《清新时报》:这是不是意味着老师的授课方式也需要调整?

郑立:老师不仅要注重教什么,而更要关注让学生学到什么,这需要思想观念上的转变。每门课程的老师都需要列清楚自己希望学生掌握什么,同样一门课,当希望学生掌握的内容不一样时,教学的方法就可能完全不同。

以一年级的概论课为例,如果教学目标是让学生了解整个学科全貌,就要把这个学科的内容一一展开,让学生了解学科中有几个领域,每个领域是干什么的。如果希望学生喜欢这个专业,那老师就不用面面俱到每个领域,只要让学生体会最有趣、最重要的领域即可。教学目标的设立还需要考虑"三位一体",即价值塑造、能力培养、知识传授。同一门课程中,知识、能力和价值观三者要形成一体。

……

我们最基础的工作是让每门课都成为优秀的课程。作为一个大学,课程是核心,每门课都应具有清华风格,达到世界级标准。而对于学生来讲,实现高度自主的学习,这样更多的多样化人才才可以脱颖而出。如果真正实现了以"学"为中心、以学生和学习为中心的转变,清华的人才培养就会迈上一个新台阶。让我们共同努力,未来一定会更好。

——清华大学《清新时报》

结合以上材料,请谈谈你对高等教育课程改革的认识。

第七章

高等教育的教学

教学的艺术不在于传授本领，而在善于激励、唤醒和鼓舞。

——第斯多惠

要论提示

- 高等教育中的教学是教师和学生进行文化传承和创新的特殊交往活动。
- 高等教育的教学过程和原则都有自身的特殊性。
- 高等教育的教学方法和教学策略都与教学对象有紧密联系。
- 高等教育教学有重要的设计理念和比较有影响的教学设计模式。
- 我国高等教育教学改革的背景和措施与我国的经济社会发展息息相关。

《中华人民共和国高等教育法》明确规定:高等学校应当以培养人才为中心,开展教学、科学和社会服务,保证教育教学质量达到国家规定的标准。党的十八届五中全会通过的《中共中央关于制定国民经济和社会发展的第十三个五年规划的建议》明确提出:提高高校教学水平和创新能力,使若干高校和一批学科达到或接近世界一流水平。这是第一次把提高高校教学水平写入五年规划,足以证明党和国家对高校教学的重视。可见,高等教育教学在高等教育乃至国家发展中都具有重要地位。

第一节 高等教育教学的概述

教学是学校教育工作中重要的一环,它的内涵随着时代的变化而不断发展。高等教育中的教学是高等学校的职能之一,是高等学校工作的重中之重。由于高等学校的培养目标、学生学习有其自身的特点,高等教育的教学与一般意义的教学有着明显的区别。高等教育教学在高等教育的发展中有着重要的地位,并发挥着多种功能。

一、高等教育教学的界定与内涵

1. 对教学的界定

教学的概念是从教学现象、教学问题以及教学事件中抽象和概括出来的,它的内涵随着时代的发展而不断变化。

在汉语里,"教"和"学"最初都是独立的单字。"教"一字最早出现在我国商朝的甲骨文中,如"丁酉卜,其呼以多方小子小臣其教戒"。甲骨文中已有了"学"字,如"壬子卜，弗酒小求，学”。① 根据东汉学者许慎在《说文解字》中的记载：“教，上所施，下所效也。”施，即操作、演示；效，即模仿、效仿。这里的“教”和“学”还是被单独解释的。二者最早被当作一个词见之于《尚书·说命下》：“惟敩学半。”唐朝孔颖达将其解释为：“上学为教；下学者，学习也。”《学记》说：“是故学然后知不足，教然后知困。知不足，然后能自反也；知困，然后能自强也。故曰：‘教学相长也。’”②不过，这里所说的“教学”与现代意义中的教学并不是一个意思，它更侧重于“学”。到了 19 世纪初，由于科举制的废除和学校的兴起，以及班级授课制的客观要求，尤其是留日归国的学生对国外教学理论的引进，国人才对教师的“教”重视起来。1949 年以后，受苏联教育家凯洛夫的影响，人们对教学的内涵有了新的认识，认为教学既是教师和学生的有机统一活动，又是一种特殊的认识活动。这种认识对我国教育理论界的影响较为深远。

目前，我国学者由于立论角度和价值取向的不同，对教学的理解存在较大的差异。

第一种理解强调了教学的两个基本方面，即教师的“教”和学生的“学”。如罗明基将教学定义为：教学是根据一定社会的需要，按照确定的教育目的，通过教师的传授和学生的学习，完成教学任务的双边活动。③

第二种理解认为，教学活动除了教师和学生的共同参与之外，还应包括将教师的“教”和学生的“学”融为一体的中介因素。如吴也显提出：教学是一种由教师、学生相互作用，以课程为中介而专门组织起来的教育活动。④

第三种理解认为，教学的定义因适用范围的不同而不同。宏观的教学是指人们在生活中通过学习获得一定的经验，引起行为变化的活动。它从内容到形式都体现出有目的、有引导、经常而全面的特征。从外延上讲，它与教育这个概念重合。中观的教学是指以传授和学习知识技能为主要内容，是学生在德、智、体等各方面都得到发展的师生双边活动。微观的教学被理解为一种具体的操作过程，如学生在教师的指导下进行阅读、训练，是与时间、地点和条件相联系的实实在在的一种授受活动。

第一种理解强调了教与学的双边活动，对两者的联系强调得不够，讨论的范畴局限于“教学”二字的字面意义，给人一种将两者简单地并列之感。第三种观点将教学分为宏观、中观、微观三个层次，但基本上都是描述性的定义，未能深入教学的客观存在及其运行机制的内部，以之为教学研究的逻辑起点，缺乏一定的操作性。在本书中，我们认为教学是在一定的学校情境下，由一定目标引领，以教学内容为中介的教师与学生互动行为的总称，是教师与学生之间以对话、合作、交流为基础，进行文化传承与创新的特殊交往活动，在这个活动中，学生掌握一定的知识和技能，身心获得一定的发展。这种活动由教师、学生、教材等基本要素组成。

---

①杨小微：《现代教学论》，山西教育出版社，2004 年，第 138—139 页。

②潜苗金：《学记》，浙江古籍出版社，2011 年，第 6 页。

③罗明基：《教学论教程》，黑龙江人民出版社，1987 年，第 1 页。

④吴也显：《教学论新编》，教育科学出版社，1991 年，第 5 页。

2. 教学的内涵

根据以上对教学概念的界定，结合当前的教学实践，我们对教学内涵的理解主要包括以下几个方面。

第一，教学是有目的、有计划、有组织的活动。

教学活动不是盲目的、自发的，而是为了实现国家和社会一定的教育目的而专门组织起来的有目的活动。教学目标应着眼于人的身心发展和社会发展的需要，与时俱进；教学内容应适应社会经济文化与科技发展的客观要求，并反映其发展变化和所达到的水平，把人类积累的物质文明和精神文明中的精华传递给学生，使学生不断地完善自我，实现自我价值。教学不是随意进行的，而是有计划的。教学活动是在教师对每节课的教学目标和教学内容制订计划的基础上展开的。教学活动是在教师的组织下进行的，教师要对学生的学习过程进行设计和指导，并要以适当的方式组织学生学习内容。①

第二，教学活动以教学内容为中介。

在教学活动中，教师和学生是教学活动的主体，教学内容是主体认识的客体。在教学过程中，作为教学活动的承担者，教师始终是以教学内容为活动对象。② 教学内容是前人科学探索的认识成果，教学活动主要是通过传授和学习教学内容来进行的。教学内容既是教师教的对象，又是学生学的对象。教师通过教学内容对学生施加一定的影响，促进其身心发展。因此，学生和教师在教学活动中的互动与交流都是通过教学内容来实现的。

第三，教学是一个师生互动的双边活动过程。

教学活动是在一个群体结构与合作的氛围内进行的，是教师与学生、学生与学生围绕教学目标，凭借教学内容展开的沟通、交流与合作的过程。在教学活动中，存在意识与目的和内容与方式根本不同的两类主体：一是教师作为教授主体；二是学生作为学习主体。在这个层面上，教学并不仅仅是主客体相互作用的人类一般活动，而是教师与学生作为主体的特殊交往活动，缺少其中一个主体，教学就不能顺利进行。也正是因为这个特点，教师和学生的交往才有价值，教学才能将教师的“教”和学生的“学”相统一。

3. 高等教育教学的界定和内涵

以上只是一般意义上教学的内涵，高等教育作为培养高级专门人才的教育，其教学的内涵有其特殊性。高等教育教学可以从以下几个方面来理解。

第一，高等教育教学是在高等教育制度下，教师和学生以知识为中介的互动行为

---

①黄甫全、王本陆：《现代教学论学程（第 2 版）》，教育科学出版社，2003 年，第 125 页。

②黄甫全、王本陆：《现代教学论学程（第 2 版）》，教育科学出版社，2003 年，第 126，145 页。

的总称。[①] 虽然教学活动都是以知识为中介的师生互动活动，但是高等教育教学与基础教育教学还是有着较大的区别。主要表现在：基础教育阶段以课本为主，而在高等教育中课本只是参考书；基础教育阶段的教学是在有限知识范围内的循环往复，高等教育教学是广泛知识领域的点到为止；基础教育强调知识的掌握，而高等教育更重视能力和素质的提高。[②]

第二，高等教育教学是建立在中等教育基础上的，是以培养高级专门人才为目的的活动。中等教育阶段，学生学习的只是基础知识。在高等教育中，学生分为不同的专业，专业方向明确。不同层次和类型的高等学校，对人才培养的要求和规格也有差异。高等职业教育主要是培养专业技术人才；本科教育是培养一般高级人才；研究生教育主要是培养高层次的学术人才。

第三，高等教育教学将高深学问的传授与科学知识的创新紧密结合起来。蔡元培曾经强调：大学应该成为研究高尚学问之地。[③] 清华大学校长梅贻琦也很重视教学与研究相统一。他指出：凡一大学之使命有二：一是学生之训练，二是学术之研究。[④]可见，在高等教育，教学与研究并不是矛盾的，而是相互联系的。科学研究能为教学提供最新成果，也是教学站在时代前沿的基本条件。

综上，高等教育教学就是教师在高等教育制度下，向学生传授知识、技能，发展其智力，并将高深学问的传授和科学研究结合起来，以培养高级专门人才为目的的教学活动。

二、高等教育教学的地位与功能

1. 高等教育教学的地位[⑤]

百年大计，教育为本。高等教育教学是教育系统中的重要一环，而作为高等教育的中心工作，无疑是重中之重。高等教育教学的地位主要体现在：

第一，高等教育教学是实现教育目的，完成教育任务的根本途径。

《中华人民共和国高等教育法》第四条规定："高等教育必须贯彻国家的教育方针，为社会主义现代化建设服务、为人民服务，使生产劳动和社会实践相结合，使受教育者成为德、智、体、美等方面全面发展的社会主义建设者和接班人。"第五条规定："高等教育的任务是培养具有社会责任感、创新精神和实践能力的高级专门人才，发展科学技术文化，促进社会主义现代化建设。"由此可见，高等教育主要是培养具有创新精神和

①孙泽文：《现代大学教学引论》，华中师范大学出版社，2006年，第8页。

②黄诗琦、杨晓群、杨兰芳：《中学与大学的教学差异和新生的学习应对策略》，《教育教学论坛》2019年第45期。

③孙培青：《中国教育史(第3版)》，华东师范大学出版社，2009年，第371页。

④桑新民：《呼唤新世纪的教育哲学——人类自身生产探秘》(1993年)，转引自眭依凡《论大学》，人民教育出版社，2017年，第50页。

⑤别敦荣、王根顺：《高等学校教学论》，高等教育出版社，2008年，第47—49页。

实践能力，德、智、体、美等各方面全面发展的高级专门人才。而要实现这一目标，高等教育的教学扮演着不可替代的角色。

第二，高等教育教学是实现高校职能的重要手段。

2017 年 2 月，中共中央、国务院印发《关于加强和改进新形势下高校思想政治工作的意见》，该文件强调："高校肩负着人才培养、科学研究、社会服务、文化传承创新、国际交流合作的重要使命。"高等教育教学是培养人才的最基本途径。高等教育教学使科学研究具有强大的研究队伍，具有充分的物质条件以及适宜的时空环境。高等教育教学中的许多问题都可以通过科学研究加以认识、深化和解决。大学的教学以市场为导向、以社会公众的需要为标准、以社会服务为旨归，①担当着为社会服务的使命。同样，文化传承与创新、国际交流与合作也离不开高等教育的教学。

第三，高等教育教学是社会文化传承与创新的重要途径。

文化传承与创新是高等教育的职能之一，也是人类文明延续和发展的重要手段，任何时代都离不开文化传承与创新。《教育部关于全面提高高等教育质量的若干意见》明确提出："推进文化传承创新，传承弘扬中华优秀传统文化，吸收借鉴世界优秀文明成果。"文化的创新是扬弃，传承是创新的前提，扬弃是文化创新的特有方式。只有掌握前人积累的文化成果，才能扬弃旧义，创立新知。② 掌握前人积累的文化成果，离不开教学，教学是文化传承与创新的重要途径。通过教学，学生作为新一代的文化践行者，接收人类文化中的精华部分，使其得以延续和发展，并在此基础上进行文化创新。没有文化的传承与创新，就不可能有人类的不断进步与升华。因此，从这个意义上讲，高等教育教学的文化传承与创新功能既是人类发展的需要，也是社会发展的需要。

2. 高等教育教学的功能

高等教育教学是为了实现高等教育的功能而进行的有组织、有目的、有计划的人才培养活动。从高等教育和社会对人才培养的要求看，高等教育教学的功能与基础教育有着显著的差别，主要包括以下几个方面：

(1)知识传授与创新功能

教学最基本的任务就是通过教学活动向学生传授知识和间接经验。教学是一种特殊的认识活动，其对象就是现存的知识。如果没有知识，教学活动就无法进行。而培养高级专门人才的高等教育教学，除了传授知识以外，还要进行知识的创新。这是大学专业化的原因，也是由大学的职能——科学研究所决定的。如果高等教育教学仅仅是传授知识，而不注重对知识的创新，就达不到培养人才的目的。

通过知识的传授，学生将人类的经验转化为自己内在的认知，从而优化能力结构，

①沈云慈：《教学服务型大学的"道"与"路"》，《高等教育研究》2014 年第 3 期。

②徐显明：《文化传承创新：大学第四大功能的确立》，《中国高等教育》2011 第 10 期。

为学生适应和改造社会提供条件。但是,在教学过程中,也要注意知识传授的质量。大学发展的实践表明,知识传授的质量直接影响知识创新水平,如果没有高质量的知识传授,在知识传授的子系统中则会产生不良反应,更重要的是,没有高质量的知识传授就不能培养创新型人才。[①] 所以高等教育教学必须促进教师和学生的共同思考,使之成为知识和研究的共同体,推进人类知识的进步。

(2)研究功能

虽然高等教育教学仍然是以传授知识为主,但是其与基础教育教学不同之处在于:高等教育教学要求教师在教学过程中注重研究,提高理论水平,使理论与教学实践紧密结合;学生要在教师的指导下从事一定的科学研究,通过参与探索知识的活动来发展创造能力与培养创新精神。[②]

高等教育教学的研究功能并不意味着每个教师的教学都具有研究性。要使高等教育教学具有研究性,教师应多关注教学目的的专业性、教学内容的前沿性、教学过程的探索性和教学环节的研究性。[③] 关注教学目的专业性,是因为高等教育培养的是具有高深学问的专门人才,所传授的知识也是专业知识。教学内容的前沿性,意味着高等教育教学内容要与现代社会的发展保持一致,教师要为学生介绍先进的科学理论、观点和研究成果。教学过程的探索性,是指高等教育教学过程是教师和学生共同发现真理、探索真理的过程。通过探索与尝试,改进教学方法和手段,提高人才培养的质量。教学环节的研究性,则是指在教学过程中,教师要教给学生研究理论和方法,进行研究性的训练,与学生共同进行科学研究。

(3)培养品德的功能

《中华人民共和国高等教育法》指出:"高等教育必须贯彻国家的教育方针,为社会主义现代化建设服务、为人民服务,使生产劳动和社会实践相结合,使受教育者成为德、智、体、美等方面全面发展的社会主义建设者和接班人。"这规定了高等教育培养的人才是为社会服务的、为人民服务的,同时也是全面发展的。品德在一个人的发展中扮演着重要角色,随着核心素养和立德树人要求的提出,国家高度重视对学生品德的培养,尤其是大学生。2014 年教育部下发《关于全面深化课程改革落实立德树人根本任务的意见》指出:"完善高校和中小学课程教学有关标准。要增强思想性,有机融入社会主义核心价值观的基本内容和要求,全面传承中华优秀传统文化,弘扬社会主义法治精神,充分体现民族特点,培养学生树立远大理想和崇高追求,形成正确的世界观、人生观、价值观。"可见,思想品德的重要性。而教学是培养学生品德的重要途径,教师通过教学,向学生传授优秀文化,引导学生树立正确的价值观、世界观和人生观,从而培养学生的良好品德。

---

①李昌祖、冯雯:《大学"科研反哺教学"及其实施》,《教育发展研究》2009 年第 19 期。

②赵爱华、牛金成:《大学教学的研究性与大学科研的教育性》,《辽宁教育研究》2008 年第 6 期。

③李昌祖、冯雯:《大学"科研反哺教学"及其实施》,《教育发展研究》2009 年第 19 期。

国家发布了一系列关于高等教育教学改革的文件，如《教育部关于中央部门所属高校深化教育教学改革的指导意见》《关于进一步做好普通高等学校本科教学工作评价的若干意见》等，可见教学在高等教育发展中起着不可替代的作用。因此，我们要重视高等教育教学的地位，发挥高等教育教学的独特功能，注意高等教育教学功能的时代性，以促进我国高等教育的发展。

第二节　高等教育教学的过程与原则

培养人才是高等学校目标，而教学是高等学校所有工作的核心，其好坏影响到人才培养的质量与数量，从而对社会主义现代化建设产生直接和间接的影响。除此之外，高等教育教学还会对学校科研工作、科技开发工作和其他工作产生重要影响。因此，正确认识高等教育教学的过程及特点，并根据这些特点理解高等教育教学的规律，做好教学和教学管理工作，这对于高等教育各项工作的顺利进行，推进高等教育事业的健康发展有着重要意义。

一、高等教育教学的过程

1.教学过程的概念

教学过程是在教师有目的、有计划地引导下，学生主动积极地掌握知识技能、发展智能和形成思想道德品质的过程，是教师的“教”与学生的“学”相结合的双边活动过程，其本质上是一种特殊的认识活动的过程。这一概念的含义是：第一，教学过程是人类的一种特殊认识过程，是以学习间接经验为主的认识过程；第二，教学过程是教师的积极性和学生的主动性相结合的过程；第三，教学过程是在掌握知识的基础上发展能力的过程；第四，教学过程是学生在掌握知识的同时，发展科学世界观和形成道德品质的过程，是一个主要由教师、学生、教学内容、教学方法和教学管理等因素构成的有机整体。

2.高等教育教学过程的特点

与中小学教育相比，在高等教育阶段，学生的独立性、创造性不断增强，教师的指导形式也随之变化，越来越接近于认识世界和改造社会的实践活动，但并不是完全独立的社会实践活动。因此，高等教育的教学过程，可以被看作学校教学过程向社会实践过程转化的过渡阶段，这也就决定了高等教育教学过程的特殊性。高等教育教学过程的特点主要体现在以下几个方面。

(1)明确的专业性和职业倾向性

高等教育从根本上说是一种专业化教育。其教学过程主要是围绕专业设置展开的,并且随着年级的上升,专业理论知识的传授和专业技能的培养所占的比重也越来越重。[①]职业倾向性主要指的是高等教育培养的专门人才是与社会职业相对应的,如医生、教师、律师等,以满足社会对各种专门人才的需求。同时,高等教育教学的职业性还体现在能创造新职业,因为新职业往往随着新知识的产生而出现,高校依靠自身的知识优势,将新知识迅速转化为新产品,从而形成新职业。[②]

(2)学习的独立性与创造性逐步增强

从学习主体来看,高等教育教学过程中学习的独立性和创造性更大。在大学的课堂教学中,教师讲授的内容丰富,但知识的理解、消化和巩固需要学生独立完成。大学每周的课时很少,学生自主支配的时间多,可以根据自己的需要、兴趣自主安排,学生的学习具有极大的自主性。学习的创造性,一是指学生学习的过程,就是接受、加工、消化与组合人类已有知识的创造性过程,这就具有创造的性质;二是指学生学习的结果,不仅要广泛地获取知识,而且要着力培养创造精神和才能。[③]

(3)教学与科研的紧密结合

培养人才和科学研究都是大学的基本职能,二者相辅相成,是高等教育教学中不可缺少的两翼。高等教育阶段的学生,其学习能力和思维能力已经发展到相当高的水平,并且高深专业知识的教与学也为其从事科学研究提供了条件。[④] 以科研促进教学,加快培育适应新时代国家战略需求和经济社会发展实际的高素质综合型创新人才,已成为当前我国高等教育教学工作的重要创新举措之一。[⑤]

(4)教学与生产、生活联系逐步增加

相对于基础教育来说,高等教育的教学过程是学生掌握专业理论知识的过程。要求学生将掌握的理论知识运用于具体实践活动,从而提高其理论联系实际、解决问题的能力。高等教育的教学大多都是与社会生产和生活紧密联系的。高等教育是专业性教育,它不但要求高校学生参加一般的社会实践,还应有计划地组织他们参加专业性的调查、参观、见习、实习、提供咨询、智力支持等,使专业知识与专业实践紧密联系,培养专门的技能与能力。[⑥]

二、高等教育教学的原则

教学原则是根据一定的教育目的和对教学规律的认识,对教师和教育工作者提出

①薛天祥:《高等教育学》,广西师范大学出版社,2001年,第206页。
②顾建民:《高等教育学》,浙江大学出版社,2008年,第173页。
③张怀满:《试论大学学习的特点及大学生学习能力的培养》,《黑龙江高教研究》2010年第9期。
④薛天祥:《高等教育学》,广西师范大学出版社,2001年,第207页。
⑤杜永峰、张莹、袁坤等:《高校以科研促进教学何以可能》,《现代教育科学》2020年第1期。
⑥田建荣:《高等教育学基础》,陕西师范大学出版总社有限公司,2018年,第191页。

的在教学过程中必须遵循的基本要求。高等教育教学原则是根据高等学校教育目的，反映其教学规律而制订的指导高等学校教学工作的基本准则。高等教育教学主要遵循以下原则。

1.科学性与思想性相结合的原则

这一原则是指教学要以马克思主义为指导思想，向学生传授系统的科学知识，并结合知识教学对学生进行思想品德教育。[①] 教学的科学性与思想性是相互联系、紧密结合的。这是教学中的首要原则，也是方向性原则。

科学性，要求教师首先要保证教学内容的科学性。坚决杜绝为了追求所谓“通俗”或“生动”而歪曲科学的原理和概念。概念的说明、原理的论证、术语的运用、公式的推导、数据的处理以及各种现象的分析，都应力求正确、准确，以保证科学的严肃性。[②] 其次，要保证教学方法的科学性。在高等学校教学过程中，教师要以科学的方法论为指导，使教学方法与学生的身心特点相适应。

思想性，在教学中教师要培育和践行社会主义核心价值观，把社会主义核心价值观体现到教书育人全过程，引导学生树立正确的世界观、人生观、价值观。把大学生培养成有理想、有道德、有文化、有纪律的社会主义建设者和接班人，落实“立德树人”的根本任务。

2.掌握知识与发展智能相结合的原则

这一原则指的是高等教育教学既是教师向学生传授高深学问和科学知识的过程，又是学生发展智能的过程。

掌握知识是发展智能的基础，而发展智能又有助于知识的掌握。在贯彻这一原则时，教师要重视专业基础知识的教学。专业知识构成学科的基本概念、框架和原理等，具有迁移性。学生只有掌握了这些知识，才有利于其分析问题和解决问题能力的培养，才更有利于其智能的发展。[③] 广博的知识是培养智能必不可少的要素，要改变高等教育中单一的学科结构，加强学科之间的横向联系，设置综合化的课程，使学生不仅掌握自己专业的知识，还能涉猎其他领域的知识。

在高等教育教学中，教师要做到传授知识和发展智能的辩证统一，防止出现单纯传授知识或单纯发展学生智能的倾向。

3.理论与实际相结合的原则

理论与实际相结合指的是在教学中，教师要指导学生以理论知识为指导，将所学知识运用于实际生活中，提高学生将理论运用于实践的能力。

---

①张忠华：《高等教育专题新论》，光明日报出版社，2013年，第394页。

②张亚丽：《我国高等学校教学原则体系的科学构建》，学位论文，兰州大学，2007年，第34页。

③虞国庆、漆权：《高等教育学》，江西高校出版社，2008年，第111页。

理论来源于实践，又服务于实践。首先，教师要加强理论知识的教学，使学生掌握学科的基本结构，从而有助于学生对专业知识融会贯通、灵活运用。学生只有掌握了专业理论知识，才能在实际生活中发现问题。其次，教师要给学生提供将理论知识运用于实际生活的机会。教师要充分认识实践性教学环节在人才培养中的重要地位和作用，要加强实验、实习、社会调查、生产劳动、毕业设计或毕业论文等实践环节的教学和指导，培养学生从事实际工作的能力，发挥学生的主动性和创造性。①

4. 专业性与综合性相结合的原则

专业性与综合性相结合指的是在教学中，教师既要向学生传授专业基础知识，还要注重知识的宽厚与广博。这其实就是专才教育与通才教育相结合。

这一原则要求教师要正确处理通才教育与专才教育的关系。通才教育强调人的均衡发展，为其以后的发展奠定基础。专才教育更注重学生的实践技能以及是否能够胜任行业岗位的实际需要。② 在国际化、全球化的今天，专业性和综合性相结合在高校教学中显得尤为重要。这既是社会发展的需要，也是大学生自身发展的需要。

5. 教学与科研相结合的原则

教学与科研相结合的原则是指在教学过程中逐步地加强科学研究工作，以培养学生的科研意识和从事科学研究的能力。③ 这个原则是高等教育教学过程的创造性的反映，也是不同于基础教育教学进程的最基本特点。

贯彻这一原则，教师首先要明确教学与科研具有同样重要的意义。当代高等教育的办学模式逐渐形成“产—学—研”相结合的形式，在教学中要加强实践教学环节，让学生将理论知识与实际生产和管理联系起来，把实际问题带到科研中进行研究并寻找问题的解决方法，使学生在具体实践中得到锻炼，培养其创造性思维，提高创新能力。④ 其次，教师在教学中要向学生传授科学理论知识并进行科学研究方法的训练。高等教育学校除了开设专业基础知识的课程之外，还要注重学生科学研究理论和方法等方面的训练。教师可以通过教学，训练学生的科学思维，将科学研究引入教学。

6. 统一要求与因材施教相结合的原则

统一要求与因材施教相结合的原则指的是教师既要从学校的培养规格和对人才的要求出发，面向全体学生，又要注意学生的个体差异，根据学生的实际情况进行有差异化教学，使每个学生都能得到发展。这一原则是针对大学生的身心发展差异提出来的。

---

①虞国庆、漆权：《高等教育学》，江西高校出版社，2008 年，第 109 页。

②崔玉良、于洋：《我国高校“通才”教育与“专才”教育的回顾与思考》，《中国成人教育》2012 年第 11 期。

③张忠华：《高等教育专题新论》，光明日报出版社，2013 年，第 397 页。

④韦小凤、朱学卫：《大学教学与科研相辅相成，培养创新型人才》，《教育现代化》2016 年第 36 期。

在遵循这一原则时，首先，教师要按照高等教育的教育目的和各专业的培养目标对学生进行教学。在具体的教学过程中，教师要根据学生的实际采取不同的方式，并且引导学生在学习中发挥自己的优势，从而达到殊途同归的目的。[①] 其次，教师要了解学生的差异性，了解每个学生的知识水平、认知方式、学习兴趣等。针对学生的特点，进行差异化教学。

由于每个人的认识角度和知识立场不同，对高等教育教学原则的认识也有所差异。随着“双一流”大学的建设和世界各国高等教育的教学改革，高等教育教学原则将会更加丰富，在线教学、人工智能、个性化学习等新兴事物的出现，都会推进高等教育教学原则的发展。

第三节　高等教育教学方法与策略

方法是历练思维的手段，教学方法的运用既要指导学生掌握知识，也要培养学生形成良好的思维品质。[②] 教师要实现教学目标，提高教学质量，就要结合实际，根据学生的特点，灵活运用多种教学方法。同时，也要根据教学的目标、内容等不断突破，创新教学方法，运用合适的教学策略。

一、高等教育教学的基本方法

1.高等教育教学方法

教学方法有广义和狭义之分。广义的教学方法是指为达到教学目的和完成教学任务所采用的各种手段、方式或活动途径；狭义的教学方法是指在教学过程中，尤其是课堂教学中，教育者对学生施加影响，把科学、文化、技术、知识等传授给受教育者，培养其能力、发展其智力、提高其品德修养的具体方法和手段。高等教育教学方法是指在高等学校的教学过程中，教师对大学生施加影响，把科学知识传授给学生并培养其能力、发展其智力，使其形成一定道德品质和素养的方式和途径。高等教育教学方法是多种多样的。有人将之分为三类：一是以语言传递信息为主的教学方法，如讲授法、问答法（或称谈话法、答辩法）、讨论法等；二是以直接感知为主的教学方法，如实验法、演示法、参观法等；三是以实际训练为主的教学方法，如读书指导法、练习法、自学法等。[③] 高等教育教学方法从所依据的基本原理而言，与普通教育教学方法相比并无特

①张亚丽：《我国高等学校教学原则体系的科学构建》，学位论文，兰州大学，2007年，第42页。

②徐学福：《教学论》，人民教育出版社，2012年，第167页。

③黄甫全、王本陆：《现代教学论学程（第2版）》，教育科学出版社，2003年，第304页。

别之处，但高等教育实施的是专门教育，传授的是高深知识，加上大学生身心发展日益成熟，因而在方法使用上就表现出一定的特殊性。

2.高等教育的基本教学方法

高等学校常用的教学方法大致有以下几类：①课堂教学的方法，包括讲授法、讨论法、实验法、练习法等；②自习与自学指导的方法，包括读书指导法、复习法、辅导等；③现场教学的方法，包括观察法、调查法、实习法等；④科研训练的方法，包括平时科研训练、论文与设计等。[①]

随着科学技术的发展，教学方法的改革蓬勃兴起，教学方法也有了较大革新与变化，特别是生理学、心理学的新成就以及现代教学化手段的运用，为方法的革新提供了重要条件。国内外的一些心理学家、教育学家和优秀教育工作者在教学改革的实践中创造了发现教学法、问题教学法、研讨教学法、微型教学法、掌握学习法等多种教学方法。接下来我们对高等教育的教学方法进行简要介绍。

(1)发现教学法

发现教学法也称为假设教学法或探究教学法，是指教师在教学过程中，通过设置问题情境，引导学生提出问题，做出假设，自主探究，最终得出结论，掌握所要学习的知识点的一种方法，在这一过程中培养学生独立思考、探究问题的能力。[②] 这种方法是由美国结构主义心理学家和教育家布鲁纳在其代表作《教育过程》中提出来的。要在教学过程中，让学生体验发现知识的兴奋感和完成任务的成就感，从而加强其学习的内部动机。正如布鲁纳所言，发现的作用在于：有利于提高学生智慧的潜力，有利于外在动力向内在动机的转化。掌握发现的方法有利于迁移能力的形成，有助于记忆。

发现教学法常用的步骤是：第一，确立和说明学生感兴趣的问题；第二，把这些问题分成若干有联系的提问；第三，提出可能的答案；第四，搜集和组织有关的资料；第五，钻研和讨论这些资料，概括出结论；第六，证实结论。

发现教学法具有四个特征[③]：一是强调学习过程。在发现教学法中，学生是一个积极的探究者。在教师的指导下，学生作为学习的主人，发现问题、研究问题并解决问题，从而参与建立该学科的知识体系。教师的作用是给学生提供独立探究的机会和情境，而不是提供现成的知识。二是强调直觉思维。布鲁纳在《教育过程》中提出，直觉思维对于承担课程编制和教学的人大有助益。直觉思维与分析思维迥然不同，它不是按规定好的步骤前进。[④] 三是强调内在动机。布鲁纳将学习动机分为外在动机与内在动机，他认为真正推动儿童学习行为的，不是趋赏避罚的外部动机，而是从学习本身

---

①湖南省教育厅：《高等教育学》，湖南大学出版社，2005年，第198页。

②房洁：《发现教学法在高中历史教学中的应用探究》，学位论文，重庆师范大学，2017年，第6页。

③靳玉乐：《现代教育学(第4版)》，四川教育出版社，2015年，第203页。

④布鲁纳：《教育过程》，邵瑞珍译，文化教育出版社，1982年，第69页。

发现学习源泉和报偿的内部动机。[①] 四是强调信息提取。布鲁纳认为,人类记忆的首要问题不是储存,而是提取。提取信息的关键在于组织信息,要知道信息储存在哪里和怎样才能提取信息。所以应该让学生自己参与发现问题的过程,从而提取信息。

发现教学法要求学生必须积极主动地去学习,教师的教学目的是教会学生学习方法,这对培养学生发现问题、研究问题和用所学知识去解决其他类型问题的能力具有重要作用。高等学校以培养智能型人才为主,为发现教学法的运用开辟了广阔的天地。

(2)问题教学法

问题教学法是20世纪60年代末70年代初由苏联教学专家M.A.洛尼洛夫等人研究提出的,是在中学和大学里被广泛运用的一种方法。所谓问题教学法是指在课堂教学中,教师从学生的认知规律和实际出发,将课堂中所要完成的教学任务以问题的形式呈现,通过创设特定的问题情境,合理地设计问题,巧妙地提出问题,利用学生的好奇心与求知欲,引导学生思考问题、解决问题,以促进学生自主学习、主动获取知识及创造性地解决问题的新型教学方法。[②] 具体来说,问题教学法包括三层含义:一是问题是导向,也是核心,整个教学过程围绕问题而展开;二是问题教学法的主体是学生,其教学模式的设计与展开要充分保证学生的主体地位;三是问题教学法的目的在于使学生具备终身学习所必需的基础知识和基本技能,重在培养学生的能力。[③]

问题教学法的具体步骤:提出问题,创造问题情境;在教师有目的的影响下,学生进行独立活动;提出新问题。在上述基础上,教师再把学生引导到需要在下一次课中解决的新问题上。

问题教学法改变了传统教学中单向传授的局面,把教师的讲授与学生的积极思维活动结合了起来,从而增加了教师和学生的联系,增加了教师准备问题与管理的工作,增加了学生的独立活动以及在课堂上学生向教师提问的数量,增强了教学过程的启发性、探索性和研究性。但运用这种教学法费时较多,难以使学生全面系统地掌握知识和必要的技能、技巧,因此要与其他教学形式结合起来使用。

(3)研讨式教学法

德国大学的研讨式教学德语为"seminar",意为"研讨会;研讨班,讲习会;研讨小组;培训会",最早出现在18世纪德国教育家弗兰克所创办的师范学校中。研讨式教学是指在大学或研究生院里教师和学生为研究某一问题,在教师的指导下以学生为主,采用小组或单独的形式共同讨论和研究的交互式教学方式,真正达到学有所获、日学日进、教学相长的教育目的。[④] 它强调教学内容的呈现方式要面向过程,并非单单

---

①李雅琛:《布鲁纳〈教育过程〉在中国大陆的传播及影响问题研究》,学位论文,东北师范大学,2015年,第13页。

②李宁、王丽:《新课程背景下教学方法的运用》,吉林文史出版社,2013年,第35页。

③何小刚、顾建伟:《争鸣与革新——新形势下高校思想政治课教学改革研讨会论文集》,上海社会科学院出版社,2018年,第30页。

④李玲、王莹:《研讨式教学法综述》,《高教学刊》2016年第13期。

地强调结果，研讨式教学以学生自主型、主动型学习为主。① 具体而言，研讨式教学特征如下：第一，要通过课程教学实现讨论与教学、研究相结合；第二，充分发挥学生的主体能动性，让学生充分参与研究工作，培养学生解决问题的能力与创新能力；第三，在教学过程中，通过优化课程结构，在教学与科研相结合的基础上实现师生之间、生生之间的互动；第四，教学的目标应该是强调学生多方面能力的培养而不是某一项研究成果。②

研讨式教学法的步骤大致可分为两个阶段。第一个阶段：探索研究阶段，即准备阶段，这一阶段不短于两个星期。这一阶段的教学活动主要有确定研讨的课题；查阅资料；从已确定的课题或问题出发进行研究、调查、实验、论证等活动；根据上述活动的结果，撰写研究报告、论文的发言提纲或评论性文章。第二阶段：报告讨论阶段，也就是研讨式教学法的实施阶段。这个阶段一般短的只要一节课，长的则需要几节课或数天。一般有以下几个步骤：设立研讨式教学筹备小组；向全班学生宣布专题报告和分组讨论的程序及时间安排；进行小组专题报告和讨论；各小组代表向研讨班全体成员做报告发言；教师或邀请人进行总结。

在研讨式教学中，教师作为一名组织者促进研讨活动，其职责在于确保研讨活动的每一步骤和环节都在民主的气氛中进行。为此，教师要拟订周密的教学计划，指导学生撰写论文提要、研讨报告和评论文章，并做好研讨式教学的组织、总结和评价工作。

研讨式教学是一种民主的教学方法，不仅能使学生增长知识、开阔视野，还有助于发展学生的智能和加强学生的科研训练。除此之外，它还能活跃高校的学术气氛，有助于师生共同探索、发现和研究，进而紧密联系师生，教学相长。但是，研讨式教学法不像课堂讲授那样利于传授系统完整的知识，而且它对学生人数有要求，一般不超过25名，难以适用于大班。因此，研讨式教学法一般用于研究生教学。

(4)学导式教学法

所谓学导式教学法就是学生在教师指导下进行自学的一种教学方法。这是近年来在我国教学改革中出现的一种新的教学方法。学导式教学强调学在导前，先学后教，让学生学在前面，把学生在教学过程中的认知活动视为教学活动的主体，让学生充分利用“已知、已会、已能”去主动获取“未知、未能”。③ 学导式教学法的本质特征是：教学重心从“教”移到“学”上，学生自主地、直接地、快速地参与教学全过程，课堂上几乎三分之二的时间是由学生主动进行自学、解疑、精讲、演练等活动，个体和群体相结合，变“讲”堂为“学”堂，这是对传统以教师为中心、重教轻学、同步教学和学生被动依赖的注入式满堂灌的教学方式的改变，是对学生被动接受教师的启发或“不启不发”甚

---

①马启民：《“seminar”教学范式的结构、功能、特征及其对中国大学文科教学的启示》，《比较教育研究》2003年第2期。

②彭婷：《大学本科课堂研讨式教学研究》，学位论文，湖南师范大学，2012年，第11页。

③张大生、刘学浩：《再谈学导式教学法》，《中国教育学刊》2009年第8期。

至“启而不发”的教学模式的改变，实现启发与注入并存的重大突破。[①] 在具体的教学实践中，它强调以学生自学为主并得到教师必要的指导，在学生主动掌握知识的过程中注重智能的开发，从而把教学从以传授知识为主转移到发展智能。

学导式教学法需要教师进行学案设计。学案是教师在学习理论、教育原理的指导下，依据课程标准和学生认知结构的特点，从学生的角度设计的，指导学生进行自主学习、自主探究、自主创新的导学材料。[②] 与教案不同，学案是针对学生学习而开发的一种学习方案，它着眼于如何调动学生学习的主动性，如何引导学生获取知识，如何培养学习能力，它强调要使学生“会学”。[③]

学导式教学法的基本结构是自学、解疑、精讲和演练。一般包括以下几个步骤：教师组织有利于学生自学的教材；学生相互提问、解疑；教师针对性地精讲；学生进行演练。演练是学导式教学综合开发智能的主要环节。

学导式教学法在我国还处于探索阶段，特别是其理论基础不稳定，还有待更为深入地探讨。从实践来看，它比较适用于技能技巧的学习和成人高等教育的学习过程。

(5)个性化教学法

个性化教学法是一种让学生根据自己的具体情况而自定学习进度的教学方法。它的创始人是美国的心理学家弗莱德・S. 凯勒。个别(性)化教学，就其实质来说，意味着寻求各种不同的变体和途径，按照各种不同的个人特点去达到一般的培养目标[④]。个性化教学并不是教学的一种形式，而是可以运用各种形式去实现其个性发展、培养目标的结构，可以运用个别教学、小组教学和班级教学等教育组织形式，它并不拘泥或局限于某种教学组织形式。[⑤] 运用个性化教学法，有如下步骤：

第一，教师在课程开始前认真分析整个知识体系，并把它分成一个个为期一周的小单元，确立每一个单元的教学目的。

第二，制订即时反馈方案，即制订出每个单元的选择性考试形式和评分标准，以便让学生在结束这一单元学习时进行考试。

第三，安排教学活动场所。一般来说，该方法很少在传统课堂上运用，而往往在那些有利于导师与学生畅谈、讨论问题、进行考试的活动场所。其中，实验室、讨论室等是主要的教学场所。

第四，学生选择一名同伴担任课程的伙伴导师，该导师与学生保持最紧密的个人联系。这样的导师要具备几个条件：曾以优异成绩通过了这类课程单元，熟悉该门课程的知识内容，而且有较强的责任感，能胜任其职。如有可能，这些导师应该受过专门

---

①武志娟、谭玮璐、黄婉怡等：《以学生为中心的学导式教学模式的应用》，《中国中医药现代远程教育》2017年第23期。

②孙鹰、韦忠瑄、顾娟：《学导式教学模式的研究与实践》，《科教导刊(上旬刊)》2013年第8期。

③谭金锋：《实施学案导学 提高课堂教学质量》，《高等教育研究学报》2010年第3期。

④M. V. 克拉林：《某些国家的个别化教学》，孙祖复译，《全球教育展望》1992年第6期。

⑤邓志伟：《个性化教学论》，上海教育出版社，2002年，第54页。

教师技能训练。

第五,当一名学生在单元课程学习时,通过自学课本和辅助教材等已经掌握了学习内容,要及时评定其成绩,并与学生一起认真检查、校正所有错误。有需要的话,还可以提供附加的教学和学习建议。学生必须获得高分才能进行下一个单元的学习;若得低分,便重新学习这一单元,重新考试。

在进行个性化教学时,要遵循以下的原则:一是理念的个性化。即教育理念的个性化,教师要树立多种多样的教育理念,而不是追求标准化的教育理念。二是目的的个性化。高等教育要培养的人才是个性化的人才,而不是千篇一律、规格化的人才。三是内容的个性化。在教学中,教师要根据学生的需要、性格和特点,教授个性化的内容。四是方法的个性化。面对不同的教学内容和不同的教学对象,教师可以采用个性化的方法。五是手段的个性化。随着信息技术的发展,慕课、翻转课堂和微课等教学手段被运用于高等教育课堂中。同时,学生也可以利用互联网进行个性化的学习。①

(6)慕课教学

慕课即“MOOC”,是“massive open online courses”(大规模开放式在线课程)的简称。“massive”,大规模,学习人数众多、学习规模巨大;“open”,开放共享,免费注册,丰富的学习资源向全国乃至全世界开放;“online”,在线学习和教学主要通过网络进行,交流与互动也都是通过网络进行。在 2008 年,由加拿大教授 Dave Cormier 和 Bryan Alexander 首先提出了“慕课”这一概念。② 2013 年慕课进入中国,得到高校和教育界极大推崇。③ 慕课是包括讲授、讨论、作业、再讨论和反馈的教学过程,不仅仅是教师的讲授或学生的学习,而是将二者融合的完整教学过程。

慕课在高校教学中的应用,是对传统教学的一种变革。作为一种新兴的教学方法,与传统教学相比,慕课的差异主要表现在:一是学习方式不同。传统教学中的学习实际是一种学生按照课程计划的被动式学习,学生自主的空间并不大。④ 而在慕课教学中,学习者可以根据自己的兴趣和需要,自己制定学习目标、学习计划,安排学习时间,自主性较强。二是教学手段不同。在传统教学中,教师和学生都是在同样的时间和空间,教师使用的工具是黑板和粉笔。而在慕课教学中,学生在不同的时间和地点,综合利用现代教学技术进行学习。三是教学评价方式不同。传统教学使用较多的是诊断性评价和终结性评价,利用期末考试的成绩对学生进行评价。慕课的教学评价方式主要是同伴互评,通过互评提高学生的批判思维和纠错能力。⑤

慕课教学的应用,对高等教育的发展有着重要意义。慕课对高等教育的积极作用

①邓志伟:《个性化教学论》,上海教育出版社,2002 年,第 63—67 页。

②王鹏、柯文丽:《慕课在国内外的发展与运行现状》,《教育教学论坛》2019 年第 13 期。

③侯志才:《关于慕课教学实践的思考》,《教育现代化》2019 年第 75 期。

④徐武生:《“慕课”模式对传统教育的冲击与思考》,《江西教育》2015 第 15 期。

⑤丁盼盼:《慕课与传统教学模式的比较分析》,《教育现代化》2016 年第 39 期。

主要有:维护教育公平、促进教学改革、服务社会以及促进终身教育理念的实施。① 由于学费、时间、地点、年龄等方面的限制,一些人不能接受高等教育,而慕课的开放性、大规模性,正好弥补了高等教育的不足。慕课让更多的人享受高等教育的优质资源,有利于促进教育公平。慕课的出现,使教学方式和学习方式都有了一定的改变,促进了高等教育教学的改革。慕课还可以为已经毕业的大学生提供继续学习资源,使他们更新自己的知识,跟上时代发展的步伐。慕课没有年龄、时间和空间的限制,不同年龄层次的人都可以通过网络学习,从而促进终身教育理念的实施。

(7)微课教学

微课这个概念最早由美国人戴维·彭罗斯在2008年提出。在这之后,全球掀起了微课理论研究和实践应用的探索热潮。我国在2011年由胡铁生率先提出。② 微课是指按照新课程标准及教学实践要求,以教学视频为主要载体,反映教师在课堂教学过程中针对某个知识点或教学环节而开展教与学活动的各种教学资源有机组合。③ 微课视频的时间一般在5～8分钟,有明确、具体的教学目标和主题,内容短小精悍。

微课的特点概括为以下几点:教学时间较短,一节微课的时长一般仅为5～8分钟,通常不超过10分钟;教学内容较少,主题具体、明确;资源容量较小;支持网络在线播放的流媒体格式;形式为多媒体课件、在线测试、短视频、情境化的资源包;反馈及时,针对性强;等等。④

微课的制作过程大致可以分为以下9个环节:确定微课的教学主题;细化微课知识点;做微课的教学设计;制作微课的教学课件;撰写微课视频的拍摄/制作脚本;微课视频的拍摄或者录制;微课视频后期编辑与优化;设计制作微课配套资源;教师的微课教学活动实施。⑤

微课在高等教育教学中的应用,有利于高等教育教学的变革。其优势主要体现在:首先,有利于大学生知识的获取。⑥ 教师将一节课45分钟的课程,设计制作成5～8分钟的短视频,有利于学生在海量的信息中快速、有针对性地获取自己想要的知识。其次,微课可以更好地满足学生对不同专业知识的个性化需求。学生可以根据自己的需要,选择性地学习,从而进行知识的巩固与强化。最后,有利于促进高校教师的发展。微课作为一种新的教学方法,是对传统授课模式的一种挑战。制作微课视频,对高校教师提出了更高的要求,有利于提高教师的知识素养和教学水平。

以上介绍的只是高等教育教学中比较常用的教学方法,随着信息化技术和人工智能的发展,高等教育教学方法会不断创新。2019年2月,中共中央、国务院印发《中国

---

①胡新星:《我国"慕课"发展研究》,学位论文,吉林大学,2015年,第18页。

②郭运庆:《微课创始人谈微课的现状、问题与未来——访佛山科学技术学院胡铁生教授》,《数字教育》2016年第1期。

③胡铁生:《"微课":区域教育信息资源发展的新趋势》,《电化教育研究》2011年第10期。

④李玥泓:《微课教学与传统课堂教学的比较研究》,《教育现代化》2018年第35期。

⑤胡铁生、周晓清:《高校微课建设的现状分析与发展对策研究》,《现代教育技术》2014年第2期。

⑥陈琳:《微课教学在高等教育中的应用》,《教育教学论坛》2016年第8期。

教育现代化2035》，明确指出："建设智能化校园，统筹建设一体化智能化教学、管理与服务平台。"人工智能为高等教育教学带来了新的可能和挑战，必将会对高等教育的教学目标、教学内容和教学方法等多个层面产生深远影响。

二、高等教育教学的主要策略

1.教学策略的含义

目前，教育理论界对教学策略的认识往往仁者见仁、智者见智。由于概念上的模糊不清，教师难以从概念中获取具体的有关教学策略的信息，从而影响教学策略的操作性。因此，要探讨教学策略，必须先正确认识教学策略的含义。

对教学策略含义的理解多种多样，比较有代表性的有以下几种：第一种理解，教学策略是指教学活动的顺序排列和师生间连续的有实在内容的交流；第二种理解，教学策略用来表示为达到某种预测的效果所采取的教学行动；第三种理解，教学策略是为了实现教学目标、完成教学任务所采用的方法、步骤、媒介和组织形式等教学措施构成的综合性方案；第四种理解，教学策略是为完成特定目标而设计的指示性的教学技术；第五种理解，教学策略是指以一定的教育思想为指导，在特定的教学情境中，为实现教学目标，在实施过程中不断调适、优化，以使教学效果趋于最佳的系统决策与设计。①

从以上具有代表性的含义可以发现，教育理论界对于教学策略含义的认识主要有两种倾向：第一种倾向，把教学策略看作教学方法和教学技术的总和。需要指出的是，虽然教学方法和教学策略有紧密联系，但教学方法并不等同于教学策略。掌握了教学方法并不代表具备了教学策略。第二种倾向，把教学策略理解为教学实施的总体方案或对教学活动的系统决策。这种观点具有一定的合理性，肯定了教学策略的综合性和观念性。但是用方案来表述，强调的是教学策略静止的一面，而教学策略更强调变化性，能随情境的变化而变化。所以用"系统决策"来表述就突出了教学策略是一个动态的过程。②

综上所述，我们认为教学策略就是教师在教学情境中，为了实现教育目标，根据学生的特点，对教学实施过程制订的系统决策活动。

这个含义可以从以下几个方面来理解：

第一，教学策略是一个总体概念，涉及一系列具体的教学技能，但又不是教学技能的简单累积和罗列。

第二，教学策略与一般的教学方法不同，是将对教学方法的选择置于教学情境及影响教学方法选用的各种变量以及变量之间的关系中，将一般的教学方法提高到一般策略性的新水平。

---

①周军：《教学策略(第2版)》，教育科学出版社，2007年，第10页。
②周军：《教学策略(第2版)》，教育科学出版社，2007年，第11页。

第三，教学策略的运用是一个动态过程。教学策略的建构和使用，一般要经历两个过程，即选择、使用教学方法的过程和调控教学活动的过程。而且这两个过程会随着教学情境的变化而变化。

第四，教学策略是以学习策略为基础的。教学是教师教和学生学的双边活动，教学策略和学习策略有密切联系。教学策略既包括教师在教学活动中对教学方法、教学内容和教学手段的调控，又包括教师对学生学习活动的调控。

2.高等教育中教学的主要策略

教学策略根据实施时间的不同可以分为教学准备策略、教学行为策略、教学监控策略和教学评价策略。我们这里从教学行为策略方面来讨论高等教育中教学的主要策略，主要包括以下几种。

(1)以学生为中心的教学策略

《国家中长期教育改革与发展规划纲要(2010—2020年)》特别提出："要以学生为主体，以教师为主导，充分发挥学生的主动性，把促进学生健康成长作为学校一切工作的出发点和落脚点。""努力培养造就数以亿计的高素质劳动者、数以千万计的专门人才和一大批拔尖创新人才。"这说明了以学生为中心在高等教育发展中的重要地位。最早提出"以学生为中心"理念的是美国心理学家卡尔·罗杰斯，他从心理学的视角来探究教育问题，以突出学习者的中心地位为核心，提出让学习者自由学习是自我价值实现、个人潜能充分发展的需要。① 要实现以学生为中心，最根本的是要实现从以"教"为中心向以"学"为中心转变，即从"教师将知识传授给学生"向"让学生自己去发现和创造知识"转变，从传授模式向学习模式转变。传统的高等教育教学主要是以教师为中心，采用讲授式的教学方法，学生参与课堂的积极性不高，不利于学生的身心发展。因此，以学生为中心的教学策略在高校教学中尤其重要。

以学生为中心的教学策略在实施时，要注意以下几点：一是教师充分转变传统教学观念，把握师生之间的尺度。教学观念指导着教学活动的进行，只有正确的教学观念才能使教学活动高效进行，达到教学过程的最优化。教师要转变以教师为中心的观念，树立以学生为中心的教学观念，充分尊重学生的主体性，引导学生独立思考、积极主动地学习。同时，教师也要注意自身的引导作用，不能完全把课堂交给学生。二是引导学生建立正确的人生观，提高学生学习主动性。大学生是社会主义建设的接班人，需要有正确的人生观。但是，当前部分学生学习的积极性不高，认为大学就是放松的地方，毕业就能找到工作。因此，需要教师运用以学生为中心的教学理念，引导学生树立正确的人生观，提高学习的积极性，充分挖掘每个人的潜能，帮助学生实现自我价值。三是运用创新课堂教学模式，提高学生课堂参与度。随着信息技术的发展，高等

---

①刘海苹、杨扬、孙玉英：《"以学生为中心"的高校课堂教学策略研究》，《黑龙江教育(高教研究与评估)》2019年第8期。

教育的教学模式也有了很大的变化，如慕课、微课、翻转课堂等。教师要实现以学生为本，就要跟上时代的发展，创新教学模式。运用网络和信息技术，改变教学手段和方法，吸引学生的注意力，激发学生学习动力，从而提高学生的课堂参与度。①

(2)项目学习教学策略

项目学习(project-based learning)最早兴盛于20世纪七八十年代的西方发达国家。② 项目学习就是学习者围绕某一个具体的学习项目，充分选择和利用最优化的学习资源，在实践体验、内化吸收、探索创新中获得较为完整而具体的知识，形成专门的技能并获得发展的学习。③ 项目学习具有创造性、情境性、跨学科性和合作性的特征。④ 创新性，在项目学习过程中，学生需要全程参与，需要多视角、多维度地来解决项目学习中的问题。每一个项目学习都是独一无二的，因此需要学生具有一定的创造性。情境性是指项目学习是以问题解决为导向，以情境为基础。项目学习的内容都来源于学生真实的生活情境。跨学科性是指项目学习融合了不同学科的理论与实践知识，需要学生灵活运用。但是项目学习并不是不同学科知识的简单合并，而是各学科的综合运用。⑤ 合作性是指项目学习是以完成任务为目标，以小组为单位来展开学习，学生参与其中，分工明确。小组成员相互帮助，合作学习。

项目学习在高等教育教学中的实施策略主要有以下几方面：第一，确立恰当的研究主题。研究主题是展开项目学习的关键，整个项目学习的过程都要围绕主题进行。在确立主题时，要注意学生的学习兴趣，紧密联系学生的生活。第二，选择难度适当的项目。选择项目时要循序渐进，从简单到复杂，考虑学生的知识基础和能力，有利于学生更好地达成目标。但是，也不要选择过于简单的项目，要有一定的挑战性，激发学生的学习动力。第三，合理组建团队并有序分工。团队合作是项目学习最主要的方式，有利于学生学习的投入以及相互帮助，促使他们共同努力实现目标。第四，提供促进学生自主发展的机会。研究表明，当学生自主选择和制订项目时，在项目学习过程中会更容易形成对项目、小组和个人负责的态度。自主发展也是我国学生发展的核心素养之一，有利于发挥学生的主体性。在项目学习过程中，教师要尊重学生，认可学生。第五，给予学生一定的指导。虽然学生是项目学习的主体，但是教师在项目学习的过程中也起着引导的作用。教师在学生遇到难以解决的问题时，要给予一定的指导。第六，明确学习规范和期望。在项目学习开始之前，教师要明确告诉学生项目学习的规范、要求以及要达到的目标，从而保证教学过程的规范性，有利于学生进行针对性的学习。第七，建立科学、有效的评估体系。在评价项目学习时，教师要充分利用过程性评价、表现性评价和总结性评价等多种评价方式。同时，教师也要保证评价的公平性和

---

①梁东武、黄崇杏、李深旺等：《以学生为中心的课堂教学策略》，《课程教育研究》2019年第23期。
②梁岩岩、崔友兴：《论项目学习的内涵、特征、实施与支撑条件》，《课程教学研究》2018年第5期。
③刘云生：《项目学习——信息时代重要的学习方式》，《中国教育学刊》2002年第1期。
④梁岩岩、崔友兴：《论项目学习的内涵、特征、实施与支撑条件》，《课程教学研究》2018年第5期。
⑤刘云生：《项目学习——信息时代重要的学习方式》，《中国教育学刊》2002年第1期。

准确性。第八，提供充分的资源、方法和技术支持。项目学习与传统教学不同，需要学生获取大量的信息，并进行整理、归纳和利用。因此，教师要给学生提供搜集信息的渠道，提高学生处理信息的能力并提供一定的技术支持，以保证有效实施项目学习。①

(3)翻转课堂教学策略

翻转课堂(flipped classroom)是指借助现代教育技术预先录制授课视频来取代传统的课堂知识讲授，并在网络上进行共享，要求学生课前自主观看学习，然后利用课堂时间集中解决学生在观看视频时所产生的困惑和疑问，实现知识内化的一种教学形态。② 近年来，在世界范围内，翻转课堂都得到了广泛应用。国外翻转课堂的典型教学案例很多，如林地公园高中模式(教学视频辅助课外学习)、可汗学院模式(基于"教学视频＋课堂练习"系统的混合学习)、河畔联合学区模式(数字化互动教材辅助课外学习)、哈佛大学模式(课内外协作学习)、斯坦福大学模式("微型视频＋过关测验"辅助课外学习)等，国内较为典型的翻转课堂实践主要为南京大学课堂教学改革(微课程)等，以上提到的高校都在实践中探索出了不少值得借鉴的宝贵经验。③

教师是翻转课堂实施的主体，因此，在高校中，翻转课堂教学策略的实施要注意以下几方面。首先，教师要树立新的教学理念。翻转课堂与传统课堂运用黑板、粉笔进行教学不同，翻转课堂体现了现代教学的理念，需要教师制作视频，指导学生学习。这就需要教师在教学中运用现代信息技术，关注教学手段和教学方式的变革。其次，教师要提高自己实施翻转课堂的能力。在翻转课堂中，教师的角色发生了很大改变，教师不仅仅是知识的传播者和讲授者，更是微型视频的制作者、设计者，还是新型教学方式的研究者。因此，教师需要熟练掌握现代信息技术并合理运用，提高视频设计和制作的能力。要重视培养学生的学习技能。信息技术是翻转课堂有效实施的重要保障，教师要培养学生运用信息技术进行学习的能力。翻转课堂需要学生在课外根据视频进行学习，这对学生的独立学习能力也有一定的挑战，因此教师要培养学生独立的学习能力。④

第四节　高等教育教学的设计

教学的最终目的是实现教学目标。而实现教学目标，需要教师在开始之前对教学活动进行系统的安排和决策。但是，教师在设计教学时，不能随心所欲，需要遵循一定的教学设计理念。同时，也要根据高等教育教学的特殊性，采用一定的教学设计模式。

---

①王艳芝、曾文静:《学校项目学习的影响因素、形式与实施策略》,《教学研究与评论(中学教育教学)》2018年第9期。

②齐军:《美国"翻转课堂"的兴起、发展、模块设计及对我国的启示》,《比较教育研究》2015年第1期。

③郑瑞强、卢宇:《高校翻转课堂教学模式优化设计与实践反思》,《高校教育管理》2017年第1期。

④朱宏洁、朱赞:《翻转课堂及其有效实施策略刍议》,《电化教育研究》2013年第8期。

一、高等教育教学的设计理念

1.高等教育教学设计的内涵

简单地说,教学设计就是指教师为了达到教学目标,对教学活动进行的系统规划、安排与决策。具体地说,教学设计就是指教师以现代教学理论为基础,根据学生的特点以及教师自己的教学观念、经验和风格,运用系统的观点与方法,分析教学中的问题与需要,确定教学目标,建立解决问题的步骤,合理安排各种教学因素,为优化教学效果而制订实施方案的系统计划过程。

由此可见,教学设计实际上就是教师为教学活动制订蓝图的过程。教师可以通过教学设计,对教学活动的基本过程有个整体的把握,根据教学情境的需要和教育对象的特点确定合适的教学目标,选择适当的教学方法和策略,采用有效的教学手段,创设良好的教学环境,实施可行的评价方案,从而保证教学活动顺利进行。除此之外,通过教学设计,教师还可以有效地掌握学生学习的初始状态和学习后的状态,从而及时调整教学策略和方法,采取必要的措施为下一阶段奠定良好的基础。从这个意义上说,教学设计是教学活动顺利进行的基本保证。好的教学设计可以为教学活动提供科学的行动纲领,使教师在教学工作中事半功倍,取得良好的教学效果。

2.高等教育教学的设计理念

教学设计实际上就是教师对教学活动的一个系统筹划。每一位教师对教学设计都有自己的理解,这种理解并没有对错之分。因为教学设计的实践性很强,没有最好的理解,只有最适宜的理解。高等教育教学的设计理念主要有以下几种。

(1)系统观

教学设计的系统观是指要以系统论的观点作为教学设计的指导思想,要求教学过程的设计既要服从自身的需要,又要符合自己所隶属的更大系统的要求。① 教学过程是非常复杂的,参与教学过程的多个因素都会影响教学的效果。在教学设计的过程中,教师要将教学过程视为一个有效的教学系统,注意教学过程中各个因素的相互作用,对参与教学过程的各个因素进行最优化的设计。教学设计的系统观要求教师在进行教学设计时,要运用不同的教学模式、手段和媒介,既要从教学目标出发,又要考虑学生已有的知识水平,分析学生的现实需要和教学条件。总之,教学设计的系统观最主要的表现就是统揽全局、循序操作。统揽全局强调关注整体,即关注每一个学生和教学过程的各个要素;循序操作,倡导从行动上突出设计的程序化和计划性,使得教学

---

①王大顺、张彦军:《发展与教育心理学》,陕西师范大学出版总社有限公司,2015年,第278页。

的各项外部条件环环相扣、层层落实。[①]

(2)人本观

这种观点强调教学设计要凸显“以人为本”的理念，要发现人的价值，发掘人的潜能，发展人的个性，发挥人的创造性。[②] 教学设计的人本观体现在为每个学生提供合适的发展模式，这一理念来源于美国心理学家加德纳提出的多元智力理论。该理论认为人有九种智能，每一种智能相对独立且水平不一，但在解决问题时却共同发挥作用，并且智能不是仅存于人脑的，而是以一定的文化和社会为背景的。[③] 这要求教师在教学设计过程中，以学生为本，根据学生的不同特点实施不同的教学方法和手段，充分调动学生的积极性和主动性，使学生成为课堂的主人。

(3)艺术观

这种理念认为教学设计就是一门艺术。不同教师对同样的教材和学情有着不同的教学策略，教学方法和教学风格也不同，因而有不同的教学效果。即便是同一位教师，在不同的教学背景和教学时空下，其教学策略、教学方法和教学风格也不一样，教学效果也不同。[④] 教学设计的艺术观要求教学设计要有吸引力和感染力，教师必须要通过教学设计展示自己的个性和创造性，不能把教学当作纯技术性的工作。因此，教师只有知识经验是不够的，还应当具备艺术素养和艺术创造性。[⑤]

二、高等教育教学的设计模式

教学设计虽有一套可供教学设计人员遵循的一般程序，但在具体的教学设计过程中，由于设计者依据的理论不同，面临的教学任务、教学情境各异，因而采取的设计方法和步骤就会有一定差异，这种差异导致了许多教学设计模式的产生。就目前情况来看，比较经典的教学设计模式主要有以下几种。

1. 迪克—凯瑞模式[⑥]

这是由迪克和凯瑞提出的教学设计模式。迪克认为，教学本身就是一个系统，运用系统观研究教学旨在表明，教学过程中各个要素都在教学过程中扮演着一定的角色，不存在设计教学的唯一模式。基于此，他们提出了迪克—凯瑞教学设计模式。这一教学设计模式主要有以下步骤。

第一，通过评估需要确定教学目的。这一环节主要是决定学习者在结束教学后可

①盛群力、马兰：《简论教学设计的重要理念》，《教育科学研究》2006 年第 9 期。
②周永凯、王文博、田红艳：《现代大学教学设计与案例》，中国轻工业出版社，2010 年，第 7 页。
③马小亮：《浅议“以人为本”的教学设计》，《陇南日报》2019 年 9 月 18 日。
④周永凯、王文博、田红艳：《现代大学教学设计与案例》，中国轻工业出版社，2010 年，第 6 页。
⑤汪凤炎、燕良轼：《教育心理学新编》，暨南大学出版社，2006 年，第 446 页。
⑥王丽华：《论迪克—凯瑞的系统教学设计模式》，《外国教育研究》2004 年第 8 期。

以做什么,即掌握什么样的知识和技能,可以通过多种方式来确定教学目的。根据每个学生在学习过程中遇到的困难,分析学习者在学习中的行为以及新教学的需要,来确定教学目的。

第二,进行教学分析。确定教学目的后,要通过对教学目的的进一步分析,确定学生应掌握的各种知识、技能和技巧,并确定掌握某种技能和技巧的过程或步骤。

第三,分析学习者及其学习背景。这个环节与教学分析是并列的,主要包括分析学习者的学习技能和运用技能的背景,以及学习者的学习准备状态和一般的身心发展特点,这些情况都是教师必须预先认真分析和准确把握的。

第四,编写行为目标。在完成前三项工作的基础上,教师要编写具体的具有操作性的行为目标。这其实是对已经确定的教学目标的进一步分解和细化。这些目标明确了学习者的学习内容、学习条件以及学习结果。

第五,开发评估工具。这项工作要求以教学目标为依据,开发评估工具。这些工具的好坏要用目标来衡量,并且评估的要求与目标所陈述的行为类型应有关联。

第六,确定教学策略。为达成预定目标,教师必须考虑采用核心教学策略和方法来有效实施教学。教学策略包括教学预备活动、内容展示、练习和反馈、测试、总结活动。

第七,开发和选择教学材料。这项工作要求教师根据教学需要,合理选择和利用有用的资源,如教学材料、学生学习指南、教师指导书和试卷等。此外,还应提供开发教学材料的标准。

第八,设计和进行教学的形成性评价。在构思了一个完整的教学方案之后,还需要做出评价,以便对方案进行调整和修改。教师或教学设计人员可以从三类形成性评价中获得有益的反馈,即个体评价、小组评价和学科评价。

第九,修正教学。根据形成性评价所得到的资料,可以发现教学设计中的不足之处,从而修正教学方案。

第十,设计和进行总结性评价。虽然总结性评价是对教学效果的最后评价,但它通常不是教学设计的一部分。总结性评价是由评价者而非设计者完成,因此它不是教学设计过程中必备的一个要素。

迪克—凯瑞教学设计模式的主要特点是:一是以行为主义为理论基础。该模式是典型的基于行为主义的教学系统开发模式。二是突出系统观的哲学理念。该模式从确定教学目标开始到总结性评价结束,组成一个完整的教学系统开发过程。三是比较贴近教师的现实教学情况。该模式集中讨论了教学设计的具体过程,教学设计步骤具体而详细。①

---

①常华锋:《生本学科教学设计》,首都师范大学出版社,2015年,第130页。

2. 肯普模式

肯普模式由美国新泽西州州立大学教授肯普提出。这一模式的内容可以概括为“三个问题,四个要素和十个环节”。①

三个问题是:学生必须学习到什么,即确定教学目标;为达到预期的目标应如何进行教学,即根据教学目标的分析确定教学内容和教学资源,根据学习者特征分析确定教学起点,并在此基础上确定教学策略、教学方法;如何检查和评定预期的教学效果,即进行教学评价。②

肯普认为一个教学系统应包括四个基本要素,即学生、方法、目标和评价。这四个基本要素及其关系构成教学设计的出发点和大致框架。③

十个环节构成了教学设计的基本框架,具体如下。④

第一,确定学习需要和学习目的。确定学习需要是教学设计的首要问题,也是确定学习目的的依据。确定了学习需要之后,再了解学习条件和教学条件。

第二,选择课题与任务。课题是按一定的逻辑顺序排列的。课题选定之后,再根据教学目的和学习目的制订课题教学目标。

第三,分析学习者特征。包括学生的已有知识、技能、认知结构、学习兴趣、学习动机、学习风格、学习条件等各个方面的因素。凡是影响学生学习进展的因素都应该考虑在内。

第四,分析学科内容。学科内容,即课程内容。既要考虑本学科内容与其他学科内容的联系,也要考虑本学科中内部各知识点的相互关系。

第五,阐明教学目标。教学目标,即学生的学习目标。确定学生通过学习应该掌握的知识、形成的技能,以及学习行为发生的变化。

第六,实施教学活动。要围绕教学目标开展教学活动。教学活动的开展并没有固定的模式,教师可以根据教学内容和教学对象等因素,确定最适合的教学模式。

第七,利用教学资源。凡是可以利用的教学信息、实物,都属于教学资源范畴,包括多媒体、网络等。教师是重要的教学资源。设计教学时要充分考虑利用这些资源。此外,在信息化时代,教师要特别注意利用视频资源。

第八,提供辅助性服务。影响教学的因素很多,在进行教学设计时,要考虑和利用对教学有利的各种辅助性服务。

第九,进行教学评价。教学评价主要指学习评价,即对学生是否达到学习目标的评价。学习评价往往是标准参照评价,即评价学生是否达到某一标准。因此,学习目标表述得越清楚,描述得越完整,学习评价就越容易进行。

---

①常华锋:《生本学科教学设计》,首都师范大学出版社,2015年,第124页。

②罗冬梅、黄贤立:《基于“肯普模式”的混合教学应用研究》,《中国教育信息化》2008年第23期。

③李田:《肯普模式对微型学习活动设计的启示》,《中国教育信息化》2014年第20期。

④常华锋:《生本学科教学设计》,首都师范大学出版社,2015年,第126—127页。

第十，预测学生的准备情况。预测学生的准备情况，即了解学生对学习内容的准备与掌握情况。既不能把学习内容确定在学生已经掌握的范畴之内，也不能把学习内容确定在离学生已有知识相差太远的地方。要注意学生的最近发展区。

这一模式的基本特点是灵活、实用，教学设计人员可以根据教学情境的需要有侧重地设计教学方案。

3. WebQuest 模式

WebQuest 模式是 1995 年由美国圣地亚哥州立大学教授伯尼·道治和汤姆·玛蒂开发的。从字面上看，“Web”是网络的意思，Quset 是寻求的意思，我们可以把“WebQuest”看作一种基于网络的探究式学习活动。① WebQuest 是以建构主义理论为指导，基于计算机网络环境下的一种探究性教学模式，它为学生构建了一个动态开放的、交互性的学习环境，可有效激发学生探究热情，增强其探究意识，充分挖掘学生的潜能，发挥学生的创新意识以及培养学生高水平思维。②

WebQuest 教学设计包含短期和长期两种形式。短期设计是为某一门课程的单元主题而设计，主要目标在于引导学习者获取、理解并能运用相关学科知识解决现实问题的同时，培养学习者的信息素养、协作精神和创造性思维；长期设计可能持续一周到一个月，甚至更长时间，其目的在于巩固和扩展学习者所掌握知识，激发学习者高水平的思考活动，进而产生独创性的观点。③

WebQuest 模式的一般教学过程主要包括五个步骤：第一，选择教学问题和任务，创设问题情境，激发学生的学习动机。第二，搜集相关资料，设计 WebQuest 学案。学案由学生完成任务所需要的资源、在教学过程中对学生的评价、学生反思和教师总结的结束语组成。第三，根据前期设计制作学案。第四，根据学案进行教学。第五，对教学活动进行总结。

在实施 WebQuest 教学设计模式时，教师要注意转变角色，教师不再是知识的灌输者，而是学生学习的引导者。在设计问题时，也要注意教学问题的目的性和可行性，要根据学生的实际情况设计难度适宜的问题。

此外，上述三种模式只为我们提供了一些可借鉴的设计思路和方法。在具体的教学实践中如何形成一个高质量的教学设计，还需要教师或教学设计人员依据教学设计的一般原理，发挥个人的创造性，具体问题具体分析。

---

①钟日辉、陈宏珊：《基于 WebQuest 的课程教学效果的研究》，《现代教育技术》2007 年第 5 期。

②向小红：《Webquest 教学模式的反思》，《科学咨询(教育科研)》2016 年第 24 期。

③奚晓霞、罗会棣：《基于 WebQuest 的建构-探究学习模式》，《电化教育研究》2004 年第 2 期。

第五节　我国高等教育教学的改革

随着高等教育国际化、现代化和大众化的趋势，我国高等教育改革势在必行。而教学作为高等教育中的基本职能，更需要改革。我国的高等教育教学改革是在一定的背景下进行的，改革的措施也要与国际高等教育的发展相对应，以实现高等教育的国际化、现代化。

一、我国高等教育教学改革的背景

1. 新技术革命的影响与挑战

人是一切实践活动的主体，新技术革命的发展对人的发展提出了新的要求，反映到高等教育领域，就成为高等教育教学改革的背景和依据。随着科技的迅速发展，信息化社会对劳动者素质的要求越来越高，满足人们对知识的需求已成为高等教育教学必须解决的紧迫问题。高等教育教学只有不断变革与知识经济时代不相适应的观念，改变培养目标，调整专业设置和课程结构，优化教学模式和手段，才能培养出符合时代发展要求的专门人才，以迎接新技术革命的挑战。

2. 国际竞争空前激烈

国际竞争不仅表现在意识形态、军事实力等方面，还表现在综合国力的竞争，即经济实力、国防实力和民族凝聚力等方面。在综合国力的竞争中，高等教育教学改革是国家综合国力竞争的重要因素之一。

目前，我国的高等教育面临着一个更大的开放与竞争的环境。想要不断提高国家在国际竞争力中的优势地位，就需要加大高等教育教学改革的力度。吸收国外优秀的教学成果，借鉴先进的教学经验；加强高等教育教学建设，整合教学资源；建立公平竞争的制度；注重因材施教，培养学生的创造性、积极性；理论联系实际，加强高等学校与社会的联系，从而达到提高高等教育教学质量的目的。

3. 人类生存和发展面临的困境

人类生存和发展面临的困境主要是指如资源短缺、环境恶化和人口膨胀等威胁人类生存和发展的一系列问题。当今世界，社会文明的巨大进步和人类生存危机并存的现象日益显露，对人的生存发展构成了严重的威胁。

正是这些问题，使得高等教育教学改革向纵深拓展。除了对人类以往的行为进行客观评价，充分了解人类生存和发展面临的困境外，高等教育还应注重教学的生态价值，使学生充分认识人类和自然、伦理与生态的协调一致性，让学生关心生态环境，关心当代以及后代人的利益。同时，在课程体系方面，尽量从整个人类、资源、环境等角度出发，综合运用自然、社会科学知识和先进技术手段，寻求解决困境的最佳方案。在培养目标方面，要努力培养既具有专业知识，又富有人文精神的全面发展的人才。

4.经济发展的客观需要

随着社会的不断发展，高等教育教学面临着两个挑战：知识经济的挑战、知识爆炸的挑战。知识经济，即智力资源在资源配置中占重要作用；知识爆炸，即人们所学习的知识不断更新，获得的知识和经验可能还未付诸实践就已不适应时代的发展了。因此，人们需要接受终身教育。

当前，我国经济结构正处于产业结构加速调整的转型时期，由于我国高等教育的相对封闭性，导致我国高等教育人才培养机制被动地适应社会的需求，高校毕业生的知识结构难以与市场需求相匹配。改革开放 40 多年来，人民的生活水平普遍提高，中国的整体实力提高，人民也有了更高的精神追求。在全新的时代，中国的教育改革必须顺应时代的发展潮流，坚持走中国道路，办具有中国特色的高质量的高等教育。①

高等教育在为社会发展培养人才的同时，还担负着实现中华民族伟大复兴的光荣使命。为了完成这一光荣使命，高等教育教学要考虑社会主义物质文明与精神文明协调发展的要求，将大学生培养成具有宽广的政治胸怀、能够承担社会责任和具有使命感的人。

5.素质教育蓬勃发展的需求

素质教育是根据人的身心发展和社会发展的需要，以提高全体学生的综合素质为目标，发展人的潜能，完善人的品质的教育。其核心是尊重人的主动性和主体意识，促进人的德、智、体、美等方面的全面发展。大学生的素质包括科学文化素质、思想道德素质和身体健康素质等。当代大学生的全面发展就是这几方面素质的整体提高。

我国高等教育教学改革虽然已进行多年，取得了一定的成果，但高等教育的教学并没有真正摆脱传统教育的影响，并没有达到使学生全面发展的目标。要培养适应新时代发展的人才，促进学生的全面发展，高等教育教学改革就必须以素质教育思想为指导。2019 年，教育部发布《关于深化本科教育教学改革全面提高人才培养质量的意见》，从高等教育教学管理、教育教学制度和教师队伍建设等方面，提出了新时期高等教育教学改革的措施。

---

①菅欣欣：《建国以来我国大学本科教学改革的历史演进》，学位论文，辽宁师范大学，2019 年，第 53 页。

二、我国高等教育教学改革的主要措施

1. 转变教育观念

转变教育观念是高等教育教学改革的先导，没有观念的转变就没有行动的改变，改革的措施就不可能出台，出台的措施也不能落实。首先，要处理好教师和学生在教学中的地位问题。传统的教学观念是以教师为中心，以教师的教为中心，学生总是处于被动接受知识的地位。现代的教学观念则是提倡师生平等，提倡学生作为主体，以学生为中心，教师只是促进者和帮助者。其次，正确处理传授知识和培养能力的关系。知识是能力发展的基础，而能力的发展又是获得知识的保证。在高等教育教学中不能只重视理论知识的传授，同时还要重视培养学生各方面的能力。

2. 依法执教，促进教学规范化

依法办学、依法执教是依法治国在高等教育发展方面的反映，也是高等教育进一步深化教学改革的前提。高等教育的各项工作都必须在法律的框架内有序进行。为进一步规范高等教育，促进高等教育教学规范化，国家于 1998 年颁布了《中华人民共和国高等教育法》(1999 年 1 月 1 日正式施行)，并分别于 2015 年、2018 年修正，使高等学校依法执教有了可靠的法律依据。因此，依法执教，促进教学规范化是当前高等教育教学改革的主要措施之一。

3. 优化教学内容与课程体系

随着科学技术的不断发展，人类社会进入知识经济时代，当前正处于知识大爆炸的时期，新知识层出不穷。因此，优化教学内容与课程体系成为高等教育教学改革的必然选择。

2004 年教育部颁布的《2003—2007 教育振兴行动计划》明确表示："进一步深化高等学校的培养模式、课程体系、教学内容和教学方法改革。改善高等学校基础课程教学，建设精品课程，改造和充实基础课教学实验室"。2011 年 4 月，《教育部关于"十二五"普通高等教育本科教材建设的若干意见》，对高等教育本科教材建设的方针和目标、基本原则、任务和要求都做出了规定。2016 年，教育部颁布了《关于中央部门所属高校深化教育教学改革的指导意见》指出："对传统学科专业进行更新升级，用新理论、新知识、新技术更新教学内容，调整专业培养目标和建设重点，优化人才培养方案，推进专业综合改革，提高高校优势特色专业集中度。"2019 年，教育部发布《关于深化本科教育教学改革全面提高人才培养质量的意见》指出："全面提高课程建设质量"，"推动高水平教材编写使用"。可见，优化教学内容和课程体系是高等教育教学改革必不可少的措施。

4. 改革教学方法和手段

随着教育国际化进程的加快，高等教育教学方法和手段的现代化进程也必须加快，以实现中国教育现代化、国际化。高等教育教学方法改革，要综合运用小组教学、探究式教学、学生自主参与、合作学习和线上线下等多种教学方法，让学生全程参与课堂教学，实现教学目标。互联网的快速发展为高等教育教学提供了新的手段和载体，要适应信息化社会的需求，采取微课、慕课、翻转课堂和网上学习等方式，通过智慧教室录制精品课、微课视频，实现优秀教师课堂、名师讲座线上开放共享，将传统课堂与在线教学结合起来，充分利用手机等移动终端加强学习。教师要指导学生做好知识的梳理工作，帮助学生将碎片化的知识系统化，构建知识框架，提高分析问题、解决问题的能力。①

5. 提高教师综合素质，加强教师队伍建设

百年大计，教育为本；教育大计，教师为本。2018 年 1 月，中共中央、国务院印发《关于全面深化新时代教师队伍建设改革的意见》指出："着力提升思想政治素质，全面加强师德师风建设；大力振兴教师教育"，"不断提升教师专业素质能力"。同时也对高等教育教师队伍的建设提出了要求："着力提高教师专业能力，推进高等教育内涵式发展。搭建校级教师发展平台，组织研修活动，开展教学研究与指导，推进教学改革与创新。加强院系教研室等学习共同体建设，建立完善传帮带机制。"

高等教育教学改革的关键在于教师队伍的建设，因为教师的教学质量直接影响学生的培养质量，我们必须大力提高教师队伍的整体素质。同时要注重教学方法的改进，充分利用现代化的教学手段，用先进的科学技术武装教学。学习先进的教育理论、教学技术及教学方法，积极主动投身于高等教育教学改革中，不断总结经验，使高等教育教学改革不断深入发展。

6. 改革教学管理

高校教学管理与一般的行政管理不同，它包括行政管理、学术管理和技术管理等，是高校管理工作中不可或缺的一环。因此，加快高等教育教学管理改革刻不容缓。2019 年，教育部发布的《关于深化本科教育教学改革全面提高人才培养质量的意见》明确提出："严格教育教学管理"，"坚持把立德树人成效作为检验高校一切工作的根本标准"。可见，落实立德树人，离不开高等教育教学管理的改革。

高等教育教学管理改革可以从以下几个方面着手：一是创新高校教学管理机制。要运用信息化的教学管理模式，高校可以根据自己的实际情况建立信息化教学管理系统。二是改革教学管理手段。加强学生的学籍管理，充分保证学生的自主选择权，注

① 徐晓文：《高校课堂教学面临的问题及改革创新思路》，《当代教育实践与教学研究》2019 年第 14 期。

重学生个性的发展。三是改革考核方式。建立多元化的考核制度，充分利用过程性评价、表现性评价等多种评价方式。四是提高教学管理者的理论水平和专业素质，培养教学管理的专业队伍。

总之，高等教育教学改革是一项长期而艰巨的任务，它关系着高校办学和人才培养的质量，影响深远，意义重大。在改革中，我们既要保留我国传统高等教育教学中的优秀做法，又要借鉴世界先进国家高等教育教学改革的经验，从而建立具有中国特色的高等教育教学理论，促进中国高等教育国际化、现代化发展。

本章小结

高等教育教学与中小学教学在内涵上有一定的差异，在高等教育中有重要的地位，同时也有知识传授与创新、研究和培养品德等功能。高等教育的教学有其自身的特点，在教学过程中要遵循科学性与思想性相结合、掌握知识与发展智能相结合、专业性与综合性相结合、教学与科研相结合、统一要求和因材施教相结合等原则。从高等学校学生的学习特点出发，探讨了高等教育教学中比较常用的教学方法，如发现教学法、问题教学法和研讨式教学法等。随着高等教育改革和信息技术的发展，高等教育的教学策略也有了一定的变化，比较常用的教学策略主要是以学生为中心、项目学习和翻转课堂。为了实现教学目标，教师还需要对教学活动进行教学设计，在教学设计时贯彻系统观、人本观和艺术观三种理念。教师还要根据内容和目标的不同，采用不同的教学设计模式，比较经典的教学设计模式有迪克－凯瑞模式、肯普模式和WebQuest 模式。高等教育教学改革都是在一定背景下进行的，需要根据我国高等教育的发展需要采取相应的措施。

复习与思考

一、简答题：

简述高等教育教学的原则。

二、论述题：

1.试分析高等教育教学的地位与功能。

2.试论述高等教育的教学方法和策略。

3.试分析高等教育的教学设计。

4.试论述我国高等教育教学改革。

第八章
高等教育的发展与改革

事之当革，若畏惧而不为，则失时为害。

——程颐

要 论 提 示

- 世界高等教育在文化、精神以及制度方面的发展具有一定的相似性。
- 高等教育现代化是教育现代化的重要支撑，也是实现高等教育国际化和信息化的基础。

随着世界高等教育国际化、大众化、普及化、信息化和终身化的发展，塑造高等教育的精神、建设高等教育的文化、革新高等教育的制度就显得尤为重要。为了与世界高等教育的发展接轨，我国教育部、财政部和国家发展改革委于 2017 年印发了《统筹推进世界一流大学和一流学科建设实施办法(暂行)》，提出了“双一流”建设的发展战略。同时，我国高等教育也出现了向现代化发展的趋势。

第一节　世界高等教育的发展趋势

高等教育的精神、文化和制度都是高等教育发展过程中的重要内容。虽然每个国家的政治经济制度有一定的差别，但在高等教育精神的塑造、高等教育文化的建设和高等教育制度的革新方面都具有相似的趋势。

一、高等教育精神的塑造

1. 高等教育精神的定义

何为精神？《现代汉语词典(第七版)》对精神的释义为：第一，指人的意识、思维活动和一般心理状态；第二，指有宗旨、主要的意义。我们可以从广义和狭义两个层面来理解精神。广义的精神与物质相对，指的是所有的非物质现象，即人脑的活动以及所产生的一切意识现象，是对外部世界和人自身的客观反映。狭义的精神是指处于深层而又相对稳定的各种各样的意识活动，在人的心理活动和一切文化现象中处于主导地位。

那么，什么是高等教育精神呢？关于高等教育精神的定义，不同的学者有不同的看法。美国教育学家伯顿 · 克拉克认为高等教育精神是一种信念，是一种“主要规范和价值观”,是一种“学术文化”。[①] 冷余生在《大学精神的困惑》一文中指出:大学精神就是思想、情感、作风、影响力的综合体现。[②] 王强、杨洪义在《大学精神及其建构》中指出:大学精神是指大学在长期发展的过程中形成的反映大学特色,并能激发师生积极性,增强学校活力的群体意志。它是大学文化的精髓,是大学赖以生存的支柱和精神推动力。从本质上来讲,它是学校办学理念、育人方针、学术追求、管理模式的哲学抽象。[③] 赵燕在《大学精神概念初探》中认为:大学精神是一种反映大学本质的精神状态,它是大学在其长期发展过程中慢慢积淀而成,并时时影响着大学师生价值观取向、思维方式和行为习惯的内在力量。[④] 杨鲜兰在《论大学精神的培育》中则认为:大学精神是反映高校历史传统、特征面貌的一种精神文化形态,并为广大师生所认同的一种群体意识,包含科学精神、自由精神、独立精神、人文精神、创新精神和批判精神等基本内容。[⑤]

由此可见,高等教育精神并不是一个固定不变的、僵化的名词,而是内涵丰富、要素众多、外延宽广的概念。它是一个大学的价值观,是大学在长期的发展过程中形成的稳定意识形态。

我们认为,高等教育精神从本质上说,是随着历史的发展而长期积淀的、相对稳定的、具有自身特点的、为广大师生所认同的理念、价值观和行为准则等所组成的体系,是高等教育中最根本的东西,是高等教育文化中的精华。其主要内容包括独立精神、学术自由、科学精神和人文精神等。这个定义主要包含以下几方面的内容:第一,高等教育精神并不是在大学出现时就有的,而是随着大学的发展而形成的;第二,高等教育精神的内涵稳定,是指导大学发展的价值观,不会轻易改变;第三,高等教育精神是高校师生都认同的价值理念,影响着师生的思维方式和行为;第四,高等教育精神外延模糊,具有无限发展的可能。

2.高等教育精神的内容

由于高等教育精神的外延具有模糊性和不确定性,因此,人们对于高等教育精神的基本内容见仁见智。有的人认为高等教育精神包括人文理念、自由、创新、个性和风格;[⑥]有的人认为高等教育精神包括创造精神、批判精神和社会关怀精神;[⑦]等等。我们只能从普遍意义上探讨高等教育精神的内容。

(1)独立精神

所谓独立,就是没有依附性,即高等教育按照它自身的教育规律来运行。闻朔在

---

①张忠华:《高等教育专题新论》,光明日报出版社,2013年,第247页。

②冷余生:《大学精神的困惑》,《高等教育研究》2004年第1期。

③王强、杨洪义:《大学精神及其建构》,《河南大学学报(社会科学版)》2005年第2期。

④赵燕:《大学精神概念初探》,《教育理论与实践》2005年第4期。

⑤杨鲜兰:《论大学精神的培育》,《高等教育研究》2004年第2期。

⑥荀振芳:《大学精神的守望与回归》,《江苏高教》2000年第2期。

⑦李辉、钟明华:《“大学精神”的本质特征及其建设思路》,《中山大学学报(社会科学版)》1999年第2期。

总结北大精神时指出：独立精神应包括独立人格、独立思考、独立判断等，其中最基本的是独立人格。独立人格就是不随波逐流，有自己的思考和想法，不会被利益所驱动。大学作为研究高深学问的场所，更是如此。因为学术研究在本质上就是独立的，如果被政治或经济所左右，就不能称为真正的学术。

发展独立精神在当代可以从以下几方面进行：一是尊重独立精神的传统，赋予独立精神时代内涵。在不同历史阶段，高等学校的独立精神都与当时的社会背景相关，具有一定的合理性。同时，还要立足当下，赋予其时代特色。二是积极培育大学批判精神。批判是独立精神的重要体现，有自己的想法就意味着对别人思想的批判和质疑。培育批判精神也是独立精神在当代发展的需要。

当然，大学的独立精神不是说大学置“国运兴衰”于不顾，也不是重新走向自我封闭，而是要立足于根本，以学术逻辑为其运行之道，保持大学作为“智者之家”的本色。①

(2)创新精神

党的十九大报告指出：创新是引领发展的第一动力，是建设现代化经济体系的战略支撑。创新对国家和民族都至关重要，对为社会培养人才的高等学校更是如此。

高等教育的创新精神，主要体现在四个方面：一是指向科学研究，高等教育通过鼓励开拓科学这个无止境的疆界，取得大量开拓性的成果，培养大批的科学家、发明家。二是指向社会发展，高等教育通过对文化的创新，产生新思想、新制度，从而改造社会，推动社会的进步。三是指向人才培养，高等教育把培养具有创新精神和实践能力的高级专门人才作为自己的根本任务。四是指向大学本身，一代代大学生根据社会和经济的发展，不断用新的理念来改造和发展大学，使其体现出鲜明的时代特征。②世界上很多国家的高等教育都具有创新精神，如美国、英国，培养出一大批杰出的科学家，为人类文明的进步做出重大贡献。我国也非常重视创新精神的培养。2010 年教育部印发的《国家中长期教育改革和发展规划纲要(2010—2020 年)》明确指出，高等教育要着力培养“本领过硬的高素质专门人才和拔尖创新人才”。2019 年，中共中央、国务院印发的《中国教育现代化 2035》指出：“加强创新人才特别是拔尖创新人才的培养，加大应用型、复合型、技术技能型人才培养比重。加强高等学校创新体系建设，建设一批国际一流的国家科技创新基地，加强应用基础研究，全面提升高等学校原始创新能力。”

(3)学术自由

随着时代的变迁，现代学术自由的内涵与最初的学术自由是不一样的。中世纪后期，学术自由思想经洪堡、施莱尔马赫、费希特等人的宣扬和诠释后，日渐成为 19 世纪初德国大学的核心大学观念之一，并在 1919 年被写入魏玛宪法，这种权利不仅赋予个

---

①刘亚敏：《大学精神探论》，学位论文，华中科技大学，2004 年，第 90 页。

②刘宝存：《何谓大学精神》，《高教探索》2001 年第 3 期。

体，也赋予整个组织或社团。在中世纪，学术自由主要指大学自治意义上的教和学的自由。[①] 而现代意义上的学术自由更多的是指人权上的自由，即高校师生在科学研究、传授、学习和创新知识时，不受外界束缚，享有自由的权利。学术自由是大学之魂，是大学发展和创新的重要助推器。1998 年，联合国教科文组织在《面向二十一世纪高等教育宣言：观念与行动(草案)》中指出：高等教育机构及其专业人员充分享有学术自由。布鲁贝克在《高等教育哲学》一书中说道：大概没有任何打击比压制学术自由更直接指向高等教育的要害了。[②] 学术自由是学术界的要塞，永远不能放弃。可见学术自由对于高等教育发展的重要性。

但是，学术自由也是有一定界限的，高校都要在法律的约束下，行使学术自由的权利。我国宪法第五十一条规定：中华人民共和国公民在行使自由和权利的时候，不得损害国家的、社会的、集体的利益和其他公民的合法的自由和权利。

(4)科学精神

科学精神的含义有广义和侠义之分。广义的科学精神是指人们在一切社会实践活动中追求客观规律所形成的意识、信念以及积淀的价值观念、思维方式和行为准则等的总和。狭义的科学精神，一般指从事科学研究的个体或群体在科学实践活动中应具备和遵循的理性和实证精神。[③] 科学精神中最重要的有三点：求真、创新和从严。[④] 科学精神就是不断追求真理的探索精神，是不断进取、不断创新知识的创新精神，也是追求严谨、克服主观性的求实精神。

从高等学校的职能来看，高等学校本身就是追求高深学问和传授科学知识的场所。高等学校的科学研究活动也是为了追求真理、不断创新。这足以说明，科学精神不仅是高等学校履行其职能的需要，也是高校学术繁荣发展的需要。

(5)人文精神

“人文精神”这一概念始于西方文化，也称人本主义、人文主义，原本是文艺复兴时期兴起的一种文学思潮。“人文”是对人生的思索，是心灵对生活的关怀；而“人文精神”就是对“人文”的向往与追求，从本质上说，人文精神是一种自由、自觉、怀疑、批判的精神，是人的存在意义和价值的最高体现。[⑤] 人文精神的最终目的是实现人的全面发展，重视人的人生价值，追求人自身的完善。人是高等教育发展的推动力，也是高等教育一切活动的主体。因此，高等教育中的人文精神意味着高等教育的一切工作都要围绕人而展开，应以促进人的身心全面发展、促进人自我价值的实现为最终目标。此外，高等教育的人文精神还体现在高校为社会服务、建设社会文明等方面，体现在对社

---

①刘文：《跨时代之思：学术自由的理念、内涵与困境》，《黑龙江高教研究》2017 年第 5 期。

②约翰·S.布鲁贝克：《高等教育哲学(第 3 版)》，王承绪、郑继伟、张维平等译，浙江教育出版社，2001 年，第 59—60 页。

③徐双俊：《科学精神与大学文化生存》，《南通大学学报(社会科学版)》2014 年第 4 期。

④杨叔子：《科学离不开人文》，《中国高新区》2003 年第 7 期。

⑤谭三清、周芳：《论现代大学人文精神的培育》，《湖南师范大学教育科学学报》2007 年第 6 期。

会的关怀精神上。

人文精神也有科学的内涵，科学精神和人文精神是相互交融的。科学在本质上是人文的，人文在本质是科学的。两者只不过在精神境界与实践之间，在知识、思维模式、工作方法等形而下的层面，确有差异，科学与人文正是各以此差异而存在着。① 高等教育要实现人才培养和科学研究的职能，人文精神和科学精神的融合是必不可少的。马克思关于人的全面发展学说、科学技术的发展给人类带来的便利以及教育中学科相互交叉和渗透，都为科学精神和人文精神的融合提供了可能。②

3. 塑造高等教育精神的主要途径

高等教育的发展离不开高等教育精神的塑造，二者相互依存、相互促进。高等教育精神可以促进高等教育的繁荣发展，高等教育的发展也会不断完善和升华高等教育精神。高等教育精神的塑造应从以下几个方面展开。

(1)系统的学校发展规划

塑造高等教育精神，首先要在学校发展的规划上高度重视高等教育精神的建设。塑造高等教育精神可以从以下几个方面着手：首先，学校领导在制订学校发展战略目标和策划总体布局时，应将高等教育精神的培育问题置于重要的地位。③ 其次，创新高等学校的管理机制，促进高等教育精神的建设。主要包括校长选拔机制、教师培训机制、学生评价和激励机制等。校长在大学的发展中起着重要的作用。没有蔡元培，北京大学就不会成为中国大学精神的发源地；没有梅贻琦，清华大学就不可能在短时间内声名鹊起；哈佛大学的成功最重要的经验之一，是大学校长的成功。④ 教师在大学的发展中担负着“传道、授业、解惑”的使命。创新教师培训机制，有利于促进教师专业发展，提升教师专业素养和能力。学生是高等学校中学习的主体，也是社会主义建设的接班人。创新学生评价和激励机制，建立多元化的评价机制，有利于促进学生学习的主动性和积极性。

当前，高等教育国际化、现代化的趋势要求高等教育具备科学的、富有特色的高等教育精神，这关系到高等教育能否培养出具有创新精神和高素质的专门人才，高等学校能否促进学术繁荣和发展等一系列问题。因而，在规划学校发展时，要把塑造高等教育精神作为首要工作。

(2)学校办学理念

高等学校的办学理念是高等教育精神的集中体现。如研究型的办学理念，体现的是科学精神和创新精神；教学型的办学理念，体现的是人文精神和科学精神；等等。高等教育的精神也体现在高等学校的校训中。校训是广大师生共同遵守的基本行为准

---

①杨叔子：《科学人文 不同而和》，《高等教育研究》2003年第3期。

②霍岩：《当代中国科学精神与人文精神融合研究》，学位论文，东北师范大学，2013年，第17—21页。

③徐东：《大学之道——现代大学内涵研究》，四川大学出版社，2011年，第166页。

④陈文琦：《中国大学精神的反思和重建》，学位论文，武汉科技大学，2009年，第35页。

则与道德规范，它既是学校办学理念、办学精神的反映，也是校园文化建设的重要内容，是一所学校教风、学风、校风的集中表现，体现学校文化精神的核心内容。[①] 如中山大学的校训“博学、审问、慎思、明辨、笃行”，哈佛大学的校训“与亚里士多德为友，与柏拉图为友，更与真理为友”，都体现了追求真理的科学精神。

(3)学校的教学、科研和管理活动

教学和科研既是高等学校的职能，也是高等学校的主要活动。高校的管理是高校一切工作正常进行的重要保障。三者都能很好地体现高等教育精神。

在教学活动中，教师向学生传授科学知识，引导学生追求真理，塑造科学精神和人文精神。同时，随着时代的发展，知识变化日益迅速，教师需要创新教学方法和教学策略，需要在教学活动中注入创新精神。在科研活动中，学生通过对已有研究成果的不断创新，塑造创新精神。不管是教学活动，还是科学研究，都是为了更好地为社会服务，促进社会的发展，培育关怀精神和人文精神。在管理活动中，学校管理人员通过对学校师生和学校工作的管理，使高校有序运行。在管理过程中，应创新管理机制，给学术自由提供更大的空间。

(4)校园文化建设

校园文化建设是学校教育精神的一个外在体现，同样是高等教育精神的一个建设途径。校园文化是指以学校为载体，以学生为主体，以课外文化活动为主要内容，以校园精神为主要特征的群体文化。它是学校师生传承、创造和积累的物质成果和精神成果的总和，主要包括物质文化、制度文化、行为文化和精神文化。[②]

通过校园文化建设来塑造高等教育精神，主要包含以下几方面的内容：[③]一是加强校园物质文化建设，体现高等教育精神。校园的一草一木、教学楼和图书馆等都属于校园物质文化，这些无不蕴含着大学精神，对师生起着陶冶情操、启迪智慧的作用。二是完善校园制度文化，凝聚高等教育精神。制度文化是学校师生都必须遵守的强制性的行为准则，对师生都有约束作用。完善制度文化能促进学校管理的科学化、师生行为和品德的规范化，还有利于凝聚大学精神。三是重视校园精神文化建设，塑造高等教育精神。校园精神文化主要体现在学校的校训、校风和办学理念中，指引着学校的办学方向。四是培育巩固校园行为文化，铸就高等教育精神。校园行为文化主要是指师生和员工的行为方式、行为习惯等。培育行为文化可以从校园社团活动、教师的教学活动和学生的学习活动等方面进行，从小事做起。

---

①刘东：《论教风、学风、校风和校训》，学位论文，内蒙古师范大学，2013年，第5页。

②孙巍：《大学精神与校园文化建设的思考》，《教育教学论坛》2014年第42期。

③罗强：《校园文化建设和高校精神培育》，《中国教育学刊》2015第S1期。

二、高等教育文化的建设

1.高等教育文化的内涵

要理解高等教育文化，首先得知道什么是文化。“文化”一词最早出现在《周易》中：“观乎人文，以化成天下”，[①]即“以文教化”“文治武功”的意思。从文化的概念发展来看，文化可以从动词和名词两个角度来解释，动词的意思是文明化；名词的意思是社会发展积淀的物质财富和精神财富的总和。以不同的标准为依据，文化可以分为多种类别。现在公认的划分方法是将文化分为四个层次：物质文化，即人的物质生产活动及其产品的总和；制度文化，社会实践中的社会关系以及调控社会关系的规范体系；行为文化，即人们在交往过程中的行为模式；精神文化，即精神生活方式和意识形态。[②]

对于高等教育文化的概念，学术界有许多不同观点。有学者认为：高等教育文化包括精神文化、物质文化、制度文化和环境文化四个层面。[③] 还有的学者认为：高等教育文化是在大学全体成员对知识进行传承、整理和创新过程中形成的，与大众文化或其他社会文化既有联系又有区别的亚文化系统，是大学在长期育人和教育实践过程中创造和沉淀并凝聚在优良传统中的物质文化、制度文化和精神文化的总和。[④]

笔者认为，高等教育文化是由物质文化、制度文化、行为文化和精神文化构成的一个系统。高等教育物质文化主要体现在学校的基础设施和环境中，如校徽、教学楼、图书馆等。高等教育制度文化指高等教育管理者制订的道德标准、价值取向，以及高等教育实践中的规章制度和行为规范，主要包括党委领导的校长负责制、教学制度、学生管理制度、科研制度和人事制度等。高等教育精神文化是高等教育文化的核心，具体体现为高等教育实践过程中的理念宗旨、精神面貌，如大学的校训、校风、学风等。

2.高等教育文化的功能

学校教育在人的身心发展中起主导作用，高等教育又是学校教育的最高层次，因而高等教育文化对个体成长有着不可忽视的功能或作用。其功能主要体现在以下几个方面。

(1)教化育人功能

高等学校作为培养高级专门人才的场所，既可以通过教学这种有形的方式培养人，也可以通过文化这种无形的氛围培育人。在育人的过程中，高等教育物质文化、制度文化、行为文化和精神文化都起着不可或缺的作用，它们相互联系、相互渗透，共同

---

①萧圣中：《周易》，金盾出版社，2009年，第119页。

②李瑞芬、谭国臣：《大学文化建设与图书馆文化》，光明日报出版社，2016年，第2页。

③王冀生：《大学文化的科学内涵》，《高等教育研究》2005年第10期。

④刘一：《大学文化的功能与构建》，《大学教育》2018年第1期。

对学生产生教化作用。高等学校的景观如图书馆、教学楼等物质文化在潜移默化地影响人、教化人。高等学校制度文化通过相应的规章、条例、准则等，规范高校成员的认知和实践行为，保障高校育人工作顺畅有序。[①] 高等学校中的教学活动、科研活动和行政管理活动等行为文化，为教化育人提供载体，促进高等教育文化育人功能的实现。高等学校中的校训、校风和办学理念等精神文化，在无形之中对人产生熏陶和感染的作用，这种隐性的育人更深刻、更持久。

(2)传承创新功能

2011 年 4 月 24 日，胡锦涛在庆祝清华大学建校 100 周年大会的讲话中提到："全面提高高等教育质量，必须大力推进文化传承创新。高等教育是优秀文化传承的重要载体和思想文化创新的重要源泉。"这是第一次从国家的角度出发，将文化传承与创新列为高等教育的职能，对我国高等教育的发展有着重要的指导意义。作为高等教育文化建设的主要阵地，高等学校在文化传承与创新中发挥着越来越重要的作用。

高等学校的主要活动是培养人才和科学研究，这两者的前提都是要对前人的知识成果和间接经验进行吸收、传承和创新。教师通过教学活动将科学知识和先进文化传授给学生，实现高等教育的文化传承功能。高等学校聚集了知识渊博的学者，具有装备精良的实验室和先进的研究中心，这些都为创新提供了条件。

(3)凝聚激励功能

文化是一种精神财富，具有强大的向心力。当高等教育文化为大学人所认同时，高等教育文化就会形成一种团结向上和积极进取的精神能量。高等教育文化正是通过这样一种精神力量在大学里建立起和谐、理解、信任、尊重的群体关系，并达成对学校目标的共同追求，形成共同的责任意识，形成凝聚力，为实现大学的理想和目标而奋斗。[②]

高等教育文化的凝聚激励功能，主要表现在两个方面：凝聚大学人的思想、激励大学人的行为。[③] 首先，高等教育文化作为一种群体文化，是大学人在群体活动中所表现出来的共同的思维方式和心理状态，是高等学校师生的价值观、世界观和人生观的体现，也是大学办学理念、校风和校训的精神基础，因而具有凝聚高校师生思想的作用。其次，高等教育文化能够形成一种精神刺激，能最大限度地激发学生的主观能动性。高等教育文化所倡导的价值理念，会对高校师生的行为形成一种隐性的激励作用，对他们的行为也有一定的制约性。

(4)协调融合功能

高等教育是受教育者个体向社会人转变的一个重要步骤，高等教育文化在这个步骤中扮演着"中介"的角色，起着协调各种利益关系和融合多种文化形态的作用。

---

①刘先春、赵洪良:《高校文化立德树人的育人功能研究》,《思想教育研究》2018 年第 12 期。

②邸燕茹:《大学文化的内涵、特征和功能》,《思想教育研究》2013 年第 4 期。

③孙雷:《现代大学制度下的大学文化透视》,光明日报出版社,2010 年,第 77—78 页。

高等教育文化可以作为一种“润滑剂”，使不同的利益群体在共同的价值引领下，淡化利益观念，以更合适的方式来处理彼此之间的关系，如高等教育文化可以协调政府与高等学校的关系。就这一点而言，高等教育文化的协调功能主要是通过建设高等教育的制度文化来实现的。政府要转变职能，高校也要创新管理体制，使高校成为真正的办学主体，实现大学自治。高校也要加快校园内部运行机制的建设，实行“教授治校、民主管理”。此外，高等教育文化还能融合多种文化形态。现代大学倡导学术自由、倡导多种学术流派和观点在平等、自由的环境与氛围中交流，呈现出百家争鸣、百家齐放的状态。高等学校中的每个成员在一定的高等教育文化背景下，其观念将与社会主流文化不断融合；同时，作为高等教育文化的载体，他们又将高等教育文化不断地带向社会并作用于社会大文化。①

3. 高等教育文化建设的主要抓手

高等教育的发展离不开高等教育文化的发展，高等教育文化的建设为高等教育的发展提供动力和支撑。随着社会的不断发展，无论是中国还是西方国家，都越来越重视高等教育文化的建设。就目前来看，高等教育文化的建设主要包括以下内容。

(1)将育人功能作为高等教育文化建设的根本任务

中国和西方国家的高等教育都高度重视高等教育文化的育人功能，通过各种载体，将符合社会发展需要的价值体系引入高等教育文化的建设中，通过高等教育潜移默化的作用引导大学生树立正确的世界观、人生观和价值观，实现学生的自我完善和全面发展。西方国家的高等教育自创立之日起，就以培养人为目标，如洪堡的培养完人。中国自古以来就秉持“师者，传道授业解惑”的基本理念。

重视高等教育文化的育人功能，可从以下几方面着手：一是开展宣传教育活动，主要包括校史教育与传统教育活动、树先进学先进活动、校园舆论引导活动、有行业特点的文化宣传活动等。② 二是在教学实践活动和科研活动中加强高等教育文化建设。在教学活动中，教师通过言传身教，将高等学校的校训和校风等文化传授给学生。在科研活动中，教师在科学精神、创新精神等精神文化方面潜移默化地影响学生。

(2)将品德教育作为高等教育文化建设的核心要求

“培养什么样的人”是高等教育需要解决的重要问题。世界各国都重视对学生进行品德教育，引导学生成为品德高尚的人。我国更是把立德树人作为教育的根本任务，从一些大学的校训就可以看出来，如清华大学的校训——“自强不息，厚德载物”。西方国家同样注重学生品德的培养，如德国的许多大学都专门设置有伦理课。

在高等教育文化建设中，重视品德教育可以从两个方面来进行：一是加强教师的师德教育。2018 年，中共中央、国务院印发的《关于全面深化新时代教师队伍建设改

---

①李瑞芬、谭国臣：《大学文化建设与图书馆文化》，光明日报出版社，2016 年，第 11—12 页。

②李先广：《论大学文化建设的途径与着力点》，《决策探索(下半月)》2011 年第 7 期。

革的意见》指出:“教师承担着传播知识、传播思想、传播真理的历史使命,肩负着塑造灵魂、塑造生命、塑造人的时代重任,是教育发展的第一资源,是国家富强、民族振兴、人民幸福的重要基石。”加强教师的师德教育既是教育发展的要求,也是高等教育文化建设的需要。二是加强学生的思想品德教育。可以通过思想品德课程、将德育融入学科课程和团队活动中等方式加强学生的思想品德教育,使学生养成良好品德,形成高尚的情操,树立正确的价值观、世界观和人生观。

(3)将培养创新能力作为高等教育文化建设的重要内容

创新能力的培养其实就是创新精神在高等教育精神文化建设方面的深化,是高等教育精神文化建设的内容之一。高等教育文化本身也担负着传承与创新的使命。

创新是一个民族进步的灵魂,是一个国家兴旺发达的不竭动力。当今国际竞争的实质是以经济和科技实力为基础的综合国力的较量,而科技发展的实质就是创新。随着高等教育文化内涵的不断深化与发展,世界高等教育都把培养学生的创新能力放在首要位置。2012 年,我国教育部、财政部联合发布的《关于实施高等学校创新能力提升计划的意见》指出:“以机制体制改革引领协同创新,以协同创新引领高等学校创新能力的全面提升,推动高等教育的科学发展,加快世界一流大学和高水平大学建设步伐,促进国家自主创新、科技进步和文化繁荣。”美国采用“产—学—研”一体化的培养模式,提升了学生的实践能力、解决问题能力和创新能力,对美国研究型大学培养创新人才产生了重要影响,培养了众多优秀创新人才。①

在高等教育文化建设中,培养创新能力可以从两个方面进行:一是在高等学校本身独有的文化基础上进行创新,如创新办学理念、办学方向、校风等,取其精华,弃其糟粕。二是从国际化的视野出发。高等教育文化的建设不可能孤立地进行,要海纳百川,吸收世界优秀文化,从而促进高等学校文化的发展。

总之,高等教育文化建设是一个需要国家、社会和学校多方面共同努力的任务,要建设富有特色的高等教育文化,既要立足国情,又要面向世界。

三、高等教育制度的革新

1.高等教育制度的内涵

《说文解字》指出:制,裁也。从刀从未。度,法制也。“制”本来的意思是裁断、切割,后引申为约束、节制、制作、制巧。“度”本来的意思是计量长短的标准、尺码,引申为法制、法度。结合起来,就表明制度是节制人们行为的尺度、规则。制度学家贺培育认为:制度是一个体系或系统,是在一定历史条件下,受一定社会需要(价值目标)支配的,有高度组织保障的规范化的社会礼仪体系。

---

①吴雪萍、袁李兰:《美国研究型大学研究生创新人才培养的基础、经验及其启示》,《高等教育研究》2019 年第 6 期。

有学者将高等教育制度定义为:从广义上看,高等教育制度主要是指包含高等教育思想观念、组织结构或形式以及运行机制、规范等诸多方面在内的复杂系统;而狭义上的高等教育制度,我们仅仅是把它局限为约束高等教育活动而制定的一些规则或规范。① 还有学者将高等教育制度定义为:国家的高等教育方针、高等教育运行规则、高等教育实施机构及其间的关系。②

我们认为,高等教育制度是高等教育发展过程中,支撑和维系高等教育正常运行的规则体系和行为准则,主要体现在培养目标、办学模式等方面。它一般包括宏观和微观两个层面:宏观层面指的是一个国家或地区的高等教育系统;微观层面指的是大学制度构成的制度体系。

2. 高等教育制度的革新

20 世纪 80 年代以后,随着经济全球化、教育国际化的发展,各国高等教育制度的改革都出现了相似的特点。

(1)创新高等教育理念

高等教育理念在高等教育的发展中扮演着重要的角色。一个普遍认同的理念是高等教育制度改革的重要依据。众所周知,没有洪堡等人所倡导的科学研究、学术自由与学术独立理念,就不会有 19 世纪德国大学的辉煌;没有康奈尔计划、威斯康星思想、社区教育理念,也就没有如今强大的美国高等教育。③

国际化背景下,新的高等教育理念主要包括:终身教育理念、可持续发展理念、教育信息化理念、协同式发展理念、全球公民教育理念和国际本土化理念。④ 第一,终身教育理念。现代社会,知识更新的速度越来越快,想要跟上时代发展的步伐,不被社会淘汰,就要重视终身教育,活到老学到老。第二,可持续发展理念。在高等教育的发展过程中,要立足现实,面向未来,既要关心当代人的需求,又要考虑后代的需求。第三,教育信息化理念。计算机、互联网和多媒体技术的发展,促进了教育的信息化,网络教育和信息化教学在高等教育中发挥着越来越重要的作用。第四,协同式发展理念。高等教育协同式发展,既要与国家的利益保持一致,又要与社会和其他国家共享教育成果。第五,全球公民教育理念。在全球化快速发展的背景下,高等教育要培养具有多元文化素养和社会责任感的公民。第六,国际本土化理念。高等教育既要发展自己的特色,又要与全球的高等教育融合。

(2)重视高等教育质量

重视高等教育质量也是高等教育制度革新的一项重要内容。对于提高高等教育质量而言,体制机制约束总体上是一种外部约束,高等教育质量建设还需要建设质量

---

①王新荣:《试论高等教育制度的文化性格》,学位论文,苏州大学,2006 年,第 6 页。

②许庆豫、葛学敏:《国别高等教育制度研究》,中国矿业大学出版社,2004 年,第 1 页。

③刘献君:《创新教育理念是建设高等教育强国首要的任务》,《中国高教研究》2016 年第 2 期。

④薛长凤、孟倩:《国际化背景下高等教育理念的革新与发展》,《科教导刊(上旬刊)》2018 年第 22 期。

文化，实现高等教育质量的文化约束。近年来，在高等教育质量建设中，各国都比较重视高等教育的质量文化建设。如2009年第二届世界高等教育大会呼吁“培育质量文化”；经合组织将“增强全员重视教学质量提升的意识和文化”作为教学质量提升项目的第一条，作为质量保障的重中之重；欧洲大学协会于2002—2006年实施了“质量文化项目”，2009—2012年则进行了“质量文化检查”，旨在强化高校内部的质量文化建设，形成一种以持续提高质量为目标的文化，把提高教育质量作为大学的共同价值追求和自觉行动；英国高等教育质量保障署强调高等教育质量保障的责任必须落实到院校自身，并特别设立了“质量文化”这一评价标准，形成了一种内源性教学质量保障体系。这些措施有利于更好地发挥高等教育的作用，促进高等教育质量的提高和高等教育制度的革新。①

(3)创新高等教育管理体制

要建设高等教育强国，推动高等教育内涵式发展，高等教育管理体制的改革就显得尤为重要。由于实际情况不同，每个国家实行的都是不同的高等教育管理体制，但是在高等教育管理体制的革新上有一定的相似性。如法、德、意等国的高等教育管理模式均为典型的大陆型模式，即欧洲大陆国家主要实施的是政府控制与教授权力相结合的方式，政府和大学中教授的权力较强，由于政府的直接介入，大学层面的行政权力被削弱，院校行政权力受到较大限制。政府部门有权干预学校学科设置、资源分配乃至教师聘用等，国家统筹高等教育的宏观管理活动，履行管理职责。② 2017年，中共中央办公厅、国务院办公厅印发的《关于深化教育体制机制改革的意见》指出：“要完善依法自主办学机制。依法落实高等学校办学自主权，完善中国特色现代大学制度，坚持和完善党委领导下的校长负责制，发挥党委领导核心作用。”可见，不管是我国还是西方国家，高等教育管理体制都在向集权和分权并重的趋势改革，既重视政府对高等教育的管理，又强调大学的办学自主权，将一部分管理权下放到学校。

(4)改革高等教育评价机制

高等教育的评价机制是高校实现培养人才这个目标的重要保障，科学的评价有利于高等教育质量的提高。世界高等教育评价机制的共同改革趋势主要体现在：一是评价主体多元化。不管是我国还是发达国家，在高等教育评价方面，都强调政府、社会和学校共同参与评价。二是评价方式多元化。信息化时代，大数据在高等教育评价中发挥着重要作用，应利用大数据使高等教育评价科学化。大数据技术可以量化高等教育改革工作过程中的各种数据，能够创新高等教育改革评价体系，挖掘各种教学活动中的数据，进而做到有的放矢、科学决策，将专家型的主管评价转变为科学评价。

(5)构建终身教育体系

高等教育终身教育体系的构建是为了适应高等教育大众化、普及化的趋势。终身

---

①张应强：《高等教育质量建设：创新体制机制与培育质量文化》，《江苏高教》2017年第1期。

②王发银：《法、德、意三国高等教育管理体制启示》，《中国高校科技》2014年第10期。

教育,简单地说,就是每个人在不同的年龄阶段都应学习不同的内容,"活到老,学到老"。自从 1965 年联合国教科文组织成人教育局局长保罗·朗格朗正式提出"终身教育"以来,终身教育一直是世界各国关注的重要话题。世界各国都在构建终身教育体系方面采取了相应的措施。如美国的社区教育,既能够满足社区居民的求学和转学需求,又能够满足居民的就业培训需求;日本在构建终身教育体系方面的最显著特点是企业对学习型社区建设的参与性非常强,日本还将所有的社会活动场所都变成推进终身学习的载体,从而在全社会形成了很浓厚的学习氛围;欧盟也通过制定《欧洲教育资历框架》和《欧洲大学终身学习宪章》等法律制度来构建终身教育体系。① 我国的成人高考等,也是构建终身教育体系的措施,这些措施都在推动着高等教育制度的变革。

总之,虽然世界各国高等教育发展的历史与起点不同,但因为国际环境相似,各国高等教育的发展趋势呈现出一些共同的特征,上述只是高等教育发展中的一部分特点。此外,高等教育的国际化、现代化、大众化等也是高等教育发展的趋势。

第二节　我国高等教育发展新趋势

学的十九大报告中强调:"建设教育强国是中华民族伟大复兴的基础工程,必须把教育事业放在优先位置,深化教育改革,加快教育现代化,办好人民满意的教育。"②教育现代化是支撑、推动和引领中国现代化发展的重要基础。而高等教育作为整个教育系统的重要组成部分,高等教育现代化是教育现代化的重要支撑,也是实现高等教育国际化和信息化的基础。

一、高等教育的现代化

教育现代化是社会现代化的产物,有着深刻的社会背景:工业革命促进了义务教育的普及;信息社会带来了教育的大发展、大提高,从精英教育发展到大众教育;而信息化已经成为现代社会的基本特征,教育信息化就是教育现代化的特征之一。③ 有学者指出:"高等教育是社会大系统的一个子系统。"④高等教育受社会经济、政治、文化等诸多因素的制约与影响,它必须适应社会的发展。随着科学技术的不断进步以及国内国际环境的日益变化,高等教育现代化是一个顺应社会现代化、推动自身内部发展的过程。但是,高等教育发展到何种程度才能算达到了现代化?高等教育现代化的内

①王洪才:《中国终身教育体系特色构建及其问题》,《终身教育研究》2018 年第 1 期。

②龚光军:《塑性成形:面向 2030 年的中国高等教育现代化建设新理路》,《现代教育管理》2018 年第 2 期。

③顾明远:《试论教育现代化的基本特征》,《教育研究》2012 年第 9 期。

④杨黎明:《现代化与中国高等教育现代化》,《中国电力教育》2008 年第 17 期。

涵是什么？又具有哪些特征？厘清这些问题，才能真正明确实现高等教育现代化的攻关方向。

1. 高等教育现代化的内涵

高等教育现代化具有丰富的内涵。瞿振元指出：高等教育现代化要求我们以先进的教育思想理念为指导，使高等教育与经济、社会的现代化发展相适应，达到现代世界高等教育先进水平，培育出满足现代经济和社会建设要求的新型劳动者和高素质人才。高等教育既是宏观与微观的统一，也是目标与过程的统一，要求在思想理念、规模、结构、质量、效益、公平、体制、机制等各个方面全面实现现代化。[①] 眭依凡则认为：高等教育现代化是以国际高等教育最高水平、最先进状态为参照的目标体系和追求，是具有时空局限性的相对概念，反映未来某阶段或现实高等教育发展的最高水平及其综合实力的最强状态。[②] 从表层上看，高等教育现代化就是教育内容、教育方法和手段、教育思想和教育管理等教育软硬件的现代化；从深层次看，高等教育现代化就是使教育能够适应时代的发展，反映并满足现代生产、现代科技发展的需要，达到现代社会发展所要求的先进水平。

(1)教育观念现代化

教育观念现代化是高等教育现代化的根本。要实现高等教育现代化就要从人们的思想认识上着手，重视高等教育的发展，实现高等教育的普及化，让更多的人都能接受高等教育，实现高等教育面前人人平等，从而大幅度提升人才的综合素质。

(2)教育内容现代化

高等教育应该站在各学科的前沿，及时除旧布新，积极吸收科技创新和社会发展最前沿的新知识、新思想、新技术和新信息等，及时更新高等教育的内容，推动高等教育的课程与教学改革，建设现代化的世界一流大学，实现与中国社会现代化的同步发展。

(3)教育装备现代化

高等教育的物质设备和教育技术的现代化是国家生产力水平、综合国力以及国家教育资金投入等的综合化体现。教育设备的更新、教育技术的提升将直接影响高等教育中师资队伍的建设，以及高等教育中科技成果转化为社会效益的速度和效率。

(4)教育队伍现代化

社会现代化的核心必定是人的现代化，因此，要实现高等教育的现代化就必须依托于教育中的人，即学校的教学、科研、管理等人员。教师队伍的质量是影响学校质量和学生质量的重要因素。

---

①瞿振元：《实现高等教育现代化需要理论先行》，《中国高教研究》2013 年第 12 期。

②眭依凡：《高等教育现代化的理性思考》，《高等教育研究》2014 年第 10 期。

(5)教育管理现代化

高等教育管理是发挥学校师生创新能力的重要基础。现代化的教育管理可以实现高等教育中人力资源、课程与教学资源、科研资源等要素的有效组合,这种有效组合也将推动高等教育的现代化水平进一步提升。

高等教育现代化的最终目标是通过教育实现人的现代化,使人能够紧跟时代发展的潮流和趋势,拥有创新的意识、思维和能力,从而推动整个社会的现代化进程。

2. 高等教育现代化的基本特征

我国高等教育的现代化是一个长期发展的过程,是在近代科学技术影响下的一个不断变革的过程,并伴随着中西文化的冲突、碰撞、融合。高等教育现代化的发展主要具有以下特征。

(1)民主性与民族性

民主性体现为师生关系融洽平等,共同参与教育过程与教育管理,也体现在教育对师生参与社会事务、自由从事研究以及宽容不同意见等方面的作用上。民族性是指中国的现代高等教育必须扎根在中国的土壤上,使高等教育具有中国特色,与中国的传统文化相结合,而不是单纯地移植西方的教育体系。因此我们谈我国的高等教育现代化就必须重视高等教育的文化适应性问题。

(2)科学性与时代性

科学精神日益成为现代教育观的基础。一方面,科学技术与成果日益成为教育内容之一;另一方面,教育技术和教学方法日益具有科学的色彩,同时教育管理也更具程序性和严谨性。时代性是指高等教育现代化是一个与时俱进、与国际交流合作的过程。因此,高等教育现代化在不同时期要体现不同的时代需求和具体鲜明的时代特征。

(3)人本性与人文性

以人为本,促进人的全面发展是现代社会的追求,也是现代教育的本质与核心。教育的核心目标是增进人的现代性。教育要促进人自由而全面的发展,包括弘扬学生的独立自主精神,提升学生的主体性和责任感,提高学生的积极性、主动性和创造性,促进学生的自我实现。正如联合国教科文组织指出的:现代高等教育不仅仅要把受教育者培养成学者、技术人员和劳动者,同时要把他们培养成真正意义上的人,具有社会责任担当、良好道德品质的各方面全面发展的全人。人既是发展的主体,也是发展的目的,要坚持以人为本的思想,为教育中的师生创造良好的条件,鼓励他们的自我发展与创造。同时,人文精神也日益成为现代教育观的价值方向。

(4)国际性与开放性

高等教育现代化本身就是“以国际高等教育最高水平、最先进状态为参照的目标体系和追求"①,它反映了未来某个阶段或者现实中我国高等教育发展的最高水平或综合实力的最强状态。所谓高等教育的国际化，即通过高等教育系统的对外开放和高等教育的国际合作交流,促进国际高等教育包括教育理念、办学模式、成功经验、科学技术、物质设备及人才和信息等资源共享和流动，以提升高等教育发展水平和质量的活动及过程。高等教育国际化的实现需要学习、借鉴世界高等教育的先进技术、经验以及办学理念。而今日的世界是一个开放的世界,国与国之间交流频繁,相互学习借鉴,共谋发展已经成为一种潮流和趋势。因此,只有建设一批高水平的现代化大学,才能和世界一流高校平等对话,进行学术交流,才能培养出一批具有国际视野、开阔胸怀的创新型人才。开放性体现为教育时空上的开放,走出了原来封闭、狭小的"象牙塔",打破了高校和社会、自然的围墙,把高校与广阔的时空、开阔的社会相连,把受教育者与自然、社会相连,把教育与劳动相连,把过去、现在和未来相连。

(5)多样性与终身性

随着社会的发展和教育改革的不断深入,人们接受高等教育的机会大大增加,高等教育进一步普及化。高等教育的规模进一步扩大,社会力量办学应运而生。教育结构多样化,由原来单一的长期学术性教育发展到今天多层次、多类型的教育。正规教育与非正规教育、正式教育与非正式教育等多种形式并存。终身性是指高等教育现代化过程中终身教育体系的构建和体现,这既是科技发展的体现,也是国际竞争日益激烈和知识大爆炸对教育的必然要求。

此外,高等教育现代化既是时代特征的重要体现,更是教育现代化的关键部分,因此,"个性化、终身化、信息化、国际化、多样化、民主化、特色化、社会化、普及化、绩效化"②,"民主性和公平性、生产性和社会性、个性性和创造性"等趋势也是我国高等教育现代化过程中的重要特征。总之,高等教育现代化既是社会政治、经济、文化、科技等多个方面发展的必然要求,也是高等教育内部自我革新的必然趋势。

3.高等教育信息化与现代化

教育部在《教育信息化十年发展规划(2011—2020年)》中明确指出:"高等教育信息化是促进高等教育改革创新和提高质量的有效途径",并提出了"以学习方式和教育模式为核心,以体制机制和队伍建设为保障"的教育信息化发展指导思想。教育信息化的内涵是指有效利用先进的计算机技术、网络技术和多媒体技术等实现数字校园,包括校园网络化、优质教学资源信息化、学生学习自主化和管理信息化等,其主要的标志是全球化、自主化和智能化。③ 我国的高等教育信息化多年以来一直仅仅局限于校园宽带和数字化校园建设,如学生学籍管理、教务管理、校园一卡通、后勤管理和科研

---

①眭依凡:《高等教育现代化的理性思考》,《高等教育研究》2014年第10期。

②张安富:《"十化"趋势:我国高等教育现代化发展的基本特征》,《国家教育行政学院学报》2010年第12期。

③姚立宁、王宇川、陈晓平等:《以高等教育信息化建设促进教育教学改革创新》,《教育教学论坛》2016年第19期。

管理等,网络教育或网络辅助教学却较少建设或投入使用。

教育信息化建设必须要回归教学信息化,实现教学资源的信息化。传统的课程教学过程包括教学计划的制订、教学大纲的研读、教学资源的准备、课堂教学、课后练习以及测验评估等。在这个过程中,尽管引入了信息技术,如通过计算机展示教学内容,但是这些环节引入的信息技术形成的是一个个信息孤岛,并没有实现教学全过程的数据间的联系,即实现信息技术与教学全过程的深度融合。深度融合体现为信息技术手段对教学全过程进行全面支持,使每一个教学环节的数据都能够对后续的教学环节以及最后的教学评估产生直接影响。① 有学者指出,这种信息技术与教学的深度融合必然要经历一个长期的发展过程,主要包括四个阶段:第一,传统的以课堂面授为中心的教学模式;第二,信息技术支持某些教学环节;第三,网络辅助教学;第四,大规模开放在线课程。

慕课始于 20 世纪 90 年代麻省理工学院率先发起的网络课件开放过程。近年来,慕课正成为席卷高等教育的一股潮流,为教育带来革命性的变革。慕课让学习者成为学习的主人,学习者可以自主选择免费、优质的课程,课程好坏的评价标准重新回到学习者的手中。这大大冲击了传统的以教师为中心的教学模式,转而回到以学生为中心的教学模式。这一潮流对我国高等学校产生了极大的影响,主要表现为:第一,促使我国大学的优质课程资源走出了封闭的"象牙塔",是对大学课堂存在的低水平教授和低层次教学的颠覆性冲击;第二,给予了学生更大的学习选择权,不需要任何的学费便可以自主挑选优质的课程资源;第三,提高了我国高等学校的核心竞争力,在网络端展示高端课程,输出民族文化和精神将是我国高等学校进一步提升国际性的重要途径。

二、"双一流"建设的发展战略

2015 年 8 月,中央全面深化改革小组审议通过了《统筹推进世界一流大学和一流学科建设总体方案》。这是党的十八大之后中央全面深化改革小组审议通过的教育领域改革的重要文件之一,也是在我国高等教育大发展以及实施"985 工程""211 工程"等重点政策的基础上,又一次从国家层面推动大学发展的顶层设计。从我国高等教育发展的进程来看,《统筹推进世界一流大学和一流学科建设总体方案》不是"双一流"建设的起点,而是再出发。②

1. 转变大学发展模式

自 20 世纪 50 年代初以来,我国对高校的院系调整、重点大学政策、高等教育学科布局与学科建设等都是政府计划下的产物,具有很强的行政管理逻辑。但是,随着改

---

①陈永红:《从网络辅助教学走向 MOOCs》,2013 年高等教育国际论坛会议论文,2013 年,第 214 页。

②马廷奇:《"双一流"建设与大学发展》,《国家教育行政学院学报》2016 年第 9 期。

革开放,尤其是市场经济体制的建立及发展,高校的自主性意识逐渐增强,一所高校发展的好坏更多取决于其自身对发展机遇的把握以及获取资源、运用资源的能力。政府对学校也由过去的"计划"走向"规划",高校因此也获得了更多自主发展的权利。自20世纪90年代以来,政府对高等教育所实施的"211工程""985工程"以及"优势学科创新平台""特色重点学科项目",其实质就是政府的规划与高校自主建设的结合。《统筹推进世界一流大学和一流学科建设总体方案》就是在这种"规划"和"自主发展"相结合的基础上所采取的"双一流"建设的新行动。相比过去政府规划性的重点建设政策,"双一流"涉及的建设范围更广,既指向各大高校,也可以指向某个院系或者某个学科。

综上所述,"双一流"建设的政策导向是扶优扶强,把原来的面向少数院校的专项投入转向面向所有院校的竞争性投入,由原来的重点支持大学转向支持学科建设。这种措施强调了高校的自由竞争,大学的"985工程""211工程"并不是其"身份"的名片,也不是获得资源分配的必然条件。"一流"的评价机制破除了以前高等教育长久以来存在的身份壁垒,其真正的目标在于大学以及学科发展百舸争流,实现我国高等教育的良性发展和现代化发展。

2. 一流大学和一流学科协同建设

一般说来,大学的发展有两个逻辑:一是自主和历史地发展;二是追赶和模仿性发展。从我国大学的发展历史来看,现代大学的建设起步晚、制度基础薄弱,因此,西方国家或日本的一流大学便成为我国一流大学建设过程中追赶的目标或模板。但是,何谓一流?一流的标准和高校发展的目标如何制定?有学者从"自身实力论""社会贡献论"与"社会主观评价论"等三类评价标准出发,认为世界一流大学应是学校实力、社会贡献及国际声誉的一个综合概念。也就是说,世界一流大学都是一些高水平的研究型大学,且对社会做出了重大贡献,并被国际社会公认的大学。①

当前,在国际上比较有影响力的大学排名指标体系有三个:上海交通大学的世界大学学术排名(ARWU)、泰晤士报大学排名(THE)和国际教育研究机构发布的QS大学排名。ARWU的指标包括教育质量、教师质量、科研成果和教师人均表现等四个一级指标;THE的指标包括产业收入、教育/学习环境、文献引用、研究和国际影响力等五个一级指标;QS的指标包括学术同行评价、全球雇主评价、教师人均论文引用指数、师生比例、国际学生比例和国际教师等六个指标。尽管三大排名指标体系不尽相同,但可以看出,学生质量、科研成果和教师质量是三大排名指标体系的共同之处。

近年来,美国基础科学指标(ESI)学科排名和英国QS世界大学学科排名受到发展中国家的广泛认可和关注。ESI学科排名分别依据总被引次数、论文总数和篇均被引次数三种方式来衡量学科相关研究成果的学界影响力;QS学科排名注重学科的综合性评价,包括全球学术声誉、全球用户声誉、篇均被引次数和高被引指数等四项指

---

①王大中:《建设世界一流大学的战略思考与实践》,《清华大学教育研究》2003年第3期。

标。目前，我国大学学科排名综合了这两种评价体系，一般采用学术性评价和综合性评价相结合的方式，最具代表性的是教育部学位中心组织的一级学科评估，评估的标准包括师资队伍与资源、科学研究水平、人才培养质量和社会服务与学科声誉四个一级指标①。

综上所述，无论是大学还是学科，“世界一流”都是一个在全球范围内相比较的概念，因此，我国高等教育的“双一流”建设必须采用国际化的大学或学科标准，同时结合我国高等教育发展的实际特色化标准。“办好中国的世界一流大学，必须有中国特色。没有特色，跟在他人后面亦步亦趋，依样画葫芦，是不可能办成功的。”②

“双一流”建设高校教学成果及科研实力

我们的时代是一个改革的时代，经过多年的努力，我国高等教育改革已经处于转型的关键路口。如何进一步深化高等教育改革，推动高等教育的现代化？如何促成整个教育的现代化，最终达成建设教育强国的中华民族伟大复兴的基础工程的目标？这两个问题的关键就在于从国家层面推动大学发展的顶层设计，即贯彻落实“双一流”建设的发展战略。一方面，要转变我国大学的发展模式，实现大学以及学科发展的百舸争流盛况，让我国高等教育可以良性发展和现代化发展；另一方面，协同共建一流大学和一流学科，办好具有中国特色的世界一流大学，使其不仅具备很高的研究水平，对社会能做出重大贡献，承担一定的社会责任，同时可以得到来自国际社会的广泛认可。

从世界高等教育改革的动向与经验我们可以看到，高等教育改革发展是有共同规律的，现代大学乃至世界一流大学的制度与标准是具有一定普适性的。高等教育是具有共同的价值内涵和价值理念的，大学以追求真理为目标，为人类福祉做贡献，是培养高素质人才的摇篮。高等教育是解放人和完善人的，而不是用技术和实利来束缚人和限制人的；教育的最终目的是追求人的自由全面发展，达臻自由个性，提高人的生命质量。因此，高等教育要继续全面深化改革，建设现代大学制度，还必须坚持以人为本、以人的发展为本；必须遵循高等教育的普遍规律，同时尊重我国国情，把握时代特征。③

本章小结

本章阐述了世界高等教育的发展趋势，包括高等教育精神的塑造、高等教育文化的建设和高等教育制度的革新；阐述了我国高等教育现代化的基本内涵，即教育观念、

---

①王硕、魏巍、孟凡英等：《教育部第四轮学科评估指标体系变化分析》，《创新科技》2016年第8期。

②习近平：《青年要自觉践行社会主义核心价值观——在北京大学师生座谈会上的讲话》，《人民教育》2014年第10期。

③张应强：《高等教育全面深化改革需要对高等教育改革进行改革》，《中国高教研究》2014年第10期。

教育内容、教育装备、教育队伍和教育管理的现代化；阐述了我国高等教育现代化的基本特征，即民主性与民族性、科学性与时代性、人本性与人文性、国际性与开放性、多样性与终身性；阐述了"双一流"建设的发展战略，包括转变大学发展模式、一流大学和一流学科协同建设。

复习与思考

一、简答题：

1. 简述高等教育精神的内容。

2. 简述高等教育文化建设的途径。

二、论述题：

1. 试析高等教育制度的革新。

2. 论述我国高等教育现代化的基本特征。

3. 试述我国"双一流"建设战略的措施。